Bożena Shallcross

•

The Holocaust Object

in Polish and Polish-Jewish Culture

Indiana University Press

2011

Божена Шеллкросс

•

Холокост: вещи

Репрезентация Холокоста в польской и польско-еврейской культуре

Academic Studies Press

Библиороссика

Бостон / Санкт-Петербург

2022

УДК 930.85+177+94(438).083.2
ББК 63.3(4)6+87.6
Ш44

Перевод с английского и польского Марии Крисань

Серийное оформление и оформление обложки Ивана Граве

Шеллкросс, Божена

Ш44 Холокост: вещи. Репрезентация Холокоста в польской и польско-еврейской культуре / Шеллкросс Б.; [пер. с англ. и польск. М. Крисань]. — СПб.: Academic Studies Press / Библиороссика, 2022. — 247 с. — (Серия «Современная иудаика» = «Contemporary Jewish Studies»).

ISBN 9798897838103 (Academic Studies Press)
ISBN 978-5-907532-36-6 (Библиороссика)

Разграбление бесценных произведений искусства в военное время — хорошо разработанная тема исследований и публицистики. Божена Шеллкросс фокусируется на близком, но не тождественном вопросе: значении «обычных» предметов — кастрюль, очков, обуви, одежды, кухонной утвари — материальных остатков некогда жившей реальности, которые автор читает как культурные тексты. Шеллкросс описывает способы репрезентации объектов Холокоста в польских и польско-еврейских текстах, написанных во время или вскоре после Второй мировой войны. Материалом исследования стали произведения Зузанны Гинчанки, Владислава Шленгеля, Зофии Налковской, Чеслава Милоша, Ежи Анджеевского и Тадеуша Боровского. Сочетая внимательное прочтение избранных текстов с критическим анализом различных философских и теоретических подходов к природе материи, исследование Шеллкросс расширяет современный дискурс о Холокосте, охватывая то, как живут скромные, обычно упускаемые из виду объекты материальной культуры в восприятии писателей.

УДК 930.85+177+94(438).083.2
ББК 63.3(4)6+87.6

ISBN 9798897838103
ISBN 978-5-907532-36-6

В память о моей матери, Эльжбете Мондрой, которая в 1940–1945 годах была на принудительных работах в Берлине, и моем племяннике Хуберте Мондром (1982–2010)

Введение
Тотализированный объект

> Нас теснят, окружают вещи, предметы, мебель, беспорядок — эта мертвая фауна, которая увеличивается с годами, беспокоит при переезде, считается необходимой для жизни. Никогда прежде во время этой войны человек не был так жестоко лишен окружения вещей, среди которых он живет.
>
> *Казимеж Выка*

> ...познание хотя и должно отображать пресловутую фатальную прямолинейность последовательности побед и поражений, однако при этом должно обращаться и ко всему, что не было охвачено этой динамикой, а было утрачено по дороге, — к тем, так сказать, отходным материалам и слепым пятнам, которые ускользнули от диалектики. <...> Теория вынуждена обращаться к неправильному, непрозрачному, неохваченному — тому, что хоть и несет в себе по определению нечто анахроничное, однако не растворяется в устаревшем, поскольку подставило подножку исторической динамике.
>
> *Теодор Адорно, «Minima Moralia. Размышления из поврежденной жизни»*[1]

Объективизация Холокоста как текста

Холокост ассоциируется у нас с человеческой трагедией. Поэтому горы предметов, награбленных у убитых владельцев, кажутся менее важными и их историям не придается значения. Однако

---

1 Пер. с нем. А. В. Белобратова.

со временем материальные остатки — украшения, обувь, одежда, даже волосы жертв — стали доминирующей метонимией Холокоста. Помещенные в музеи или мемориальные комплексы и упорядоченные профессиональными кураторами, эти предметы теперь выступают как наиболее убедительная и осязаемая реальность Холокоста. Эти сохранившиеся предметы, если относиться с должным уважением к их подлинности, подтверждают факт геноцида. Обычные и скромные вещи наделяются уникальной репрезентативной силой: награбленные или обмененные на жизнь, они — источник многочисленных нарративов Холокоста.

В большинстве случаев биография предмета продолжается до тех пор, пока он сохраняет способность служить своему владельцу. Один из внушающих беспокойство эффектов, вызванных экспонатами в музеях Холокоста, заключается в обратном: зрители сталкиваются с безжизненными вещами, которые были в пригодном состоянии разлучены с их владельцами, и, таким образом, не только видят в этих покинутых предметах трагический конец их владельцев, но и считывают истории нарушенной близости и вынужденного расставания. Поскольку Холокост уже отделен от нас временной дистанцией, его близость менее ощущается, его материальные остатки и нематериальные следы проявляются в основном через метонимию, которая позволяет этим фрагментам говорить от имени существовавшего в прошлом целого. Напряжение между такими собранными материальными остатками и их первоначальной функциональностью подчеркивает силу метонимии: это напряжение связывает память о Холокосте с разнообразными процессами последующей эпохи, в ходе которых уцелевшие предметы рассказывали о человеческих жизнях и о том, как эти жизни закончились. Зритель подходит к материальному наследию Холокоста, чтобы распознать его метонимические конфигурации и тем самым задать вопросы о его постижимом значении.

Институционализированная демонстрация этих предметов в местах смерти противоречит как их первоначальному назначению, так и тому, что они свидетельствуют о сильном желании человека жить; в конце концов, их владельцы несли эти вещи в места назначения, чтобы использовать в будущей жизни в этих местах. Любого, кто рассматривает материальное наследие Аушвица-Биркенау, прежде всего поражает повседневность и практичность выставленных предметов — практичность, обусловленная требованиями выживания. Среди хаоса чемоданов, кухонной утвари, обуви не найти полотен, написанных старыми мастерами, или каких-то ценных коллекционных предметов. По сей день это столкновение между надеждой бывших владельцев на жизнь и их неминуемой смертью продолжает создавать символическую суть предметов Холокоста.

В тот момент, когда жертвы, вынужденные покинуть свои дома, должны были быстро и окончательно принять решение о том, что взять с собой, их потребности были действительно базовыми. Люди брали с собой теплую одежду, еду и символические памятные вещи, такие как семейные фотографии, но оставляли мебель. Драгоценности и твердую валюту держали рядом с телом или прятали в нем. После попадания в гетто, центры уничтожения или концентрационные лагеря жертвы и их имущество подвергались еще одному процессу сегрегации и уничтожения[2]: сперва их лишали имущества, а затем и жизни. Затем образовавшуюся массу награбленных вещей вновь сортировали перед отправкой под надзором спецподразделений в рейх. Некоторые остатки, хранившиеся в казармах по всей гитлеровской Европе, были разграблены после войны и впоследствии — в уменьшенном, но все еще ужасающем объеме — послужили материальным доказательством того, что Холокост не был плодом коллективного воображения.

Незаконное обогащение рейха для поддержания его военных усилий размыло четкие различия между коллекционированием и накоплением[3]: в то время как коллекционирование связано со

---

[2] Несмотря на строгие ограничения на объем и вес вещей, налагаемые на депортируемых, огромное количество перевозимого и собранного иллюстрируют архивые фотографии: на одной видны настолько высокие горы обуви, что пришлось использовать лестницу, чтобы достать до верха; см. сайт Мемориала и музея Аушвиц-Биркенау.

[3] Как метко выразился историк Ян Т. Гросс: «В „Новом порядке“ не было порядка» [Gross 1979: 92].

сферой культуры, акты накопления и наживы свидетельствуют об обыденных нуждах. По мнению Жана Бодрийяра, накоплению присущи избыток и беспорядок [Baudrillard 2003: 33]. Хаотичная перегруппировка предметов, накопленных нацистами, в сочетании с их агрессивными антикультурными представлениями, достигла кульминации в 1942 году в Париже, где было сожжено огромное количество произведений искусства, созданных ведущими художниками-авангардистами[4]. Культурологи Джон Элснер и Роджер Кардинал не делают различия между коллекционированием и накоплением, поскольку для них механизм коллекционирования является неотъемлемой частью тоталитарных систем в целом и нацизма в частности. Поэтому они утверждают, что «Холокост — это предельный случай коллекционирования»[5]. Однако для них извращенный нацистский импульс к собиранию ограничивается исключительно произведениями искусства и овеществленными человеческими существами; такой подход упускает из виду нацистские планы по накоплению повседневных вещей. Я утверждаю, что, когда нацистский проект «коллекционирования» превратился в сбор и переработку награбленных предметов повседневного обихода и даже трупов, такое коллекционирование выродилось в безотчетное накопительство.

Новый поворот в анализе материального мира Холокоста наметился в 1990-х годах, когда в результате системных изменений в Центральной и Восточной Европе застопорившийся ранее процесс реституции еврейской собственности набрал темп. Запутанная проблема законного владения и сомнительного происхождения памятников культуры потрясла мир искусства, побудив

---

4 Необузданный инстинкт накопительства хорошо иллюстрирует растущая жадность Германа Геринга, который присваивал себе лучшие произведения искусства как из европейских музеев, так и из частных коллекций и выставлял их среди других своих трофеев в загородном поместье в Каринхолле.

5 На тему нацистской культурной политики и художественных «коллекций», собранных высшим эшелоном нацистского руководства, см. [Elsner, Cardinal 1994]. Авторы приходят к интересному выводу: «Тем не менее возникает вопрос, не обладают ли новоявленные охотники за нацистами пятьдесят лет спустя тем же рвением коллекционера» [Ibid.: 4].

музееведов и арт-менеджеров скрупулезно отслеживать и восстанавливать происхождение музейных фондов. Юридические действия, приведшие к лишению права собственности, дополнялись ее возвращением[6]. В Польше реституция началась всерьез в 1997 году, но в последние годы снова замедлилась. Там этот процесс был связан в основном с возвращением недвижимости еврейским общинам; речь идет прежде всего о кладбищах и синагогах, которые требуют особого ухода и дальнейших переговоров относительно будущего использования.

Учитывая, что предметы обычно служат метонимическими репрезентантами своих владельцев и пользователей, уместно более пристальное изучение того, что представляет собой идентичность предмета определенной культуры — или, если уж на то пошло, еврейского предмета. Если только вещь не предназначена для определенной клиентуры, процесс производства обычно определяет ее культурную и этническую принадлежность. Во время Холокоста, однако, культурное или национальное происхождение обычных предметов определялось скорее принадлежностью: предметы были еврейскими, потому что их владельцы были евреями. Нацистская наука понимала расу как существенный признак человека, однако с практической точки зрения еврейство не было присуще ни трупам, ни предметам. За исключением предметов культа, еврейская принадлежность была быстро стерта из идентичности повседневных вещей, чтобы облегчить их перераспределение по всему Третьему рейху. В этом контексте замечание Эммануэля Левинаса о том, что идентичность объекта не является его первичной структурой, звучит по-новому: «Вещь как предмет обладания, как товар, который и продают, и покупают, на рынке обнаруживает себя в качестве того, что может принадлежать, обмениваться, тем самым быть конвертируемым в деньги, растворяться в анонимности денег» [Левинас 2000: 176]. Однако здесь необходимо отметить фундаментальное

---

[6] Обширная литература на эту тему быстро устаревает из-за постоянных изменений в процессах реституции по всей Европе; самые последние данные обсуждаются в [The Plunder of Jewish 2001; Dean 2008].

изменение дискурса. Когда предметы жертв Холокоста попадали в оборот, первоначально они несли в себе идею о смерти их владельцев, однако постепенная трансформация разрушала эту связь; таким образом, предметы были готовы к повторному использованию. Экстремальные формы переработки, такие как переплавка, приводили к полному стиранию формы, культурной идентичности или функции изделия. Например, накопленные золотые зубы, переплавленные в слитки, выражали радикальное отмежевание от их пользователей-людей. Переработка деэссенциализировала такие объекты и создавала их заново.

Я утверждаю, что Холокост с его программой уничтожения людей способствовал фетишизации объектов. Акты мародерства, накопительства и сортировки придали беспрецедентную роль предметному миру, состоящему из фрагментированного материала. Новое назначение материальных объектов, не связанное ни с феноменологическим возвращением к вещам, ни с философским материализмом, стало простым следствием упадка экономики военного времени. В то же время новый смысл, вложенный в эти объекты, был обусловлен процессами разграбления, переработки и накопления, через которые прошли эти вещи на пути к физическому разрушению.

Одной из повторяющихся тем моего анализа является концепция владения и собственности. Джереми Бентам, отец-основатель современного гражданского кодекса и автор «Теории законодательства», лаконично объясняет тот факт, что «собственность и закон рождаются вместе и умирают вместе. До законов не было собственности; уберите законы, и собственность перестанет существовать» [Bentham 1814: 113]. Определение Бентама объясняет, что рождение понятия собственности полностью определяется законом, и проливает свет на степень функционирования собственности как юридической категории. Можно утверждать, что немецкие юристы четко понимали концепцию собственности Бентама, поскольку правовые изменения, введенные в Третьем рейхе, позволили присвоить собственность немецких евреев именно потому, что не было закона, регулирующего или делегализующего этот процесс. Таким образом, продолжающаяся незаконная экспроприация имущества евреев была гарантирована исключительным положением, введенным в феврале 1933 года, а также концепцией ариизации Германии, сформулированной в Нюрнбергских законах двумя годами позднее[7]. Эти первоначальные концепции позволили немцам постепенно лишать собственности неарийцев (читай — евреев), используя косвенные средства, например, чрезвычайно высокие ставки налогообложения имущества, что неизбежно приводило к его взысканию.

Даже нормативный шаг, предпринятый нацистами, — Декрет о регистрации собственности евреями, введенный рейхсминистром юстиции 26 апреля 1938 года после аннексии Австрии, — не устанавливал понятия лишения имущества, но требовал, чтобы каждый еврей сообщил стоимость всей своей собственности за рубежом и внутри страны [Decree 1976]. Этот нормативный акт запустил дальнейший лицемерный процесс, приведший к полной экспроприации еврейского имущества как в самом рейхе, так и в аннексированной Австрии. По мере развития войны методы экспроприации в оккупированных странах менялись. Когда западная (и наиболее экономически развитая) часть Польши была включена в состав Третьего рейха, с ней поступили аналогичным образом: собственность не была санкционирована законом. Образование генерал-губернаторства и включение туда оставшейся части польской территории привели к конфискации всей государственной собственности. Далее последовал весьма удобный в своей двусмысленности январский указ 1940 года, согласно которому «частная собственность могла быть захвачена, если такой акт оправдывался „общественными интересами“» [Gross 1979: 94]. В качестве примера можно упомянуть хотя бы только один аспект продолжающейся экономической эксплуатации — начавшееся почти сразу выселение польских евреев (и некоторых поляков) из их домов, чтобы обеспечить лучшее жилье и более высокий уровень жизни как оккупантов, так и местного немец-

---

7 Ханна Арендт проницательно пишет об этом процессе в своей книге. Немецкие евреи существовали в нацистской Германии как «национальный элемент» («националы»), а именно как «граждане второго сорта без политических прав» [Арендт 1996: 386].

кого населения. Те, кто позже был заключен в гетто, подверглись эксплуатации, и запретительным правилам, и постановлениям, которые касались всех аспектов их существования: дальнейшего переселения, принудительного труда, продовольственных пайков и правил владения имуществом. Постановление, касающееся последнего, было не более чем шуткой, учитывая продолжающиеся разграбления домов людей и частые случаи уличного грабежа[8].

Отсылка к более широким историческим и правовым рамкам дает необходимую перспективу и фон, на котором я могу рассматривать интересующие меня объекты — кухонную утварь, одежду, постельные принадлежности и другие тривиальные предметы, составляющие вещи повседневного существования. Этот фон также помогает осветить истинные масштабы жизни в военное время, когда столь многое зависело от упущенных из виду предметов, имевших материальную ценность.

Дальнейшее исследование предметного мира Холокоста выдвигает на первый план онтологические и эпистемологические различия между материальностью и временностью Холокоста и пост-Холокоста и их последующее влияние на цели и способы репрезентации обоих периодов. Это временное различие возвращает мой анализ к его первоначальному источнику и контексту: непосредственность экстремального опыта геноцида и его история в процессе создания, лишенные утверждения, что художественное (в основном литературное) осмысление того времени является единственно аутентичным. Аутентичность — это ценность, характерная для перспективы пост-Холокоста; во время Холокоста главной ценностью любого письменного свидетельства, в том числе и литературного, было проговаривание им обвинения в геноциде.

---

[8] Например, в 1940 году нацисты создали в Варшаве Комиссию по обеспечению сохранности недвижимости (Komisaryczny Zarząd Zabezpieczonych Nieruchomości), которая в течение шести недель взяла под свой контроль почти всю еврейскую недвижимость. Как и в Третьем рейхе в 1930-х годах, в Варшаве был применен дезориентирующий метод: название Комиссии не предвещало лишения собственности, а подразумевало меры по ее сохраности.

При фактографическом подходе к Холокосту исследователи часто используют изменение перспективы, превращая всю совокупность массовых убийств в жуткую массу фактов и цифр[9]. Эта холодная статистическая правда выставляется на стенах музеев в формате, напоминающем записи в телефонном справочнике: за одним типом овеществления следует, на этот раз по необходимости, другой. С одной стороны, репрезентативный метод, используемый кураторами, неизбежно выводит фрагментарные послания на уровень абстракции. Однако, с другой стороны, смысл существования этой массы предметов — в представлении тотальности нацистского проекта уничтожения, который демонстрирует способность контролировать мир материальных объектов и подразумевает массовые убийства.

Текст Холокоста как объект

> Можно сказать, что существующая книга, существующий лист бумаги имеют особый смысл — они одушевлены намерением. Книга с ее бумажными страницами, обложкой и т. д. — это вещь. К этой книге не добавляется вторая вещь, смысл; но вместо этого последний, оживляя, определенным образом проникает в физическое целое.
>
> *Эдмунд Гуссерль*

Нацистская политика в оккупированной Польше продемонстрировала понимание материальной основы слова, когда ввела цензуру и уничтожение письменных свидетельств. Поскольку каждая материально сохраненная надпись представляет собой физический объект, она может быть исследована с точки зрения, отличной от той, которая рассматривает ее как простую «интеллектуальную собственность». Действительно, беспрецедентным

---

9 Я хотела бы сослаться здесь на новый подход Сола Фридландера к истории Холокоста, в котором на первый план выдвигается индивидуальный голос свидетеля [Friedlander 2008].

для западной культуры образом тексты Холокоста настаивали на своей собственной материальности и зачастую на материальности того, что они представляли. Эта двойная материальность (хотя последняя и не имеет осязаемой материи) позволяла каждой рукописи и каждой копии этих объектно-ориентированных произведений не только рассказывать свою собственную историю, но и давать отсылку к истории своего автора. Писатели и художники, попавшие в водоворот войны и начавшегося геноцида, старались всячески обезопасить свои картины, гравюры и неопубликованные рукописи: закапывали их, сдавали на хранение в надежные места, доверяли родственникам и знакомым, жившим вне мест заключения или в более тихих уголках страны.

В этой книге я стараюсь описать онтологию и статус текста Холокоста как материальной вещи и письменного документа. Чтобы объяснить этот концептуальный синтез, я применяю к нему термин прекариум (прекарий), который в своем первоначальном юридическом смысле описывает хранение предметов, которые должны быть возвращены владельцам при положительном изменении ситуации[10]. Другое значение — шаткость, зыбкость, неустойчивый статус положения, что точно отражает блуждание и угрозу существования текста Холокоста, то, как он переходил из рук в руки, как менял места при различных случайных обстоятельствах. В моей интерпретации этот термин соединяет оба смысла.

Поскольку прекариумный объект постоянно колеблется между существованием и уничтожением в силу как своей принадлежности, так и физической сущности, прекариум предопределяет онтологию текста Холокоста. Более чем что-либо другое, прекариумное существование вызвано (и усилено) тем фактом, что текст

---

10 Одним из таких случаев было поведение польско-еврейского писателя-модерниста Бруно Шульца, который стремился сберечь свои рукописи, картины, рисунки и гравюры, в основном используя юридическую концепцию прекариума: доверяя их друзьям, которые жили за пределами гетто Дрогобыча. Мы знаем, что он также спрятал некоторые из своих архивов на территории гетто. Но даже эти меры предосторожности оказались недостаточными: до нас дошла лишь часть его текстов; к сожалению, неопубликованный роман писателя «Мессия» до сих пор не найден. См. главу «Сохраненные и утраченные произведения» в [Ficowski 2003].

Холокоста пронизан уникальным историческим смыслом. Обращаясь к текстам, предметам и произведениям искусства времен Холокоста, я неизбежно сталкивалась со случаями стирания — с текстами, намеренно уничтоженными именно потому, что они повествовали об актах геноцида, фактических или беллетризованных. Прекариум отделяет тексты Холокоста от послевоенных сочинений, поскольку эти обвинительные послания подвергали опасности их самих, а также их авторов и хранителей (хотя это и не единственный принцип, определяющий этот эффект).

Остро осознавая это обстоятельство, советские граждане во время сталинского террора заучивали свои тексты. Обычай запоминания текстов одинаково силен как в польской, так и в еврейской традициях, но массовый геноцид подорвал возможность надежного сохранения текста в индивидуальной памяти. На самом деле обеспечение материальной защиты было лучшим решением, что доказывают многочисленные невероятные открытия, сделанные после Холокоста[11]. В военное время прекарий усиливается, а Холокост придает ему поистине эпидемические масштабы. Конечно, текст Холокоста имеет общие черты с любыми другими предметами, которые требуют материальной сохранности. Однако те произведения, которые сохранились на бумаге, были особенно хрупкими, и их хрупкость тесно связана с положением их создателей, которым постоянно угрожала опасность, а также с целым рядом экстремальных ситуаций, в которых они были созданы. По этой причине их непрочность превосходит по способу и по степени общую уязвимость материи.

Принцип прекария подчеркивает как материальную основу текста, так и степень случайности, которой подвержена эта основа. Текст как хрупкий материальный объект проходит все этапы своего создания: сохранение, перемещение, архивирование и, в завершение процесса, передачу в музей. Все эти этапы кажутся очевидными при нормальных обстоятельствах. Однако в условиях террора, жесточайшей цензуры и лишений, когда письменные

---

[11] Например, документы зондеркоманды Аушвица, помещенные в жестяные банки и таким образом сохраненные, были найдены после войны, хотя и частично поврежденными. См. [Greif 2005].

принадлежности были в дефиците или их хранение считалось незаконным, весь процесс письма превратился в опасное занятие. Как писал Эммануэль Рингельблюм, историк Варшавского гетто: «Люди боялись писать в то время, потому что ожидали обысков» [Ringelblum 1988: 471]. Эти постоянные обыски, несомненно, повлияли на «выживание письменных документов военного периода» [Ibid.: 471]. Несмотря на то что обыски на арийской стороне проводились реже, механизм террора и страха заставлял многих людей уничтожить свои записи. Выдающаяся писательница Зофья Налковская во время обыска гестапо в ее квартире быстро сожгла в печке свой «второй дневник» — бесценные записи об уничтожении варшавских евреев, попытках спасения и других рискованных наблюдениях, сделанных с точки зрения свидетеля-поляка. Тем не менее некоторые из писателей Холокоста создавали свои тексты с надеждой, веря, что их Слово выживет. Это указывает на то, что люди были больше озабочены дальнейшим существованием их творений, чем своей собственной жизнью. Преобладало желание оставить письменный след истины и тем самым обозначить свое существование.

Несмотря на нехватку бумаги, «писали все: журналисты, литераторы, учителя, общественные активисты, молодежь, даже дети» [Ibid.]. Несмотря на серьезные усилия по их защите, многие рукописи были уничтожены или утеряны. Прекрасное исследование Яцека Леочака о текстах, созданных в Варшавском гетто, подтверждает этот вывод[12]. Тем более удивительно то, что многие письма, дневники, мемуары и хроники сохранились. Написанные на идише и польском языке, за пределами гетто и внутри него, они в основном носили нехудожественный, исторический характер документальных свидетельств[13]. В отличие от них, поэтиче-

---

[12] См. в особенности главу «Losy tekstów» («Судьбы текстов») в [Leociak 1997: 83–96].

[13] Леочак упоминает, что именно его удивление при встрече с таким количеством письменных свидетельств о геноциде побудило его написать монографию, хотя «по логике „окончательного решения“ ни они, ни сам автор не должны были сохраниться» [Ibid.: 5].

ские и беллетризованные автобиографические сочинения позже были восстановлены в пропорционально малом количестве. Например, среди нескольких стихотворений военного времени, написанных Зузанной Гинчанкой, только одно напрямую касается уничтожения евреев и еврейского опыта поэтессы. Я хочу привлечь внимание к этим сочинениям, созданным во время войны, чтобы сосредоточиться на их тревожном и инкриминирующем содержании.

Физическая уязвимость поэзии Холокоста придала неожиданную и пророческую силу убеждению Осипа Мандельштама, что стихотворение подобно посланию, найденному в бутылке[14]. И хотя этот образ, воспринятый буквально, не совсем соответствует тексту Холокоста, который никогда не находился в открытом доступе, а был зарыт и спрятан как сокровище, которое должны были обнаружить будущие поколения, — он сохраняет определенную актуальность. Сам факт того, что эти стихи дошли до нас, хотя их авторы и весь мир, в котором они были написаны, погибли, граничит с чудом. Запутанная судьба этих произведений сложилась под влиянием множества исторических обстоятельств, но я считаю, что прекарий, в котором происходит случайное движение между хрупкой материальной основой произведений, их обвинительным посланием и историческими событиями, имеет решающее значение для более глубокого понимания текста Холокоста.

Судьба текстов Холокоста как материального объекта тесно связана с физическими принадлежностями для письма: любая некачественная или случайная поверхность, заменявшая бумагу, преображалась через содержание текста. Таким образом Холокост заставил переоценить мусор и превратить оберточную бумагу, старые квитанции, бутылочные этикетки, цементные мешки, стены тюрем и даже обрывки туалетной бумаги в носители бесценных посланий. Сохранение и архивирование письменных

---

14 «Письмо, запечатанное в бутылке, адресовано тому, кто найдет ее. Нашел я. Значит, я и есть таинственный адресат» («О собеседнике») [Мандельштам 1993: 184]. — *Прим. ред.*

свидетельств о Холокосте заставляет нас задаться вопросом, что же на самом деле было собрано и спасено горсткой преданных своему делу людей, взявших на себя этот труд. Например, у окружения Рингельблюма был особый подход к сохранению своих находок. В отличие от сегодняшних архивистов и музейных кураторов, которые пытаются сберечь Холокост как историю прошлого, архивисты «Ойнег Шабос» собирали документы, поскольку они фиксировали непосредственный повседневный опыт их авторов, чтобы спасти его от забвения[15]. При этом и архивистами, и авторами двигало желание стать свидетелями самих себя и, как следствие, своего народа.

Занимаясь архивированием массового геноцида — понимаемым как необходимая мера защиты, — люди противостояли экстремистской нацистской политике, а также разрушительным силам природной стихии и времени. Поскольку архивы как собрания уличающих записей воспринимались в этот период как особенно опасные для их владельцев, их приходилось прятать в защищенных местах, за пределами публичного пространства, ибо эта область сама по себе была опасной[16]. Хранители Холокоста не могли позволить себе роскоши архивировать и одновременно обеспечивать открытость фондов, характерную для государственных учреждений. Хотя задача архивирования не исключала того, что собранные материалы будут либо уничтожены,

---

[15] Тем не менее некоторые хроникеры, такие как экономист Людвик Ландау, были в основном озабочены более широким понятием актуальности и ее различными аспектами, в частности, военным, политическим или экономическим развитием в Европе. Хотя Ландау подробно описывал особенности повседневной жизни в Варшаве, он, похоже, находил надежду в своем обширном анализе театра военных действий. См. [Landau 1962–1963].

[16] Архивы «Ойнег Шабоса» были зарыты в десяти металлических коробках и двух молочных бидонах. Они были частично восстановлены после войны в 1946 и 1950 годах. Документы в одном из бидонов были частично повреждены влагой и оттого оказались неразборчивы — перед нами еще один случай фрагментарных текстов Холокоста. Третья и последняя часть архива, несмотря на несколько попыток, так и не была найдена в многоквартирном доме по адресу улица Свентокшиска, д. 36. Полный отчет о поисках см. во введении к [Ringelblum 1988: 18–19].

либо частично повреждены (как это произошло с частью «Хроники Варшавского гетто»), все же преобладали позитивные интенции[17]. Сам жест архивирования документов, сопротивляясь прекариуму, демонстрировал надежду на то, что эти бумаги всплывут в то время, когда они смогут свидетельствовать не против своих авторов, а, напротив, от их имени и против преступников. В этом смысле документы о Холокосте, которые когда-то были под угрозой, сами превратились в выживших свидетелей. Можно ли говорить о выживании текстов, не впадая в персонификацию? Эми Хангерфорд предостерегает от этого очеловечения[18]. Хотя я согласна с автором, что Холокост был прежде всего уничтожением человеческой жизни, которое проложило путь к дальнейшему уничтожению культуры, я все же не разделяю, а утверждаю сложное взаимодействие жизни и культуры в формировании слова.

Сегодня можно встретить лишь остатки текстов Холокоста. Один из тех, кто закопал архивы «Ойнег Шабоса», назвал их сокровищем[19] — эти бумаги, пережившие тех, кто был уничтожен геноцидом, сегодня сохранены в физическом плане наилучшим образом. Поскольку в большинстве случаев мы не можем получить прямого доступа к этим материальным свидетельствам, мы должны полагаться на посредничество микрофильмов, фотографий и компьютерных изображений. Без осязания как средства контакта наши и без того ограниченные отношения с посланиями жертв превращаются в чисто визуальную форму коммуникации. Дистанция между исследователями и свидетелями удваивается: это заставляет осознать, как много уже безвозвратно утеряно. Никогда нельзя воссоздать осязаемую реальность — можно лишь форму прошлого, основанную на языке следов.

---

17 Подробнее об этом намерении см. [Kassow 2007].

18 Поскольку анализ Хангерфорд касается репрезентации в период после Холокоста, к моему обсуждению он имеет лишь опосредованное отношение. См. [Hungerford 2002].

19 Заметка Давида Грабера об этом включена в первую часть архива и размещена сразу после введения [Ringelblum 1988: 18].

Феномен близости и идея материального следа упорядочивают темпоральность объекта Холокоста, беря в скобки временной промежуток более чем в шестьдесят лет. Чтобы понять Холокост как близкое себе явление, необходимо остановиться на чувстве разделения, усиленном растущей временной дистанцией, которая превращает Холокост в его собственный след. Эммануэль Левинас не устает напоминать нам, что близость может быть основана не только на пространственных отношениях, намеренности или чувственном контакте, благодаря которому прикосновение преодолевает пространственный детерминизм [Levinas 2002: 89][20]. Тем не менее я рассматриваю близость как временную, пространственную и эмоциональную позицию, которая требует разделения. Через разделение близость понимается лучше; более того, через разделение близость, усиленная течением времени и действием стихий, в конце концов превращается в след — хрупкое место исчезновения, которое хранит ощущение прошлого присутствия. В основном из-за материальной основы текстов Холокоста я обращаюсь к использованию обоих значений: след как пространственный отпечаток и след как рудимент. Однако ни одно из них не является лишь частью общего значения. Это то, «что остается»: остаток и означающие, пребывающие в постоянной двойственности отсутствия-присутствия.

Некоторые из следов Холокоста не могут оставаться в тени, поскольку их постепенное исчезновение обусловлено внешними элементами и течением времени[21]. Переоценка Ж. Деррида сложного понятия следа и выдвижение на первый план его призрачной природы дает полезный концептуальный инстру-

---

[20] В этой книге философ достигает иного понимания близости, чем в книге «Тотальности и бесконечности», где он подробно описывает способность руки управлять и упорядочивать объекты посредством прикосновения, не разграничивая этот жест в терминах близости.

[21] Как предполагает Жак Деррида в своей ранней работе «О грамматологии» («De la grammatologie», 1967). Концептуализация следа в его философии превращается в понятие почти столь же широкое и сложное, как и сама его работа.

мент для исследователя Холокоста [Derrida 2007: 26]. Призрачное качество следа/пережитка определяет как материальные, так и нематериальные остатки Холокоста и то, хранятся ли они в памяти или в архиве. Один из наиболее ощутимых примеров этой призрачности запечатлен на сохранившихся фотографиях из крематория Аушвица, сделанных несмотря на строгий приказ, запрещающий фотографировать в лагерях смерти[22]. Эти снимки были сделаны членом зондеркоманды, спрятавшимся в опустевшей газовой камере. В черной пустоте камеры запечатлены два момента готовящегося геноцида: группа обнаженных женщин, мучимых перед смертью, и сжигание отравленных газом тел. Снятые издалека, эти две стадии убийства происходят средь бела дня на открытом пространстве перед крематорием V. Размытые контуры лиц и тел в движении, рамка газовой камеры как подразумеваемого места их неизбежной смерти, а также точка зрения фотографа, управляющего камерой, рискуя жизнью, могут быть сопоставлены с другой фотографией, на которой видна груда трупов и дым, исходящий от горящих тел. Зловещая атмосфера этого мероприятия, усиленная зыбкими визуальными отпечатками, снятыми скрытой камерой, говорит как о призрачной, так и об отражающей природе этих материальных следов, которые, как считается, представляют самую суть Холокоста[23].

---

[22] Фотографическая документация концентрационных лагерей весьма значительна. Напротив, насколько нам известно, в лагере смерти было сделано всего четыре фотографии, две из которых полностью размыты; само это стирание говорит об отсутствии жизней миллионов людей. Эта задача по документированию преступлений Аушвиц-Биркенау была тщательно спланирована многочисленными людьми, некоторые из которых не были заключенными. См. [Auschwitz 1995].

[23] Они также вызвали дискуссию между сторонниками непредставимости Холокоста и теми, кто считает, что Холокост может быть представлен и описан. Эти дебаты, в которых участвовали такие видные общественные деятели, как Клод Ланцманн, подробно описаны Жоржем Диди-Юберманом, его оппонентом и сторонником репрезентативности, в книге последнего [Didi-Huberman 2008].

Репрезентированный объект Холокоста

Для того чтобы определить место репрезентируемого объекта Холокоста в процессах его циркуляции, обмена/изменения, невладения/владения и переработки, я последовательно рассматриваю каждое стихотворение, рассказ или повесть как культурный текст. Поэтому, когда я истолковываю текст, это составляет лишь часть моего междисциплинарного чтения, которое в равной степени подчеркивает репрезентативные схемы и их исторические аспекты. Тексты, которые я рассматриваю в этой книге, были созданы в основном во время войны и поэтому сохраняют некоторую близость к прошлому. В двух случаях я анализирую рассказы Зофьи Налковской и Тадеуша Боровского, которые, хотя и были активными писателями на протяжении всей войны, именно эти рассказы написали и опубликовали вскоре после Холокоста, когда, как говорится, память была еще свежа. Уже по одной этой причине они не подвергались опасности прекария и требуют подхода, отличного от современного дискурса Холокоста с его акцентом на постпамяти.

Прекариумный статус автора и его письма заставлял его/ее помещать в текст почти все, что он/она пережили. Тексты Холокоста свидетельствуют о безотлагательности записи, стремлении передать знание из первых рук и схватить опыт в его непосредственности. Стремление свидетельствовать перед потомками часто переходит в желание авторов поделиться своим шокирующим опытом с другими. Литература представляет геноцид более ярко — она может достичь этого с помощью языка предметов, материальности и материала, написанного интуитивно чувствующими людьми с не меньшей точностью, чем историография[24].

Проводя различие между литературой Холокоста и литературой о Холокосте, Дэвид Роскис подчеркивает смену авторской точки зрения в случае текста, созданного во время Холокоста, и текста, написанного после, «так что все, что написано после

---

24 Джеймс Э. Янг убедительно комментирует наложение образного и фактического в своей книге [Young 1990: 50–51].

факта, окрашено новой реальностью» [Roskies 1981]. Это мнение критика, позволяющее отличить художественное произведение Холокоста *sensu stricte* от логики, управляющей его последующим представлением, актуально для моего исследования. Поэтому я повторяю вопрос: что представляет собой текст Холокоста? Для начала, это текст, который несет в себе «инкриминирующее послание», вовлекая преступников и жертв в число действующих лиц. Преступники боятся инкриминирующих текстов, которые раскроют их чудовищность; жертвы боятся предстоящего уничтожения инкриминирующих свидетельств, а вместе с ними — их собственного существования. Помимо наличия определенных тем, таких как инкриминирующее послание, текст Холокоста содержит лакуны и часто объективирован. Его перемещение в безопасное место стазиса, равно как и его противоположная, странствующая, биография, обусловлены прекариумом.

Я кратко описала статус объекта текста Холокоста и инверсию этого явления — текст Холокоста как объект. Эти связанные формулировки, очевидно, являются двумя сторонами одной медали. Третий элемент — объект Холокоста как воображаемый в литературе — обогащает это понимание и подводит нас к вопросу о том, как объекты представлены в текстах Холокоста. В целом, я считаю, что природа геноцида репрезентабельна, несмотря на то что те, кто пережил его и впервые заговорил о нем, не имели реальной возможности (или времени) овладеть стратегиями репрезентации, которые помогли бы выразить их опыт. Эта репрезентация проявляется более ярко, когда опыт Холокоста воплощается в обычных предметах.

Предметность мира, отраженная в литературе о Холокосте, выявляет драматические отношения между людьми и вещами, которые они несли с собой в лагеря и гетто. Склоняясь к суровому реализму и отдавая предпочтение повседневным предметам, многие повествования о Холокосте демонстрируют усиленное состояние субъектно-объектного единства, которое бросает вызов картезианскому пониманию разделения между субъектом и объектом. Эти моменты, связанные друг с другом определенным объединяющим образом, создают ощущение эпизодической объектно-субъектной близости, вызванной угрозой смерти или лишения собственности.

Когда культуролог-теоретик Б. Браун призывает нас изучать «привилегированные способы физической трансгрессии, разрушения и реанимации», он также указывает на природу нашего взаимодействия с нарушенным материальным миром во время массового геноцида [Brown 2005–2006]. Эта работа касается как природы материального мира, так и его вклада в художественное конструирование Холокоста. Соответственно, я исследую траекторию движения предметов на основе их разнообразных отношений с людьми. Эта история повторного владения открывает новую тему в дискурсе пост-Холокоста.

В то же время для большей точности я пытаюсь очертить основные модели репрезентации, с помощью которых польские и польско-еврейские писатели передавали опыт взаимодействия с вещами, полученный во время или вскоре после Холокоста. Здесь важно дать краткий обзор этих основных, часто пересекающихся стратегий, которые я объединяю в несколько доминирующих парадигм: миметическую, метонимическую, агальматическую и трансформационную.

В большинстве свидетельств о Холокосте объекты воспринимаются как следы жестокого реализма — миметическая модель предполагает, что можно распознать историческую достоверность в представленной реальности. Хотя миметическая модель преобладает в моем обсуждении произведений Ежи Анджеевского и Тадеуша Боровского (главы 5 и 6 соответственно), она пересекается с другими типами репрезентации и определяет одну из основных целей моего общего культурологического исследования.

В моем исследовании также используются тексты, в которых представленные предметы говорят о личности своих владельцев, проливают свет на разбитые жизни и указывают на алчные желания мародеров, — что превосходит строго миметическую функцию этих текстов. Я использую метонимическую модель репрезентации при толковании поэзии Владислава Шленгеля (глава 1), который взывает к человеческим судьбам через предметы и наоборот. Некоторые из его стихотворений настолько насыщены предметами (порой человеческое присутствие в них исчезает полностью), что их можно назвать «поэмами о предметах». Благодаря большим возможностям, заложенным в этой модели, метонимия широко распространена — почти вездесуща — в различных жанрах текста Холокоста как авторская стратегия, хотя она чаще выходит на первый план в послевоенной литературе, используемая для опосредования произошедшей человеческой трагедии.

С этими репрезентативными методами связано осквернение интимных частей тела и трупа в поисках золота и бриллиантов — ежедневная рутина в лагерях смерти. Хотя драгоценности прятали в других обычных и неприметных на вид емкостях и местах, которые тем не менее тщательно обыскивались, — все же человеческое тело так же часто становилось местом как сокрытия ценностей, так и насильственного обыска. Учитывая тот факт, что подобные обыски были широко распространенной практикой, имеющей первостепенное значение для истории объекта Холокоста, я называю механизм жажды материального и его сохранности агальматическим. Это слово, как и многие другие слова в том числе в английском языке, происходит от греческого *agalma* (‘сокровище’ или ‘слава’), обозначающего богато украшенные статуэтки богов, которые древние греки прятали и находили в маленьких ящичках, расположенных внутри скульптур уродливого Силена. Концептуализированный таким образом, поиск преступниками сокровищ позволяет мне обсудить трагическую и сложную судьбу одной жертвы — польско-еврейской поэтессы Зузанны Гинчанки, которая подверглась жесточайшему преследованию, вызванному как ее идентичностью, так и ее имуществом (глава 2). В книге я обсуждаю ее стихотворение-завещание, в котором рассказывается о том, как жадность ее преследователей заставила их убить ее и уничтожить ее вещи (диваны и подушки) в поисках якобы спрятанных в них сокровищ.

В большинстве повествований об объекте Холокоста убийство жертв сопровождается утилизацией их имущества и радикальной трансформацией/переработкой их тел в материальные блага, или человеческую сому, — парадигма, которую я определяю как трансформационную. Для более полного понимания этой практики я исследую нацистскую практику коммодификации и утилизации человеческих трупов на примере репортажа Зофьи Налковской (глава 3). Эти процессы выдвигают на первый план вопросы писательницы о соматическом непостоянстве и отходах, лишенных религиозного истолкования. Я продолжаю обсуждение трансформационной парадигмы на примере замечательных апокалиптических стихотворений Чеслава Милоша (глава 4), в которых он становится свидетелем разрушения Варшавского гетто и размышляет о посмертной судьбе человеческой сомы и ее разложении на фоне эсхатологических перспектив.

В этой книге предпринята попытка найти смысл прекариума, поскольку он обуславливал судьбу рукописей; меняющейся идентичности — как человеческой, так и неодушевленной; переработки предметов, включая человеческую сому, принадлежавшую к обесцененному материальному миру того времени; пепла и сохранения в нем соматических и, как следствие, духовных маркеров. Это полное нюансов творческое наследие объектов как текстов и текстов как объектов проливает тревожный и ни с чем не сравнимый свет на человеческие жизни. Своими изысканиями я пытаюсь восстановить это наследие в надежде хотя бы частично различить забытых умерших и восстановить живую связь между объектом и читателем.

O JOUISSANCE

Глава первая
Денди и еврейский хлам

> И нет меня, нету, а там еще был я,
> Где наша дорога свернула к застенку.
>
> И в день покаяния, в день ли прощенья,
> Быть может, откроют, отроют в защельи
> Мой след, мой дневник, замурованный в стенку[1].
>
> *Чеслав Милош, «Поэтический трактат»*

Нацистская военная экономика поддерживалась не только за счет производства, эксплуатации или грабежа, но и за счет подмены и замещения, которые принимали форму целого ряда эрзац-продуктов, дешевых подделок и несовершенных копий. Например, некачественный пищевой продукт из сахарной свеклы заменил мармелад, и его пресловутый неприятный вкус долго помнили после войны. Имитации настоящих продуктов были частью более масштабных процессов имитации и подмены, которые Казимеж Выка обобщил в выражении *życie na niby*, «жизнь как бы прожитая, жизнь не совсем прожитая» [Wyka 1982]. Подобное ощущение горечи можно встретить в выражении *życie-ersatz*, «эрзац-жизни» [Szlengel 1977: 79], придуманном Владиславом Шленгелем, польско-еврейским поэтом (1914–1943), которому посвящена эта глава. Выражение точно описывает его существование в Варшавском гетто.

---

[1] Пер. с польск. Н. Е. Горбаневской. Здесь и далее переводы Ч. Милоша, принадлежащие Горбаневской, цит. по: [Горбаневская 2012].

Это проникающее во все сферы жизни замещение имело параллель в области репрезентации Холокоста, главным образом в широком использовании метонимии и синекдохи. Когда объекты входили в рамки репрезентации, играя роль протагонистов и обозначая своих отсутствующих пользователей, они выполняли лишь одну роль из многих, доступных в метонимической парадигме. Парадоксально, но этот вход в сферу репрезентации наделял банальные вещи максимальной силой самосуществования.

Вернемся к примеру с горой обуви в одном из концлагерей. Обычный предмет, пара обуви, вводит нас в мир Холокоста. Может вызвать удивление то, что обувь выполняет подобную функцию, но это именно так — шок, который она вызывает, связан с ее количеством. Более того, обувь сделала потрясающую «карьеру» благодаря литературной стратегии замещения. Хотя пара обуви — это всего лишь пара обуви, ее внутренняя часть — это перевернутый образ ступней, которые она защищает. Вместе со своими внешними особенностями эта обувь представляет собой тисненый «портрет» и, как следствие, метонимический образ человека, который, давно отсутствуя, оставил свой «след»[2]. Точно так же потертая поверхность инструмента содержит след руки, применявшей его при различных работах. Эти визуальные детали, запечатленные на поверхности вещей, заинтриговывают, ведь чем старше предмет, тем сложнее следы и текстура от правильного или неправильного его использования. Обычный карандаш, чемодан или перочинный нож могут отражать исторический процесс в целом.

Мысли о Холокосте часто рождаются при виде массы накопленных одинаковых мелких вещиц. Столь незаменимый предмет, как обувь, собираемая в лагерях как мусор, стала частью общего ряда вещей, которые регулярно становились темой текстов о Холокосте.

---

[2] По этому поводу следует вспомнить о заблуждении М. Хайдеггера, который упустил из виду тот факт, что картина В. Ван Гога «Башмаки» автобиографически представляет старую обувь художника, а не обувь бедной крестьянки, как полагал мыслитель. По этой причине его прочтение картины является навязыванием его собственного видения [Heidegger 1975: 17–87, в особенности 33–39]. Ошибка философа вызвала последующую дискуссию между М. Шапиро и Ж. Деррида, см. [Derrida 1987a: 255–382].

Один из них, озаглавленный просто «Груда обуви», был написан на идиш поэтом Авраамом Суцкевером 17 января 1942 года в Виленском гетто. Пытаясь выйти за пределы собранной и неопределенной груды обуви, «увозимой», как это было «из Вильно в Берлин», он задает вопрос «вещественным героям» своего стихотворения об их владельцах — «где твои ноги?» или «где ребенок, / которому она [обувь] была впору?» [Sutzkever 1988: 493]. Так поэт подчеркивает насильственное отделение этих вещей от их владельцев, на гибель которых они указывают. Хотя стихотворение стремится персонализировать ботинки, туфли и сандалии в сентиментальной манере, в нем также сделана попытка развеять ощущение всеобъемлющей и хаотичной анонимности этой груды обуви. Подобное происходит с парой женских туфель, носимых в шабат, которые идентифицируются как принадлежащие матери поэта. Этот момент узнавания свидетельствует о ее смерти.

Текст, рассматриваемый как материальный объект, подвергается аналогичному механизму метонимии. Так произведение, представляя своего автора, подразумевает репрезентацию его личности и жизненного опыта. В контексте массового геноцида художественный текст попадает в сферу противоречия: одновременно он является свидетельством как смерти своего автора, так и своего собственного случайного спасения. Один эпизод из посмертных странствий Шленгеля достаточно показателен. После войны Рышард Барановский, житель городка Юзефув под Варшавой, нашел машинописную копию собрания стихов Шленгеля внутри столешницы старого раздвижного стола, предназначенного на слом. На собрании стихов рукой поэта была сделана надпись с датой «11.2.1943». Казалось, что это были одни из последних стихотворений Шленгеля, написанные им перед смертью. Позднее выяснилось, что это всего лишь перепечатка уже известных произведений, но тот факт, что они были сохранены, заставляет воссоздать апокрифическую историю и заполнить пробелы в биографии поэта и этих копий его произведений. Скорее всего, тот, у кого в руках оказались полученные от автора машинописные копии, не зная своей судьбы или опасаясь заложенного в них обвинительного послания, доверил драгоценный дар столу. Стол, как и все имущество, принадлежавшее евреям, прошел через собственные перипетии судьбы, прежде чем его существование едва не закончилось под топором Барановского. Сегодня эта машинописная копия вместе с другими архивными материалами, связанными с Шленгелем, хранится в архиве Еврейского исторического института в Варшаве[3]; ее завершившееся путешествие метонимически символизирует путь поэта.

Чтобы проанализировать изобразительную и поэтическую сторону предметных штудий Шленгеля, необходимо рассмотреть его стихи в нескольких перспективах, как антагонистических, так и наслаивающихся друг на друга. Эти стихи имеют дело с уличной грамматикой и дендизмом, *jouissance* и добровольной смертью, а также с малым и глобальным. Для поэта создание предметной картины еврейского мира внутри Варшавского гетто не было самоцелью, поскольку он никогда не был склонен к культу вещей. Тем не менее Шленгель обращается к предметности, чтобы придать слову о Холокосте наивысшую степень текстуальной осязаемости и исторической актуальности. При написании в поэтической форме истории гетто он старался говорить исключительно о конкретном моменте и месте, неумолимом *hic et nunc*. С этой целью поэт модифицировал и расширил проверенный временем прием метонимии, позволяющий ему сопоставить небольшие предметы с масштабностью происходящего. Поэтический проект Шленгеля усиливает ощущение того, как разрушается повседневная жизнь, что проявляется во множестве бытовых деталей. Сопоставляя малое и большое, даже глобальное, поэт указывает на главное, хотя и отсутствующее, действующее лицо процесса: непредставленную или лишь косвенно представленную человеческую фигуру или уменьшающееся человеческое присутствие. Вопреки формалистскому мнению, что метонимия передает осязаемое и конкретное через абстрактное[4], метонимия Шленге-

---

3 Żydowski Instytut Historyczny w Warszawie.

4 См. обсуждение метонимии у Кеннета Берка в разделе: Appendix D: Four Master Tropes [Burke 1945: 503–517]. В этой работе он утверждает, что духовные и абстрактные слова являются метонимическими по своему происхождению.

ля передает конкретное через что-то еще более конкретное. Он разрабатывает язык предметов, который по своей точности и конкретике раскрывает исторические события как в коллективной, так и в индивидуальной перспективе. Этот язык выявляет близость или тесную связь между обеими точками зрения. Этот метод, при котором корреляции осуществляются особым образом, а физический объект выступает в роли пользователя, в конечном итоге усиливает замещающую логику литературы о Холокосте.

Рассмотрим тиртейскую поэзию Шленгеля из сборника «Kontratak. Wiersze z dni ostatnich. Tomik trzeci. Luty 1943» («Контратака. Стихи последних дней. Том третий. Февраль 1943»). Сборник был написан в Варшаве во время первой волны сопротивления нацистам, желающим ликвидировать гетто. Сборник дает понимание того, насколько хорошо Шленгель был знаком с поэзией польской поэтической группы «Скамандр» («Skamander») и ее неотрадиционным пониманием формы. Конкретность названия указывает на манеру датировать стихи по месяцам, дням и даже часам — частая практика среди «пишущих в гетто», по выражению Дэвида Роскиса. Указывая дату выхода тома в подзаголовке, Шленгель стремился создать впечатление непосредственности и сиюминутности происходящего для внимательного читательского взгляда — ощущение, характерное для его поэтической хроники, дающей представление о самых последних событиях в гетто. Несмотря на точную дату, совпадающую с конкретным историческим событием, подзаголовок тома создает иной, несколько пророческий эффект, а именно: предполагает, что эти стихи могут быть последними для поэта и, следовательно, последними, написанными в Варшавском гетто, в тот момент обреченном на уничтожение. На самом деле предчувствие Шленгеля о том, что гетто будет полностью стерто с лица земли, сбылось лишь спустя два месяца.

Поэтический проект Шленгеля в последние месяцы его жизни носит одновременно личный и универсальный характер, драматизируя роль отдельных предметов в водовороте истории. Эти стихи, написанные с сентября 1942 года до смерти поэта в апреле

1943-го, относятся к его наиболее зрелым произведениям, превращая голос бывшего артиста кабаре в мрачный крик отчаяния. Художественный метод, который поэт использует, чтобы показать хронику гибели евреев Варшавы и оплакать ее, принес ему после войны почетное звание «певца Варшавского гетто». Это звание дано теми, кто не испытывает страха перед пафосом, столь чуждым самому Шленгелю, по большей части служившему музе легкого жанра. До войны он писал сатирические и шуточные стихи, а также песни для кабаре, одна из которых, «Tango Notturno» («Танго ноктюрн»), стала хитом. Но описываемые им события, впоследствии названные Холокостом, резко омрачили тональность его лирики. К таким стихотворениям относятся тексты из сборника «Co czytałem umarłym. Wiersze getta warszawskiego» («Что я читал мертвым. Стихи Варшавского гетто»)[5], в которых описаны ужасы повседневной жизни в гетто, выражена скорбь по поводу растущей изоляции поэта и его уверенность в смерти.

Шленгель стал известен благодаря своим подробным описаниям различных методов насилия и вызываемых ими страданий. Для Ирены Мачиевской, высоко оценивающей его поэзию, «это скорее документы, чем художественные произведения» [Maciejewska 1977: 27]. Всегда полные конкретики, поэтические заметки Шленгеля в сборнике «Что я читал мертвым» также рассказывают о том, как изобретательно и успешно обезумевшие люди строили укрытия в гетто[6]. Бункер становится символом их неугасимого желания выжить: «Свозится цемент, кирпичи, в ночи стук молотков и мотыг. Откачивают воду, делают подземные колодцы. Убежища. Мания, спешка, неврозы в сердце Варшавского гетто»[7] [Szlengel 1977: 49]. Слово «гетто» было запрещено нацистами, которые разрешали использовать только описательный термин

---

[5] Некоторые из его стихотворений также передают горькое чувство покинутости его приятелями, еврейскими артистами, уехавшими за границу.

[6] Иной взгляд на поэзию Шленгеля можно найти в книге Ф. В. Аарона [Aaron 1990]. Насколько мне известно, Аарон дает единственную содержательную интерпретацию Шленгеля на английском языке; ее подход к его поэзии основан на толковании текстов.

[7] Здесь и далее стихи Шленгеля даются в переводе М. А. Крисань.

«dzielnica zamknięta» («закрытый район»), но поэт пренебрегает наложенными цензурой ограничениями и не жалеет слов, чтобы назвать гетто своим именем.

> свет, подземные кабели, прокладывание проходов,
> снова кирпичи, шнур, песчаная пыль... Много пыли... Пыль...
> Нары, койки. Провизия на месяцы вперед [Szlengel 1977: 50].

Эти ловко замаскированные убежища, туннели, подвалы и норы, которые Фрида В. Аарон образно называет «архитектурой отчаяния» [Aaron 1990: 100], были ответом на «ликвидацию» гетто. Люди переселялись из помещений над землей в новые убежища под землей. Возведение бункеров давало их строителям надежду, в то время как для преследователей эти укрытия были демонстрацией подрывной деятельности евреев. Для Шленгеля, несмотря на его восхищение изобретательностью и стойкостью жителей гетто, они были свидетельством унизительного образа жизни, оскорблявшего его. Осужденные вели атавистическое норное существование *кротов*[8], лишенных элементарных удобств. К примеру, в эти тесные помещения они брали лишь самую необходимую утварь: кастрюли или кое-какие постельные принадлежности. Люди были вынуждены действовать в рамках новых условий, лишенных привычных им достижений цивилизации. В этом описании поэт предвосхитил важное направление в дискурсе о Холокосте, согласно которому нацистские деяния понимаются в качестве новой формы атаки против цивилизации, — в данном случае результат атаки принудителен исключительно для евреев[9]:

---

[8] Эта метафора ярко выражена в стихотворениях «Okno na tamtą stronę» («Окно на другую сторону») и «Nowe święto» («Новый праздник»).

[9] Такое понимание нацистских злодеяний, как нападения на цивилизованный мир, было выдвинуто еще во время Нюрнбергского процесса. Я воспринимаю эти деяния, как и весь Холокост, как совершенные в рамках цивилизации; в этом я следую другой точке зрения, сформулированной среди прочих Х. Арендт и З. Бауманом. Яркое обсуждение этих подходов см. в статье Л. Дугласа [Douglas 2001: 275–299].

> Вычеркнуто существование электричества, водоснабжения, всего. Двадцать веков вычеркнуто плетью эсэсовца. Пещерная эпоха. Масляные лампы. Деревенские колодцы. Долгая ночь. Люди возвращаются под землю [Szlengel 1977: 50].

Подчеркивая как эту, так и более ранние стадии регресса, Шленгель выделил некоторые предметы — свидетели прежнего порядка вещей и другого образа жизни: дверной звонок, окно, телефон, которые в довоенные годы воспринимались как нечто само собой разумеющееся. Несколько стихотворений построены вокруг этой материальной повседневности, потому что именно такие, отнюдь не возвышенные, поэтические темы представляли прошлую жизнь, которой Шленгель хотел придать сентиментальный характер. Для этого поэт обратился к другому виду искусства — живописи жанра натюрморта, создав, пожалуй, самую выразительную из всех своих предметных конфигураций.

Сегодня к литературе, созданной после Холокоста и отличающейся утонченной эстетикой, начинают относиться с подозрением, как будто эстетизация — это что-то неподобающее. Шленгель, как и многие его современники, демонстративно действовал вне этих ограничений. Ирена Мачеевская с восхищением писала об используемом им широком диапазоне поэтических форм и художественных средств. Хотя Мачеевская и не опасалась, что сравнение текста и изображения может выйти за рамки этики филолога, пережившего Холокост, она все же не касалась эстетизации переноса Шленгелем жанра натюрморта в текстовую сферу. Живописный жанр соответствовал поэтическому проекту Шленгеля, дополняя метонимическую форму и держа под контролем одну из ее основных характеристик — исключение человеческого присутствия. Это суть жанра, требующего, чтобы натюрморт в первую очередь состоял из так или иначе искусственно сгруппированных неодушевленных предметов [Sterling 1981].

В иное время и при других обстоятельствах подобная визуальная чувствительность поэта к миру конкретных, повседневных предметов могла бы указывать на процветающую стабильность и порядок мира или даже на его красоту. В противоположность этому Шленгель выбрал жанр натюрморта, чтобы поведать об обнищавшем мире, в котором была уничтожена жизнь. Вуайеристский взгляд на интерьеры домов после проведения нацистами *акции* выхватывает разные говорящие сами за себя черты путем наблюдения и перечисления выброшенных вещей:

> В оставленных квартирах
> брошенные узлы,
> костюмы и одеяла,
> и тарелки, и табуретки,
> все еще тлеет огонь,
> лежат праздные ложки,
> брошенные в спешке фото семьи...[10] [Szlengel 1977: 127]

Любой голландский натюрморт, изображающий беспорядок, например, стол после пиршества или интерьер после слишком веселой ночи[11], имел бы некоторые общие черты с изображениями, представленными Шленгелем: полупустой стакан, открытая книга, выброшенная посуда. Очевидно, что недостаток человеческого присутствия в пространстве натюрмортов Шленгеля указывает на иную, противоречащую здравому смыслу историю этих изображений, что согласуется с концепцией Мике Баль о нарушении нормальности разоренного домашнего очага, обитатели которого только что отправились в свой последний путь. Поэт передает пафос ухода людей только с помощью предположений, отсылая к разбросанным предметам — очевидцам внезапно произошедшего. Таким образом ему удается передать застывшими, даже более того — мертвыми эти предполагаемые и не запечатленные события[12]. Композиции Шленгеля, изображающие

---

[10] W porzuconych mieszkaniach / narzucone tobołki, / garnitury i kołdry, / i talerze, i stołki, / tlą się jeszcze ogniska, / leżą łyżki bezczynne, / tam rzucone w pośpiechu, / fotografie rodzinne...

[11] Полотна Я. Стина и А. Брувера лучше всего иллюстрируют «искусство описания» подобных сцен.

[12] И французское, и польское названия жанра — nature morte / martwa natura («мертвая природа») — воспринимают это состояние буквально.

пустые домашние интерьеры после *акции*, придают двойной смысл смерти и разрушениям: первый относится к убитым людям, а второй напоминает о бесполезных вещах. Только метонимическая многозначность остатков разрушенного не позволяет полностью стереть повседневное присутствие человека.

Шленгель использует предметы, чтобы рассказать об искалеченной и нарушенной жизни их владельцев, из которой они были вырваны. На фоне крайней бедности и бесправия синекдоха столь же скупо входит в рамки поэтического текста. Например, в стихотворении «Pomnik» («Памятник») обыденная кухонная утварь, одна кастрюля, возвышается до роли надгробия и памятника еврейской женщине. Эта единственная материальная вещь — все, что осталось после того, как ее, хозяйку дома и мать, отправили умирать в лагерь. Напоминающее простые натюрморты художников XX века изображение минималистично и сдержанно в своем реализме, представляющем «холодную и мертвую ее кастрюлю»[13]. Хранящий личную историю женщины, этот повседневный предмет свидетельствует о ее прошлом присутствии, ее ушедшем прикосновении и о бытовом использовании, которое, как следует из вышеизложенного, придало ему дополнительное значение по сравнению с его изначальной функцией. Хотя наложение дихотомии *жизнь — смерть* на материальную полярность *тепло — холод* нельзя считать оригинальным, все же кастрюля как одиночный материальный знак не является абстракцией. В данном случае вещь обретает символическое значение, поскольку Шленгель наделяет предмет, который при жизни женщины имел в себе лишь потребительскую цену, ценностью памяти о человеке. В финальных строках поэт, известный ранее своими остротами, переосмысляет все стихотворение, чтобы превратить его в дань памяти и уважения к погибшей[14]. Наделяя двойным смыслом предмет, он придает памяти об умершей женщине пафосное звучание.

---

13 В оригинале: A na półce milczący, / zimny i martwy jej garnek [Szlengel 1977: 83].

14 В своих стихах Шленгель предпочитал запутанные концовки: «pointa... ma zawsze dla mnie znaczenie» («пуант... всегда важен для меня») [Szlengel 1977: 37].

В предметном языке поэзии Шленгеля переход от единичного предмета к множеству указывает на нарушенное равновесие или возникающую угрозу. Согласно этой стратегии, противопоставление единичного предмета массе вещей функционирует как исключение из правил. Предметы приобретают черты исключительности, поскольку их сопоставили с неопределенным изобилием неопределенных предметов, что демонстрирует основную дихотомию шаткого состояния еврейской общины. «Rzeczy» («Вещи») — поэтическое исследование постепенного отчуждения и гибели — усиливает эту логику и вместе с ней метонимический принцип изображения.

С исторической точки зрения стихотворение отображает несколько этапов развития событий, когда территория и границы Варшавского гетто пересматривались и неуклонно сокращались в соответствии с требованиями нацистов. Стихотворение фокусируется на результатах этих перемен, то есть на принудительном переселении еврейского населения в гетто и его неоднократном перемещении в ограниченном пространстве с одной улицы на другую, из квартир в отдельные комнаты. Эти перемещения представлены как несколько *материальных событий*, в которых предметы, словно переносимые невидимыми руками, подразумевают исчезновение их законных владельцев. Количественная логика стихотворения включает в себя повторяемость и ее внезапный обрыв: каждый раз, когда евреям приказывали переехать, они брали с собой все меньше вещей; кроме того, все, что оставалось в их распоряжении, теряло в объеме и ценности[15]:

> С улиц Хожа и Вспульна, и Маршалковска
> ехали телеги... еврейские телеги...
> мебель, столы и стулья,

[15] Для Шленгеля не было ничего удивительно в разграблении еврейского имущества, происходившего в Варшаве, где нацисты также организовали «Werterfassung» (нем. «оценка стоимости») для надзора за сбором украденных вещей. В своем вступительном эссе к книге «Что я читал мертвым» он приводит следующее соотношение: «Skarb Rzeszy rośnie. Żydostwo umiera» («Казна Рейха растет. Еврейство умирает») [Szlengel 1977: 49].

саквояжи и свертки,
сундуки, шкатулки, пеленки,
костюмы, портреты,
одеяла, кастрюли, ковры
и со стен портьеры.
Вишневка, горшки, горшочки,
рюмки, подносы,
чайнички, книжки и безделушки,
все едет с улицы Хожа на улицу Слизка
[Szlengel 1977: 125][16].

«Вещи» — это квинтэссенция стихотворения-вещи, *Dinggedichte* Рильке, лишенного человеческого присутствия, саркастически названного «*zgraja ponura*» («понурая куча»); используя метонимию, поэт рассказывает о процессе постепенного уничтожения жителей гетто. Доминирующие в длинном стихотворении предметы попадают в противоречивый ритм: они как бы увеличиваются в размерах по мере уменьшения их количества[17]. Объединяемые раз за разом во все более скудное и утилитарное хаотичное целое, эти вещи, собранные заново, указывают на свое изначальное состояние, изменившееся с началом оккупации[18]. Обращение Шленгеля к перечислению, давней фигуре речи, определяет это деление и впоследствии подчеркивает категоризацию вещей. С другой стороны, перечисление — это троп, предполагающий некоторую степень упорядочивания, поскольку разделить объекты означает навести определенный порядок.

---

16 Z Hożej i Wspólnej, i Marszałkowskiej / jechały wozy... wozy żydowskie... / meble, stoły i stołki, / walizeczki, tobołki, / kufry, skrzynki i bety, / garnitury, portrety, / pościel, garnki, dywany / i draperie ze ściany. / Wiśniak, słoje, słoiki, / szklanki, plater, czajniki, / książki, cacka i wszystko / jedzie z Hożej na Śląską.

17 Аарон предлагает глубокое и вдумчивое прочтение этого стихотворения [Aaron 1990: 41–53].

18 Деструктивный акт переезда обнажает скрытые части дома, в ином случае закрытые стенами и недоступные для посторонних глаз или вуайеристов. В романе Богдана Войдовского «Хлеб, брошенный умершим» рассказчик и главный герой испытывает стыд и уязвленность, когда его семья перевозит свои скудные пожитки в гетто.

Троп упорядочивания/деления зависит от перечисления, то есть от приобретения контроля над тем, что в основе своей неупорядочено. Такое манипулирование вещами через перечисление, наблюдаемое в «Вещах», восстанавливает, как и в других текстах о Холокосте, важность объектов в проецировании анонимной человеческой смерти[19].

Неумолимая логика вычитания структурирует перечисления отброшенного; в конечном счете забирается даже последний малейший предмет, а вместе с ним — и жизнь последнего еврея. Шленгель доводит свою драматургию до нулевой точки, в которой не остается ничего, кроме таблетки, которой можно убить себя. Что поэт намеренно опускает из репрезентации, так это последний толчок со стороны нацистов, благодаря которому материальные ценности были сокращены до онтологического нуля. Вместо этого он представляет себе мстительное возвращение оживших предметов еврейского имущества: их появление, окрашенное восстановительной силой справедливости, завершает стихотворение.

Одним из шагов, направленных на уменьшение количества евреев, был так называемый «*kocioł*» («котел») — разговорное название метода сгона людей на улицах. Немцы называли такие операции *Einkesselung*; Шленгель дает отсылку в «Вещах» на конкретный *Einkesselung*, организованный на улице Островска, который был лишь эпизодом в колоссальной ликвидации гетто. Эта *акция*, начавшаяся 6 сентября 1942 года и продолжавшаяся до 11 сентября, стала этапом общего процесса, в ходе которого тысячи людей были вывезены в концлагерь Треблинка[20]. Выброшенные вещи и мусор, которые евреи оставили после себя во время суматохи, заполнили опустевшие улицы и дома.

---

[19] Говоря о значении вещей в литературе, Александр Наварецкий в своем исследовании утверждает, что со времен «Поэтики» Аристотеля они были обречены на существование на заднем плане [Nawarecki 1993].

[20] В своем бесценном историческом исследовании Б. Энгелькинд и Я. Леочак подробно, день за днем, описывают события под названием «wielka akcja wysiedleńcza» («акция ликвидации Варшавского гетто») [Engelkind, Leociak 2001].

В своем стихотворении «Cylinder» («Цилиндр») Шленгель пытается уравновесить процесс деградации человека или, по крайней мере, противостоять ему:

Надену цилиндр,
смокинг надену —
и галстук полосатый...
надену цилиндр,
смокинг надену,
к посту охраны пойду.

жандарм окаменеет,
жандарм обомлеет,
может, притаится...
может, помыслит,
может, помыслит,
что кто-то с ума сошел [Szlengel 1977: 96].

Воображаемая смерть обитателя гетто, превратившегося в денди, задумана как вызывающий поступок провокатора, который удается за счет экстравагантного превосходства одежды. О. де Бальзак, знавший толк в дендизме, критически заметил: «В элегантной жизни нет высших и низших — здесь все равно могущественны»[21]. Позднее Бодлер в своих размышлениях о дендизме писал «об удовольствии удивлять» [Konody 1930: 120]. Денди знает о своей способности поражать, и лирический герой, бросая вызов смерти, намеревается воспользоваться этим эффектом, надев белый галстук и черный смокинг — костюм, повторяющий ослепительный фирменный наряд Бо Браммела. Наряд производит впечатление на нацистскую охрану. Понимание внешнего превосходства заставляет задуматься о том, как созданный Шленгелем образ еврейского денди противостоит восприятию нацистами еврея как овеществленного человека, лишенного сущности, и отрицает его.

Само по себе трагично то, что противостояние выражается в сведении лирического *я* до изысканного облика, но среди атрибутов стихотворения ничто не вызывает большего резонанса,

---

[21] «Dans la vie élégante, il n'existe plus de supériorité» («Трактат об элегантной жизни», пер. с фр. О. Э. Гринберг и В. А. Мильчиной) [Бальзак 2006: 429].

чем цилиндр героя. Используя этот единственный предмет гардероба, герой Шленгеля задумывается, как лучше сможет воздействовать на своего палача и, возможно, даже заставить его помнить о себе. Именно поэтому трансформация лирического героя, его бесстрастная поза и торжественный вечерний наряд способствуют проработке сцены инсценированного самоубийства с точки зрения перформативной роли денди. Чем лучше он будет контролировать свое представление, тем ближе он будет к достижению чистого эстетического совершенства и в конечном счете произведет неизгладимое впечатление на бесстрастного нациста. Замысел поэта — вызвать на этом лице удивление и растерянность[22]. Однако вызывает любопытство кажущееся непредвиденным последствие ситуации, столь тщательно организованной денди. Выполняя свою работу, то есть убивая еврейского денди, жандарм исполняет, сам того не подозревая, невысказанное желание своей жертвы. Здесь поэт переворачивает гегелевскую взаимозависимость господина и раба: господин, превращенный в десадовского палача, трудится для удовольствия своего раба, завершая тем самым проект денди без какого-либо самоудовлетворения, то есть без собственной дозы садистского *jouissance*.

Если оставить в стороне нереализованную садистскую радость убийцы, стихотворение «Цилиндр» соотносится с рассуждениями Ролана Барта в «Системе моды», в которых модные наряды интерпретируются в терминах трансформационного мифа о внешнем облике человека, содержащего в себе *я*, которое, согласно мифу, желает быть замаскированным [Барт 2003: 290 и далее]. Для Шленгеля, который, в отличие от Гинчанки, был заключен в гетто, скрывать свое происхождение было бессмысленным — за исключением последнего жеста его автобиографического героя, в котором одежда трансформировала личность. В остальном поэт был узнаваем не только по месту жительства, но и по «Звезде Давида», а также по своему несчастному исто-

[22] Так, Бодлер в очерке «Художник современной жизни» говорит о праве денди демонстрировать невозмутимость, которая порождена «твердой решимостью не давать власти никаким чувствам», но удивлять других.

щенному виду и потрепанной одежде. Поэтому совершить этот символический акт трансформации идентичности означало для Шленгеля надеть в последний раз то, что в довоенные годы было его собственной кожей: элегантный смокинг, выделяющийся на фоне презренного окружения. Это также означало идти в размеренном темпе хорея и амфибрахия, в идеальном ритме шестистрочной строфы, в суровой броне из повторяющихся слов, затмевающих последнюю строку стихотворения.

Этот денди превратил демонстрацию своего элегантного костюма в провокационный и рискованный «триумф героизма» [Konody 1930: 134]. Однако в случае Шленгеля это превращение было не таким простым. В Варшавском гетто еврейская идентичность была неотъемлемой частью языка улицы, способом быть заметным в общественном пространстве или легко идентифицируемым по внешнему виду обездоленного, измученного или смирившегося человека. Проявление самообладания в сочетании с возрожденной броскостью и элегантным нарядом радикально стерло эти поверхностные признаки и маркеры. В то же время новый статус придуманной идентичности становится изменчивым и зависит от предметов материального мира, с помощью которых идентичность может быть переосмыслена. Личные и интимные аксессуары представляют собой изменчивые маркеры еврейской идентичности или, скорее, маркеры изменчивой, текучей идентичности, которую можно изобретать по своему усмотрению[23]. Несмотря на военные условия, когда еврейская идентичность подвергалась опасному акцентированию и регулированию различными правилами, вновь появилась возможность создать стабильное текстовое пространство, в котором еврейская идентичность могла быть заново репрезентирована — вопреки преобладающим идеологическим представлениям.

Использование Шленгелем будущего совершенного времени повторяющихся глаголов подчеркивает законченность действия героя и масштаб его состояния отчаяния. По контрасту с реаль-

---

[23] Зигмунт Бауман утверждает, что национальная идентичность, включая «естественную идентичность по рождению», является простой фикцией [Bauman 2004: 20–23].

ностью Варшавского гетто, он представляет свою смерть в виде элегантной мечты о небытии, осмысляя себя через присущий денди язык одежды, поверхностей и внешнего вида. Пространство гетто явно не подходит для денди, но самоконструкция биографического героя Шленгеля восстанавливает его прежнее «я», то есть в его проекте можно увидеть многочисленные отголоски его профессии артиста кабаре в довоенной Варшаве. И действительно, он продолжал выступать даже в гетто, чаще всего в кафе «Sztuka» («Искусство»). В этом смысле цилиндр и гламурный жилет, фетишизированный в фильме «The Blue Angel» («Голубой ангел») как символ всей европейской модернистской культуры кабаре, воссоздают профессиональное прошлое Шленгеля. Кроме того, его стихотворение напрямую отсылает к светлому образу веселого и жизнерадостного артиста — Фреда Астера в его роли с Джинджер Роджерс в танцевальной музыкальной комедии «Top Hat» («Цилиндр») 1935 года в постановке Марка Сэндрича. В тексте есть свидетельства того, что Шленгель, который в своей поэзии зачастую использовал аллюзии на американское кино, видел этот фильм и, возможно, имел его в виду, когда писал это стихотворение. Помимо названия, есть и строка — «I am putting on a top hat» («Я надеваю цилиндр») из песни «Top Hat, White Tie and Tails» («Цилиндр, белый галстук и фрак») Ирвинга Берлина, которую цитирует и иронически переиначивает поэт. Однако следует отметить, что в своем стремлении к функциональному интертексту и к прошлому, которое, в конце концов, было не таким уж далеким, Шленгель вспоминал мир, который был не совсем беззаботным и элегантным. В сцене исполнения Астером песни происходит резкая смена радостного тона: певца, покинутого хором, окружает зловещая тьма, и с его лица исчезает улыбка[24].

Смех — в его жестоких, вульгарных, саркастических или освобождающих формах — нередко присутствовал как в гетто, так

---

[24] Но в этой сцене присутствует еще один интертекст, который делает смысл стихотворения еще более загадочным. По словам Натана Гросса, стихотворение было написано на мелодию старой польской песни «Ty pójdziesz górą, a ja doliną». («Ты пойдешь по горе, а я — по долине»), которая оплакивает неизбежную физическую разлуку двух влюбленных, идущих разными путями [Gross 1993: 91].

и в лагерной жизни. Люди были слишком хорошо знакомы с терапевтическим эффектом фольклорного юмора, который спонтанно выражал в гетто самые разные эмоции — от иронии и мести до отчаяния и, да, до *jouissance*[25]. Мария Берг убедительно заявляла: «Это смех сквозь слезы, но это смех. Это наше единственное оружие в гетто... Юмор — это единственное, чего нацисты не могут понять» [Berg 2006: 104]. В коллекции Шимона Хубербанда шутки и каламбуры о гетто варьируются от лаконичных до отстраняющих, как, например, следующие: «Не дай Бог, чтобы война длилась столько, сколько евреи могут выдержать» [The Literature of Destruction 1988: 401]. Хотя я не рискну утверждать, что комедии после Холокоста были созданы в память о смехе во время Холокоста, в собранной Хубербандом коллекции отражается дух еврейского остроумия[26].

Театральные представления — как более формализованная сторона *jouissance* в гетто и часто как вопрос бизнеса — были сферой, в которой Шленгель был задействован весьма активно. Потребность в работе и стремление к художественному самовыражению призывали его принять участие в популярных в гетто формах увеселений. Кроме цилиндра, он носил много других головных уборов. Он был актером, автором текстов, церемониймейстером, исполнял роль в моноспектакле под названием «Żywy Dziennik» («Живые новости») в кафе «Sztuka». Во всех этих перевоплощениях он обращался к искусству отрешенности[27]. Хотя Шленгель, как и каждый еврей в тот период, жил с постоянной

---

[25] См. [Borwicz 1954: 196–200]. Говоря о сатирическом стиле речи и литературы во время Холокоста, Борвич отмечает, что люди уходили в остроумие при двух условиях: во-первых, чтобы осознать свое бедственное положение и, во-вторых, чтобы отстраниться от него. Он отмечает, что люди в гетто в целом сохранили чувство юмора и что сатирическая литература была создана в те годы в изобилии, что ставит под вопрос существующий стереотип о том, что настроение жертв было исключительно торжественным и мрачным.

[26] См. анализ этих фильмов у Жижека [Žižek 2000].

[27] Хотя концепция комической дистанции в литературе Холокоста часто служит для проведения границ между «различными порядками реальности», как выразился Марк Кори, это не относится к Шленгелю, который демонстрировал дистанцию различными способами. Кори дает анализ послевоенных литературных высказываний о Холокосте [Cory 2004: 195].

угрозой смерти, его стихи лишены тревоги о неизвестном: они выражают его свободу умереть на своих условиях. Хотя фантазия Шленгеля о контроле над своими последними мгновениями описывает уникальную, единственную смерть — смерть поэта, — она также рассказывает о том, как вещи становятся квинтэссенцией выживших, хотя и проигравших людей[28]. Но именно возвращение в эти стихи принципа удовольствия, или даже мстительного удовольствия, в сочетании с самостоятельной добровольной смертью переносит фантазию поэта в другую область. Поэт демонстрирует, как, согласно распространенному мнению, остроумие помогает переносить происходящее в реальности.

О вещах малых и круглых

Цилиндр принадлежит к числу уникальных предметов, которые, если задуматься, относятся к отдельной серии аксессуаров (таких как кепки, шляпы и береты), предназначенных для защиты или украшения головы. Помимо функционального сходства, эти предметы похожи формально и эстетически. В конце концов, цилиндр не является таким уж исключением. Его незначительная исключительность заключается в том, что он подчеркивает своей элегантностью классовое отличие владельца. Однако, помимо участия в этом процессе, цилиндр в стихотворении Шленгеля встраивается в другой ряд объектов. Наряду с таблеткой, горшком, пулями, немецкими сигаретами «Juno»[29] и другими круглы-

---

[28] Военное стихотворение Кшиштофа Камиля Бачиньского «Ballada o wisielcach» («Баллада о повешенных») расширяет существующий комплекс стихотворений, связанных с «Балладой о повешенных» Ф. Вийона. Польский поэт еврейского происхождения, потрясенный тотальностью смерти вокруг него, представляет себе целый пейзаж, заполненный эшафотами и повешенными людьми [Baczyński 1970: 1–4]. Подробнее о присутствии различных мотивов из Вийона в поэзии Холокоста см. [Borwicz 1954: 253–255].

[29] Округлость, на которую указывала немецкая рекламная строка «Juno sind rund», несколько тавтологически отсылала к имени Юнона и его мифологической носительнице.

ми вещами, он включен в перечень предметов, символизирующих радикальную перемену судьбы.

Шленгеля не перестают занимать драматические превратности судьбы как нацистского солдата, погибшего в бою, так и своего цилиндра. Поэт, всегда проявляющий в своем творчестве самосознание, сплетает эти эпизоды и их материальную текстуру воедино, чтобы выразить главный принцип своей поэтической вселенной: «Okrągło wszystko się toczy» (дословно — «В круговороте все катится, то есть меняется»)[30]. Эта геометрическая концепция построена на иконографии колеса фортуны и понимании того, что судьбы как людей, так и предметов определяются чистой случайностью, хотя и лишенной фатализма:

Жандарм пусть стреляет,
когда запою,
o, meine Kinder...
катится пусть под грубый сапог
блестящий цилиндр... [Szlengel 1977: 97]

Движение этого единственного доказательства смерти преднамеренно и условно, реально, но никогда не актуализировано в рамках стихотворения. Непредсказуемость этого предмета, как и всех остальных маленьких, катящихся объектов — частых реквизитов в его мизансценах, — является сутью идеи судьбы в поэзии Шленгеля. Судьба у него всегда ассоциируется со случайным броском игральной кости и/или поворотом колеса фортуны, а также и с глубоко укоренившимся в польской культуре представлением о жизни как о игре случая, в которой можно выиграть или проиграть во мгновение ока. Как отмечает Анна Вежбицкая, польское слово «судьба» («los») «вызывает образ лотереи, где каждый тянет свой жребий — судьбу»[31]. Более того, это же польское слово обозначает лотерейный билет, что подчеркивает больше непредсказуемость поворота судьбы, чем неконтролируемость жизни [Wierzbicka 1992: 75].

---

30 Это выражение можно найти в стихотворении «Kontratak» («Контратака») [Szlengel 1977: 135].

31 См. главу «The Polish Los» в [Wierzbicka 1992: 75–79].

Концепция непредсказуемости может быть использована для достижения кинематографического эффекта. Макабрическая эстетика катящегося цилиндра предвосхищает целую цепь образов в военном и послевоенном кино: случайное движение круглых и маленьких предметов символизирует абсурдность человеческой судьбы.

Например, в фильме «Citizen Kane» («Гражданин Кейн», 1941) стеклянный шар выпадает из ослабевшей руки Кейна и катится по полу до момента его смерти, обозначенного остановкой шара. Или вспомните сцену из фильма Романа Полански «The Pianist» («Пианист», 2002), в которой главный герой Владислав Шпильман (собрат Шленгеля по гетто) роняет банку консервов на пол, а камера следует за ее движением до мысков сапог немецкого офицера. За долю секунды, по замыслу Полански, роковой поворот событий принимает счастливый оборот: в следующей сцене Шпильмана спасают. В менее известной, но более концептуально интересной сцене из фильма Кшиштофа Кесьлевского «Przypadek» («Случай», 1981) брошенная монета становится отправной точкой трех параллельных и разных сценариев жизни главного героя. Несмотря на различия художественных миров, эти сцены объединяет случайное движение предметов; связь между высвобождением бессистемной энергии и страхом смерти, который оно вызывает; непредсказуемость движения, ограниченная смертью.

Если убийство, как считал, например, Томас де Квинси, можно воспринимать и понимать в терминах художественного, подсознательного творчества, то тогда самоубийство, как его представлял Шленгель, становится наивысшей точкой актерского исполнения, подкрепленной последовательной формой стихотворения. Самоубийство стало единственной роскошью, которую мог себе позволить его лирический герой (в реальной жизни поэт умер таким образом, которого так сильно хотел избежать)[32]. Сублимация в ко-

[32] По словам Леочака, Шленгеля последний раз видели 8 мая, когда он вместе с другими обитателями бункера «Шимек Кац» покидал его; по всей вероятности, он направлялся в Умшлаг-плац [Leociak 1997: 52]. Его утверждение основано на рассказе Леона Найберга [Najberg 1993: 74]. Шленгель был на тот момент последним польскоязычным поэтом Варшавского гетто.

нечном счете наиболее явно проявляется в творческом процессе. Даже Ж. Лакан, обычно неохотно допускавший возможность полной сублимации, признавал это. Более того, если следовать прочтению лакановской сублимации Славоем Жижеком в «Глядя вкось», этот процесс также подразумевает движение от биологических сил к лингвистическим. Такой переход имеет особое значение для настоящего анализа, посвященного лингвистической силе поэзии.

Если Шленгель сублимирует свою смерть, то имеет ли значение, где находится его окровавленное тело? Его нигде нет, но в то же время оно интуитивно связано с самой формой стихотворения. В стихотворении Шленгеля отсутствуют как труп, так и какие-либо неприглядные соматические фрагменты, волновавшие других поэтов, когда те представляли себе собственную смерть[33]. Его жалкое, окровавленное тело скрыто смокингом и блестящим шелком цилиндра, катящимся прямо к сапогам нациста. Образ, завершающий выступление Шленгеля, точно резюмирует стратегию, которую он использует в своей элегантно спланированной смерти: в этот момент хрупкий аксессуар и грубая кожа находятся в ужасающей близости друг к другу. Этот кинематографический эффект служит для исключения из представления головы, завершая символическое самоубийство поэта: вместо головы на мостовую скатывается его цилиндр. И снова именно шленгелевское понимание метонимии отрицает облик трупа и выводит его из представления. Инсценированная встреча и случайность, срежиссированная смерть и момент напряженности, вызванный катящимся цилиндром — таковы противоречивые правила игры, которые устанавливает стихотворение Шленгеля.

Отступление о достоинстве в смерти

С мрачным лексиконом материального мира Холокоста резко контрастирует внешний вид денди, который появляется в привычном изображении, полном травматизма и обыденности, от-

---

[33] В этом ключе можно легко связать мрачный юмор «Цилиндра» с «Малым завещанием» Ф. Вийона.

куда-то извне, за рамками этих двух осей представления. Даже тот, кто знает о существовании увеселительных заведений в Варшавском гетто, может быть удивлен выбором образа Шленгеля и задаться вопросом, зачем поэту понадобилось использовать столь постороннего персонажа в рассказе о собственной смерти. Одинокий, безупречно одетый и прежде всего резко контрастирующий с окружающей средой в целом, денди наблюдает за своим анонимным убийцей и одновременно является объектом его наблюдения. Глаза убийцы при этом — единственное зеркало, необходимое герою для подтверждения своего существования. Этот сценарий возвращает смерти поэта абсолютное достоинство, усиливая его собственный *jouissance*, полностью пронизывающий образ. Именно *jouissance* позволяет ему преодолеть отвратительный, уродливый, унизительный характер предписанной ему смерти[34].

В своей книге о самоубийстве писатель и одновременно человек, переживший самоубийство, Жан Амери подвергает серьезной критике сам термин *самоубийство*, предпочитая вместо него более нейтральное выражение *добровольная смерть*. Это последнее словосочетание более адекватно отражает его философскую концепцию, в которой самоубийство становится жестом самоосвобождения и самореализации[35]. Тем не менее вопрос менее однозначен в отношении тех, кто провоцирует других людей или манипулирует ими, призывая выступить в роли палачей. В «Цилиндре» Шленгеля читатель, несмотря на элегантность, с которой поэт преображает свой внутренний мир во внешний облик, сталкивается с жестокостью суицида, в котором на курок нажимает другой человек. По этой причине я бы предпочла рассматривать этот акт как «самоубийство» на том основании, что он указывает на два противоположных типа смерти: суицид

---

[34] Жорж Батай обсуждает подобный тип юмора в эссе о практике радости перед смертью [Bataille 1985: 235–245].

[35] См. [Amery 1999], в особенности главу «The Road to the Open» [Ibid.: 123–153]. Автор также склонен связывать самоубийство с чувством достоинства [Ibid.: 43–44].

и убийство. Будучи и суицидом, и убийством — и в то же время ни тем ни другим в отдельности, — «самоубийство» героя Шленгеля находится между этими двумя категориями. Как насильственное устранение себя, оно осложняется еще и элементом насилия, направленного на охранника и заставляющего его поднять руку с пистолетом.

Более того, в случае Шленгеля совершение суицида опирается на два противоречащих источника: спокойное принятие древними стоиками смерти, навязанной обществом, и крайнее отчаяние в условиях жалкой жизни, навязанной внешней верховной властью. Тот же тип отчаяния, который заставлял некоторых узников концлагерей бросаться на ограждения, находящиеся под высоким напряжением, мог легко подтолкнуть их к тому, чтобы спровоцировать охранников на убийство. Нацистская система власти, при которой люди в гетто и концлагерях лишали себя жизни, чтобы избежать более мучительного вида смерти, допускала такой тип суицидального выхода, который сохранял человеческое достоинство. Желание покончить с собой оказывалось сильнее, чем желание продолжать недостойную жизнь. Парадокс этих решений проистекает из ограничений, наложенных на волю человека, — когда единственным выбором, доступным заключенному, становится выбор между одним видом смерти и другим.

Вопрос о суициде всегда напоминает нам о Сократе, которого афинские судьи заставили покончить с жизнью, выпив напиток из болиголова. Его поведение в последние минуты жизни стало ярким примером стоического подхода к смерти. В «Федоне» Сократ встречает смерть без страха, в шутку прося принести петуха в жертву Асклепию. Когда слуга приходит к Сократу, чтобы напомнить ему о приближении смертного часа (см. диалог Платона «Федон»), философ продолжает контролировать свои эмоции, за что получает похвалу от слуги [Hartle 1986]. Сократ — осужденный человек, который смеется перед собственной смертью, — становится одновременно актером и зрителем в последнем акте своей жизни. Он умирает и одновременно наблюдает за процессом своей смерти. Лишенный жалости к себе, философ уже отстранился от своей жизни.

Когда мы слышим или читаем о суициде, мы пытаемся принять или оправдать решение человека, совершившего его. Однако для того, чтобы рассмотреть форму суицида во время Холокоста, следует иначе квалифицировать само понятие этого вида смерти. О суициде во время Холокоста часто говорят как о принудительном решении умереть от собственной руки: когда смерть и неминуема, и вездесуща, это заставляет принять решение. Воля к смерти часто сочетается с яростным желанием окончательного освобождения и, следовательно, с определенной долей мужества. Таким образом, суицид во время Холокоста восстанавливает свободу и самостоятельность человека. Фактически он функционирует как единственное средство, с помощью которого человек может вернуть себе утраченную человечность.

Добровольная смерть доктора Януша Корчака примечательна в этом отношении тем, что этим актом он закрепил свою солидарность с детьми из подконтрольных ему детских домов[36]. Человек его социального статуса мог бы выжить во время ликвидации Варшавского гетто, особенно учитывая, что подпольщики предпринимали попытки спасти его. Однако он твердо решил не бросать «своих детей», сирот гетто, и отправился с ними в Треблинку. Будучи другом и одним из организаторов культурных мероприятий в детском доме на улице Сliска, Шленгель стал свидетелем шествия Корчака с сиротами и описал его в своем художественном репортаже — поэме «Kartka z dziennika „akcji"» («Лист из дневника „Акции"»). В христианском контексте поступок Корчака мог бы квалифицировать его как мученика. Вне этого контекста, однако, в его решении можно увидеть проявление самопознания и осознание своих еврейских корней. В его поступке европейская история *Bildung*, которым Корчак был так озабочен в своих педагогических трудах и практике, пришла к внезапному завершению. Отказавшись от своей образовательной миссии и веры в аккультурацию евреев в польской нееврей-

[36] Януш Корчак, настоящее имя которого Эрш Хенрин Гольдшмит (1878–1942), был психологом, педагогом и писателем, организовывавшим детские дома для еврейских детей; во время войны, несмотря на трудности, он пытался сохранить эти учреждения действующими.

ской культуре, Корчак отринул и вековую иллюзию достичь эмансипации через преобразование. Если Корчаку и довелось найти иную общность, то она заключалась в том, чтобы быть со своим народом, и была сформирована посредством смерти.

Обитателям гетто было что сказать о разнице между достойной смертью и смертью, лишенной достоинства, — когда обреченные знали, как они умрут. Суицид был сопряжен с достоинством в «Песне для последних», анонимный автор которой сетовал, что приговоренные к смерти были слабее мотыльков, хотя последние были способны броситься в пламя [The Literature of Destruction 1988: 497]. Хаим Каплан, преподаватель иврита, которому удалось тайно переправить свой памятный дневник на «другую сторону», прежде чем он погиб в Треблинке, выразил подобное возмущение, наблюдая за кладбищем на улице Генся.

Он видел «практически голые трупы... извлекаемые из повозок, даже без бумажной набедренной повязки, чтобы прикрыть их интимные части тела» [Kaplan 1988: 435–449]. Потрясенный этим зрелищем, он почувствовал, что «простое человеческое достоинство было оскорблено, достоинство мужчины» [The Literature of Destruction 1988: 497]. Подход Каплана примечателен тем, что показывает его уважительное отношение к погребению. Наконец, следует также прислушаться к тому, что говорит Боровский о смерти в Аушвице: «Вот газовая камера, отвратительная, безобразная, свальная смерть» («Пожалуйте в газовую камеру») [Боровский 1989: 198]. В смерти, которая ожидала заключенных, унижение было неоспоримым. Для тех, кто жил в состоянии голой жизни, голая смерть была также неизбежна, если только они не выбирали суицид. Поэтому Аушвиц, как отмечает Джорджо Агамбен, «знаменует собой конец и разрушение всякой этики достоинства и соответствия норме» [Agamben 1999: 69][37]. Это переосмысление, согласно которому достоинство предопределяется отсутствием достоинства, лежит в основе его понимания новой этики после Холокоста.

---

[37] В этой работе философ воздерживается, в основном по этимологическим причинам, от использования термина «Холокост».

В этой дискуссии стоит вспомнить высказывания пережившего Холокост литературоведа Михала Гловиньского о суициде и достоинстве. Вспоминая о самоубийстве своего деда, он в своих мемуарах пишет следующее:

> Зачастую приходится слышать о «достойной» смерти в связи с геноцидом; зачастую приходится слышать мнения, которые по сути неразумны и легкомысленны. Все, кто умер по приговору преступников, умерли достойно. И это надо сказать, даже если считать, что Брут в шекспировском «Юлии Цезаре» прав, когда перед тем, как лишить себя жизни, он произносит: «Нас враг загнал на край обрыва. Лучше самим нам в бездну броситься, чем ждать, пока он нас туда столкнет»[38]. Существовали лишь различные стили умирания. Стиль жертв, которые без протестов позволяли вести себя в газовые камеры, и стиль тех, кто предпочитал умереть в бою. Некоторые, как повстанцы из гетто, сопротивлялись; другие кончали жизнь самоубийством. У такого пожилого человека, каким был мой дед, была возможность выбрать только самоубийство [Głowiński 1999: 33].

В понимании Гловиньского суицид вызван отсутствием выбора, что звучит как классическое определение трагической позиции. В этом он расходится с Амери, который прославляет добровольную смерть как освобождающий акт. Гловиньский утверждает, что вообще любая несправедливая смерть является достойной; это, однако, не подтверждается ни свидетельствами, о которых я говорила выше, ни рассказами о достойной смерти. Пожалуй, самым спорным в рассуждениях Гловиньского на эту тему является использование им слова «стиль» применительно к смерти. Добровольная смерть, как утверждает Гловиньский, не является важным свидетельством, если ее отнести только к стилю. Реальность геноцида была радикально несопоставима с эстетикой. Голая жизнь редко предоставляла своим субъектам свободу инсценировать какие-либо действия, включая суицид, и тем более возможность осмыслить смерть в эстетических терминах. Если

---

[38] Пер. И. Б. Мандельштама.

конец человека обставлялся стилизованно, то это происходило в сфере символического, как это видно в лирике Шленгеля.

Для тех, кто восставал, существовал еще один вариант проявления достоинства. В стихотворении Шленгеля «Контратака II» его отстраненность, выраженная в горькой фразе «Бунт мяса, / БУНТ МЯСА, / ПЕНИЕ МЯСА!»[39] [Szlengel 1977: 139], показывает, что повстанцы Варшавского гетто, превращенные в мясо, в простую материю, к удивлению оккупанта были способны на восстание. Поэт, осознавая, до какой степени нацисты полностью овеществили его народ[40], указывает на то, как достоинство, обретенное в результате вооруженного сопротивления и мести, подрывает овеществляющие силы. Таким образом, смерть в бою стала еще одной альтернативой для возвращения человеческим субъектам свободы действия. Но это был вариант, доступный лишь немногим, и уж точно недоступный для *Музельман*, достигших конца за пределами добровольной смерти.

Тексты

ЦИЛИНДР

Надену цилиндр,
смокинг надену —
и галстук полосатый...
надену цилиндр,
смокинг надену,
к посту охраны пойду.

жандарм окаменеет,
жандарм обомлеет,
может, притаится...
может, помыслит,
может, помыслит,
что кто-то с ума сошел.

---

[39] «Bunt mięsa, / BUNT MIĘSA, / ŚPIEW MIĘSA!»

[40] Аарон предлагает буквальное прочтение стихотворения и рассмотрение вопроса о достойной смерти; она также указывает, что поэт неоднократно демонстрирует полную абсурдность применения довоенных литературных стандартов к оккупационной литературе [Aaron 1990: 152].

Надену цилиндр,
пойду без ленты,
в голове оркестр,
в голове фантазия,
в сердце желание
как в новогоднюю ночь.

Надену цилиндр,
дойду до поста охраны,
хочет, пусть стреляет,
надену цилиндр
и надену смокинг,
чтобы... узрели...

чтобы узрели...
чтобы узрели,
дряни придурки,
что еврей не только
рвань с лентой
и подзаборный грязнуля.

Такая фантазия,
такое желание,
так захотелось мне,
пяльтесь в удивлении,
я хожу в смокинге
и с белой бабочкой...

Жандарм пусть стреляет,
когда запою,
о, meine Kinder...
катится пусть под грубый сапог
блестящий цилиндр...

CYLINDER

Włożę cylinder,
smoking założę —
krawat z rozmachem...
włożę cylinder,
smoking założę,
pójdę na wachę.

żandarm zdębieje,
żandarm się zleknie,
może się schowa...
może pomyśli,
może pomyśli,
że ktoś zwariował.

Włożę cylinder,
i bez opaski,
we łbie orkiestra,
we łbie fantazja,
w sercu ochota
jak na sylwestra.

Włożę cylinder,
dojdę do wachy,
jak chce, niech strzeli,
włożę cylinder
i włożę smoking,
żeby... widzieli...

żeby widzieli...
żeby wiedzieli,
dranie półgłówki,
że żyd nie tylko
łapciuch w opasce,
brudas z placówki.

Taka fantazja,
taka ochota,
tak mi się chciało,
patrzcie zdziwieni,
chodzę w smokingu
i z muszką białą...

Niech żandarm strzeli,
kiedy zanucę,
o, meine Kinder...
niech się potoczy pod twarde buty
lśniący cylinder...

Глава вторая
Материальная буква Е

...потому что у еврея, тебе ли не знать,
есть ли у него хоть что-нибудь,
что и вправду принадлежит ему,
а не занято, не одолжено, не присвоено...[1]

Пауль Целан

Значение понятия собственности одновременно включает в себя как идею характера, или идентификацию, так и материальную составляющую. И в том и в другом случае собственность — это то, что принадлежит субъекту или объекту и определяет его. В тесной связи с ним находится понятие идентичности, которое определяет более конкретные черты характера, а также означает право собственности и в целом относится к миру людей. Таким образом, значения понятий собственности и идентичности пересекаются в той области, которая затрагивает отношения между человеческим субъектом и собственностью. При Холокосте эти понятия оказались максимально смешанными. Никогда прежде не существовало более упрощенных отношений между материальными благами и их владельцами, как и между собственностью и ее владельцем. В сфере репрезентации эта взаимосвязь, сведенная к приравниванию, стерла и заменила неоплатоническую практику субъективности, проецируемой на объекты индивидуализированным и почти не имеющим предела образом.

---

1 Пер. Б. В. Дубина.

Идентичность, как универсальная проблема, часто пересматривается и конструируется заново в рамках политического и научного дискурса. Если обратиться к более конкретному примеру, т. е. к дискурсу еврейской идентичности, можно проследить его историческое развитие от эссенциализма через отказ от него во имя Разнообразия и до возрождения умеренного Эссенциального Замысла в последние годы. С исторической точки зрения, рассуждения об идентичности и материальной культуре достигли эпических масштабов в таких дисциплинах, как культурная антропология и археология. Интерпретации материальных объектов в антропологии, этнографии и археологии переоцениваются параллельно с осознанием породившего их контекста. Обычно взаимозависимость между объектом и его контекстом (национальным, этническим, культурным, историческим или экономическим) замкнута на себе. Материальный объект используется для воссоздания культурного контекста и идентичности, и, в свою очередь, такой объект сам определяется через смысл, извлекаемый из этого контекста[2]. Так, я хотела бы вытянуть одну незаметную на первый взгляд, но показательную ниточку из богатой истории этого взаимодействия, связанную с печально известным немецким археологом Густавом Коссинной (1858–1931), чья концепция о взаимосвязи этнического, национального и материального сложилась после знакомства с философиями Гердера и Фихте. *Volk* в качестве принципа организации дискурса привел Коссинну к убеждению о превосходстве арийской и раннегерманской культур, поскольку для них был характерен высокий уровень материальной культуры[3]. Переоценивая уровень развития их материального мира, археолог, соответственно, довольно легко сводил неарийские культуры к более низкому уровню.

---

[2] Шон Хайдс пишет о проблемах, возникающих в результате подобного кругового типа аргументации [Sean 1997].

[3] В этом отношении особенно показательно название одной из выставок Коссинны — «Die deutsche Vorge schichte-Eine hervorragend nationale Wissenschaft» («Немецкая предыстория — выдающаяся национальная наука»).

Еще один шаг, проложивший путь к предпосылкам геноцида, был сделан в рассуждениях немецких юристов, которые интерпретировали понятие суверенной власти и ее взаимосвязи с условиями чрезвычайного положения. Карл Шмитт открыл свою «Политическую теологию» известным определением авторитарной власти как такой, которая принимает решение о чрезвычайном положении как необходимом для общества [Schmitt 2005]. Наиболее ощутимыми результатами этих политико-философских представлений стало введение чрезвычайного положения в Третьем рейхе и инициированных Гитлером Нюрнбергских расовых законов. Хотя их можно рассматривать как этап процесса эссенциализации, эти законы также привели к четкому расовому различию между гражданином Германии — арийцем и гражданином Германии — евреем. Более того, считая немецких евреев только «подданными» и провозглашая, что они не имеют политических прав, Нюрнбергские законы исключили евреев из общества Третьего рейха[4]. С изменением юридического статуса немецко-еврейские права собственности были упразднены на практике, хотя ни один закон не легализовал полное лишение этой части населения какой бы то ни было собственности. Восприятие этих «лишенцев» как культурно и расово неполноценных, освобожденных от защиты закона и одновременно подчиненных ему в вопросах смерти и наказания, быстро привело к дальнейшим расистским искажениям. Веками еврейство определялось прежде всего через категории религии и этнической принадлежности. В 1930–1940-х годах биологически истолкованная форма еврейской идентичности проецировалась — независимо от того, насколько изменчивой она оказывалась на деле, — на всех, кто соответствовал точно определенным расовым критериям, и, как следствие, распространялась на мир их материальных ценностей. Таким образом, собственность и идентичность сливались воедино.

---

[4] Арендт анализирует, как безгражданство евреев привело к полному отрицанию их гражданских и человеческих прав; см. особенно раздел «“Национальные меньшинства” и “люди без государства”» в [Арендт 1996: 364–388].

В свете этих правовых, культурных, экономических и политических процессов, которые по-разному применялись на территориях, оккупированных Германией во время Второй мировой войны, рассмотрим следующее предметно-ориентированное стихотворение. Оно дает важное представление о том, как в годы войны понимались индивидуальная собственность и идентичность:

> Non omnis moriar — вотчины моей гордость,
> Луга скатертей моих, шкафов неприступных крепость,
> Простыней просторы, постель драгоценная
> И платья, светлые платья останутся после меня.
> Нет никого у меня унаследовать это,
> Так что пусть вещи е[5] твоя рука ухватит,
> Хоминова, львовянка, шустрая жена шпика,
> Доносчица скорая, мамаша фольксдойча.
> Тебе, твоим пусть они служат, все-таки не чужим.
> Близкие вы мои — и это так, не пустое слово,
> Помнила я о вас, вы же, когда шли полицаи,
> Тоже помнили обо мне. Поминая меня,
> Пусть друзья мои сядут при кубке
> И выпьют за мое погребенье и за свое богатство:
> Коврики и парчу, тарелки, подсвечники —
> Пусть пьют они всю ночь, а с рассветом
> Пусть начнут искать золото и драгоценные камни
> В диванах, матрасах, одеялах и коврах.
> О, как будет гореть в их руках работа,
> Клубы конского волоса и морской травы,
> Тучи распоротых подушек и облака перин
> К рукам их прильнут и превратят их в крылья;
> А кровь моя свежая паклю с пухом склеит
> И окрыленных внезапно превратит в ангелов[6]
> [Ginczanka 1991: 141].

---

[5] В переводе Л. В. Барановского и других переводчиков, которых оказалось у этого произведения немало, прилагательное «еврейский» дается полностью, хотя у автора текста оно обозначено лишь только начальной буквой, что с целью приближения перевода к оригиналу и сделано в этом издании. — *Прим. пер.*

[6] Пер. Л. В. Барановского.

Незаслуженно малоизвестным автором этого стихотворения, сохранившегося неведомым образом в единственной копии, является Зузанна Полина Гинцбург, молодая польско-еврейская поэтесса, публиковавшаяся под псевдонимом Зузанна Гинчанка. Известно, что жизнь поэтессы началась в Киеве, где она родилась в 1917 году. В том же году семья Гинцбургов переехала из Киева в Рувнэ (польск. Równe, в настоящее время — Ровно), в то время польскую Волынь; именно в Рувнэ будущая поэтесса получила среднее образование и написала свои первые стихи на выбранном ею для литературных опытов польском языке[7]. Далее она продолжила обучение в Варшавском университете. Гинчанка участвовала в оживленной литературной жизни Варшавы, входила в кружок Витольда Гомбровича в кафе «Земяньская» и быстро снискала популярность. В 1936 году она опубликовала свой первый и единственный сборник стихов «O centaurach» («О кентаврах»). В довоенный период тематика ее поэзии колебалась от сатирической и антифашистской до чувственного выражения женственности. Ее лирический голос, который только начинал набирать силу в межвоенный период, заглушил опыт военных переживаний.

Скромные литературные опыты Гинчанки военных лет нельзя, согласно научному делению, отнести к литературе концлагерей и гетто: поэтесса никогда не была ни в одном из этих мест. Во время войны она переехала из Варшавы в Рувнэ, но потом вновь начала искать убежище — на этот раз в занятом советскими войсками Львове, где вышла замуж за искусствоведа Михала Вайнзихера, хотя до того у нее были отношения с художником Янушем Возьняковским. Вторжение Гитлера в СССР и захват аннексированных ранее польских территорий, включая Львов, изменили статус еврейского населения. Для Гинчанки вторжение стало поворотным моментом в ее биографии: с этого момента она никогда не могла открыто называть себя еврейкой и решила жить «на поверхности» как польская нееврейка. Во Львове она едва не погибла из-за доноса соседа. Впоследствии, с помощью

---

7 В ее семье дома говорили по-русски.

Возьняковского и подруги Марии Гюнтнер, поэтесса переехала в Краков, где жила с Вайнзихером. Его и Возьняковского арестовали и убили первыми. Арест Гинчанки гестапо имел дополнительный трагический аспект: она попала в тюрьму за связь с подпольным коммунистическим движением, а не по причине своего еврейского происхождения[8].

Стихи Гинчанки — яркое свидетельство превращения жизни в полное опасностей выживание. В одном стихотворении, лишенном заглавия, она упоминает о событии, которое едва не стоило ей жизни: ее соседка Хоминова[9] с сыном, пособником нацистов (оба упомянуты в тексте), донесли на нее в *Schutzpolizei*. Гинчанка спаслась благодаря соседу по комнате, официанту, который вывел ее через черный ход[10]. Рукопись стихотворения сохранилась и теперь хранится в одном из варшавских архивов[11]. Как часть архивной коллекции она лишь отдаленно напоминает о своей былой близости к руке автора и, таким образом, — о своем былом статусе прекариума. Воспринимаемое как объект, стихотворение поначалу обнаруживает напряжение между своей онтологической и эпистемологической природой. Само его существование как текстовой реликвии / следа Холокоста и как

---

[8] Гинчанка была убита вместе со своей школьной подругой Блюмкой Фрадис в тюремном дворе в декабре 1944 года, всего за несколько недель до освобождения Кракова. По словам Кристины Гарлицкой, сокамерницы, Гинчанка проявила большое мужество во время пыток, которым она подвергалась в тюрьме. Гарлицкая также упомянула, что Фрадис, которую также пытали в гестапо, призналась, что она и ее подруга были еврейками. См. [Kiec 1994: 160–163].

[9] В польском языке суффикс -ова в женских фамилиях является добавочным к мужской фамилии, которая в данном случае звучит как Хомин. Как правило, на русском языке такие фамилии передаются без этого суффикса. — *Прим. пер.*

[10] Хотя некоторые нацистские информаторы были убиты во время войны подпольщиками, Хомины, самозваные вершители судьбы поэтессы, были привлечены к ответственности за свои преступления только после войны [Kiec 1994: 156].

[11] Стихотворение было опубликовано на развороте ежемесячника «Odrodzenie» 12 (1946), p. 5.

архивного поэтического текста, способного свидетельствовать от имени умершего автора, подразумевает двойной статус выживания и смерти, свойственный прекариуму.

После войны эта частица поэтического наследия Гинчанки обнаружилась у Луси Штаубер, подруги детства автора, которая предоставила ее для публикации. Спустя годы Штаубер не могла вспомнить, как к ней попал этот измятый и написанный карандашом клочок рукописи[12]. Вероятнее всего, обстоятельства, связанные с написанием и обнаружением стихотворения, в обозримом будущем так и останутся предметом догадок. Более того, даже точная дата написания одного из последних произведений Гинчанки (которое поэтесса Анна Каменьская считает одним из самых красивых стихотворений, написанных на польском языке [Kamieńska 1974: 219]) остается гипотетической. Вопреки культивируемому некоторыми поэтами обычаю военного времени указывать точные даты и даже часы написания, в рукописи указан лишь год — 1942. Таким образом, только с помощью таких терминов, как «приблизительно» или «около», можно описать историю произведения, что предопределяет его ауратическое свойство и неоднозначность интерпретации. Отсутствие конкретных данных привносит в лирику дополнительный смысл: помимо полного драматизма сюжета, выстроенного вокруг предполагаемой смерти автора и последующего разграбления его дома, оно может быть прочитано и как бродячий и полный лакун текст о Холокосте.

Кроме того, текст не имеет названия, что нехарактерно для произведений поэтессы. По сути, это единственное произведение в ее творчестве, лишенное заголовка. Необходимость как-то именовать текст заставляет критиков, включая меня, использовать горацианское утверждение «Non omnis moriar» или «Testament mój» (буквально «Мое завещание») — название, заимствованное из лирики известного поэта-романтика Юлиуша Словац-

---

[12] По словам Арашкевич, которая провела телефонное интервью со Штаубер. См. [Araszkiewicz 2001: 163]. Название монографии взято из одного из стихотворений Гинчанки, и его довольно сложно перевести; один из вариантов: «Я забираю у тебя свою жизнь: меланхолия Зузанны Гинчанки».

кого[13]. Оба названия по-разному идентифицируют стихотворение через взаимодействие с двумя разными интертекстами. Было ли это сознательным решением поэта — использовать художественное взаимодействие между отсутствием названия и текстом? Или же отсутствие заглавия — это непреднамеренный эффект незавершенной работы?

Я убеждена, что текст Гинчанки не закончен, что ни в коем случае не умаляет его художественного достоинства[14]. Один из моментов незавершенности является преднамеренным и напрямую связан с прекариумом стихотворения: шестая строка «Моего завещания» содержит примечательный пробел в середине полного горечи императивного предложения: «Так что пусть вещи е твоя рука ухватит». Прилагательное «żydowskie» (еврейские), которое определяет происхождение имущества поэтессы и, косвенно, ее идентичность, не написано полностью, а обозначено только начальной буквой е (ż). Хотя в других случаях Гинчанка использует тире и в целом довольно экспрессивную пунктуацию, она все же никогда не прибегает к пропуску. Эллиптический пропуск в «Моем завещании» нарушает ритм и озадачивает читателя; он порождает новый, более открытый смысл, усложняя существующий. То, что при обычных обстоятельствах было бы педантичной озабоченностью этой единственной буквой «е», в данном случае помещает эту букву на тонкую грань между жизнью и смертью, связывая язык с поиском идентичности поэтического голоса. Устранение слова «еврейские», мотивированное инстинктом самосохранения Гинчанки, обостренным под давлением реальности, является особенно тревожным примером

---

[13] Решение дать стихотворению «имя» нельзя отнести к редакторскому вмешательству, поскольку это поэтическое завещание отсылает к текстам Горация и Словацкого. Станислав Заберовский рассматривает многочисленные аллюзии, а также разнообразие жанров, использованных в «Моем завещании» [Zabierowski 1961: 356–362].

[14] В данном случае я согласна с Юлианом Пшибосем, поэтом и критиком, который впервые опубликовал это стихотворение. Пшибось изменил его текст, заменив последнее слово «przerobi» («переделает») на przemieni («превратит») [Przyboś 1946].

самоцензуры в тексте. Если бы это прилагательное было написано полностью, оно могло бы выдать личность автора и привнести в текст почти суицидальный смысл[15]. Таким образом, поэт как бы просит, даже приказывает читателю: «Читай мое стихотворение, но не расшифровывай его полностью!»

Эта стратегия маскировки заметна при взгляде на рукопись стихотворения. Однако меня озадачивает сложность этого отказа: оставленная неубранной начальная буква «е» — это одновременно маскировка, и снятие маски, и даже снимание маски с замаскированного. Как будто Гинчанка хотела указать именно на то слово, которое она опустила[16]. Буква «е» выделяется на фоне пустого пространства, делая ненаписанную остальную часть слова еще более заметной в силу ее отсутствия. Поскольку очевидно, какое слово соответствует графеме и строке стихотворения, попытка замаскировать идентичность автора только подчеркивает ее. Стирание выдает стирающую руку. Поэтому послание, скрытое за буквой «е», можно сформулировать иначе: «Прочтите и расшифруйте этот палимпсест, поскольку его незавершенность требует завершения»[17].

Интуитивно ясный смысл стихотворения прямо вызван его предысторией и контекстом. За исключением явно оправданной формы самоцензуры, Гинчанка не подвергалась тем ограничениям, которые касались тех, кто жил в гетто[18]. Тем не менее арийская сторона также находилась под строгим нацистским контролем, и нужно было сохранять осторожность и быть настороже даже /

15 Я уже упоминала об опасности хранения любого рода записей, документирующих нацистские зверства. Пшибось, который сравнивает стирание прилагательного с кодированием тайных тюремных сообщений, называет стертое слово «опасным местом» [Przyboś 1946].

16 В своей книге, впервые опубликованной в 1959 году, Ансельм Страусс предлагает концепцию идентичности как процесса, или трансформации, тем самым расширяя понимание идентичности на фоне множества постмодернистских интерпретаций [Strauss 1997].

17 Другие примеры текстуализации еврейской идентичности см. в книге [The Jew in the Text 1996].

18 Сара Р. Хоровиц обсуждает эту вынужденную немоту в своей книге [Horowitz 1997: 55–57].

особенно с ближайшими соседями, как следует из повествования. Тем, кто жил там «na fałszywych papierach» («по поддельным документам»), приходилось стараться быть менее заметными как в своих действиях, так и во внешнем облике, вплоть до его полного изменения. В этой ситуации решение Гинчанки указать на тех, кто на нее доносил, противоречит ее желанию скрыть свою принадлежность к еврейскому народу, которая указывает на ее уязвимый статус. «Отвергнутая законом», по выражению Джорджо Агамбена, Гинчанка проявляет необычайно сильное, почти навязчивое желание обвинить тех, кто ее предал.

Поэтесса стремится к чему-то большему, чем простая осторожность, и потому следует букве морального закона, сочетая ее с непреодолимым желанием мести и справедливости. Именно на этом этическом уровне ее решимость разоблачить Хоминых приобретает оттенок, сходный с тем, который мы находим в архивах Ойнег Шабос: систематическое осуждение порочного поведения, наблюдаемого разными авторами у населения в целом. Инкриминирующее послание стихотворения Гинчанки превратило рукопись в рискованное предприятие: она стала обоюдоострым мечом, поскольку напрямую раскрывала поэтессу.

Можно ли пойти дальше и предположить, что Гинчанка была склонна воспринимать стихотворение как самомаркирующий знак и саморазоблачающее письмо?[19] Нетрудно обосновать ее стратегию как саморазоблачительную на основании того, что она называет преступниками тех, кто послал полицаев арестовать ее, а также решает оставить букву «е» неудаленной. Поскольку важная часть содержания лирического стихотворения основана на еврейской идентичности Гинчанки, эта единственная буква, которая эксплицирует ее этническую принадлежность, двусмысленно колеблется между самопредательством и самосохранением как в поэтическом тексте, так и в реальности[20].

---

[19] Как письмо, отправленное потомкам, оно наделено еще одной материальной особенностью.

[20] Некоторое представление об этих неопределенностях можно найти в биографии Кец.

На протяжении всей истории еврейский народ характеризовался по-разному, а еврейство превратилось в опасный для жизни фактор и стигму. Задолго до Второй мировой войны Гинчанка призналась своей подруге Марье Брандыс, что «она чувствует себя чернокожей» [Araszkiewicz 2001: 45], и осознавала, что ее семитские черты лица — это маркер, внешне идентифицирующий ее как еврейку. Эта утонченная и уравновешенная поэтесса чувствовала, что ее черты лица привлекают слишком много внимания и согласно широко распространенному стереотипу она воспринимается как весьма элегантная еврейка[21]. Исходя из того, что нам известно, Гинчанка не скрывала своей идентичности до войны, хотя и не идентифицировала себя как религиозную иудейку. Как поэтесса она писала только на польском языке, поэтому ее внутреннее чувство идентичности могло быть двойственным. Нацистская оккупация заставила ее отрицать свое еврейство и жить по фальшивым документам на так называемой арийской стороне в разных польских городах, причем каждая смена адреса была сопряжена с новой стратегией выживания и идентификации с поддельной личностью польки и католички. Негласное правило, по которому Гинчанка должна была постоянно отказываться от своей еврейской идентичности, чтобы не вызывать подозрений, отразилось и в ее лирике[22].

Благодаря конкретному «материальному» качеству поэтического слова, достигаемому в «Моем завещании» через присутствие предметов и семантическую нагрузку буквы «е», сама буква приобретает особый, материально-образный, статус. Материальность этой буквы соединяет в себе символическое и реальное. Как таковая буква являет собой тип материальности, не имеющий материи[23]. Современная лингвистика отвергает материальную концептуализацию буквы Жаком Лаканом, поскольку психоаналитик понимает букву как нечто большее, чем графическое

---

21 Подробнее на эту тему см. [Gross 1998].

22 Тщательный анализ самоидентификации выживших евреев, использующих арийские документы, см. [Melchior 2004].

23 См. рассуждения Деррида на эту тему [Derrida 2001].

отображение звука[24]. Идея Лакана о букве как физическом феномене, укорененном в материи, может быть связана с его интеллектуальной принадлежностью к сюрреализму — движению, которое экспериментировало с материальным и визуальным статусом букв[25]. Однако материальность не имеющей материи буквы приобретает утопический характер в «Моем завещании», так как она может быть только приближена, а не достигнута полностью. Кроме того, в моем понимании буквы «е» мне необходимо учитывать работу отрицания: чем больше буква «е» повторяется как основной знак идентичности в жизни Гинчанки, тем больше поэтесса настаивает на отказе от нее. Таким образом, «е» воспринимается столь остро потому, что одновременно отрицает и утверждает идентичность автора. Верно и обратное: чем больше автор пытается отрицать свою идентичность, тем сильнее осознает ее. Итак, если в этом тексте и есть еврейка, то о ее фрагментарном, эллиптическом присутствии свидетельствует не только алфавит.

Женщина как разграбленное пристанище

La femme est demeure pour elle—même[26].
Анна Журанвиль

Как и многие другие люди, вынужденные использовать фальшивые документы, Гинчанка платила за свое выживание дорогую цену — цену нарастающей депрессии. Боясь выходить из своей квартиры кроме как ночью, потому что своей привлекательной и заметной внешностью она могла заинтересовать полицию, она оставалась внутри дома, непрерывно куря сигареты. Как вспо-

---

[24] Лакан пишет: «Буквой мы называем тот материальный носитель, который каждый конкретный дискурс заимствует в языке» [Лакан 1997: 56].

[25] Цахи Вайс придерживается иного подхода к взглядам Лакана на алфавитные буквы как связанные с основанием мира в иудаизме; см. [Weiss 2009].

[26] «Женщина — сама для себя пристанище» (*фр.*). — *Прим. пер.*

минал один из ее гостей, в ее съемной комнате был беспорядок: разбросанные кругом листы бумаги и рассыпанная косметическая пудра покрывали мебель, создавая образ пристанища расстроенного и меланхоличного человека, который балансировал на хрупкой грани между желанием жить и поддаться меланхолическому стремлению к смерти. Ее шаткое и травмирующее существование в подполье усиливается в «Завещании», одном из ее последних сохранившихся стихотворений, которое подводит символический итог ее жизни.

Хотя «Завещание» Гинчанки имеет определенные сходства с другими поэтическими текстами о Холокосте, в нем более четко выражен физический потенциал слова — когда оно описывает опасную связь между нарушенным «я» и объективной динамикой *Endlösung* (окончательного решения). Здесь я хотела бы сосредоточиться прежде всего на изобразительной составляющей поэтического завещания Гинчанки[27]. Поскольку предметы занимают столь важное место в этом стихотворении, у читателя может возникнуть интерес относительно их конечной судьбы. Биограф поэтессы дает некоторое представление о соотношении между контекстом стихотворения и представленной в нем реальностью. После бегства из Варшавы в родной город Рувнэ Гинчанка жила у своей бабушки Клары Сандберг, единственной оставшейся в Польше ее близкой родственницы. Возможно, в момент мрачного предчувствия Сандберг снабдила свою талантливую и чувствительную внучку различными практичными предметами домашнего обихода, включая постельное белье, столовое серебро и фарфор — атрибутами зажиточной буржуазной семьи[28]. Вероятно, она надеялась, что, отдав эти предметы внучке, она тем

---

[27] Стихотворение-палимпсест Гинчанки примечательно не только использованием литературного наследия в его отголосках и инверсиях, но и слиянием нескольких жанров и поджанров, среди которых поэтическое завещание, поэтическое письмо и художественно описанный каталог.

[28] Клара Сандберг умерла от сердечного приступа по дороге в лагерь уничтожения Здолбунув. Родители Гинчанки развелись до войны и жили по отдельности за границей. В конечном счете Гинчанку пережила только ее мать, которая еще раз вышла замуж и жила в Испании.

самым обеспечит ее выживание на арийской стороне. Это скорбное приданое, похоже, и станет прототипом предметов, которые появляются в «Моем завещании» среди хаоса нарушенного микрокосма жизни поэтессы. Как и многие предметы Холокоста, пережившие своих владельцев, эти вещи продолжали существовать после ареста их владелицы, часто переходя из рук в руки. Можно даже вообразить, что, возможно, некоторые из них сохранились до сего дня и даже используются, будучи названными как «rzeczy pożydowskie» («оставшиеся после евреев вещи»), которые, наряду с «rzeczy poniemieckie» («оставшиеся после немцев вещи»), обозначают материальное наследие последней войны[29].

Разграбление еврейского имущества и убийства, мотивированные жадностью, часто описываются в воспоминаниях и художественной литературе о Холокосте как само собой разумеющиеся[30]. Текст Гинчанки радикально отличается от большинства подобных повествований: в своей драматической опосредованности и представлении действительности он принимает интимное звучание, лишенное жалости к себе. Поэтесса говорит о своей собственной крови и одежде, о своей попранной личности и о своем бывшем личном пространстве, которое стало местом убийства. И жизнь, и имущество будут напрямую, насильственно отняты у поэтессы. «Вотчины гордость» Гинчанки можно ассоциировать с излюбленными образами феминистской критики, которая представляет женщину и ее тело в виде дома. В этом смысле Анна Журанвиль права: женщина воспринимает свое тело как свою личную собственность, и ее права на владение им не нуждаются в доказательствах [Jouranville 1993: 227][31].

---

[29] Я обсуждаю послевоенные предметы быта и истории об их происхождении и распространении в моей статье [Shallcross 2002].

[30] Вопрос о разграблении материального мира Холокоста часто поднимается в литературе: достаточно упомянуть произведения Иды Финк, Тадеуша Боровского, Хаима Каплана, Хенрика Гринберга, Богдана Войдовского, Луиса Бегли и Владислава Шпильмана.

[31] Однако экономика Холокоста породила еще один смысл, обратный утверждению Журанвиль: каждая жертва была превращена в овеществленный актив Рейха, его полезное имущество.

В такой экстремальной ситуации понятие дома меняется и сама идея хозяйственного инвентаря также претерпевает трансформацию. При нормальных обстоятельствах дом означает безопасность и уединение, обеспеченные его стенами и крышей. Идея жилища как убежища от врагов и стихий преобладает над понятием места обитания, определяемого по его содержанию, обстановке или даже повседневному пространству [Levine 2002]. Стихотворение Гинчанки радикальным образом меняет это представление. Ее комната больше не является безопасным убежищем: это враждебная среда, ловушка, в которой оказалась героиня. Точно так же предметы, наполняющие эту комнату, не помогают ей выжить, но фактически подвергают ее опасности из-за мелочной жадности, которую они вызывают у потенциальных грабителей. В сценарии упрощенной военной экономики обмена материальные ценности, которые когда-то были конкретным выражением эфемерного «я», становятся валютой и служат для того, чтобы купить хлеб или спасти жизнь. В случае Гинчанки, однако, вместо того чтобы способствовать выживанию, имущество поэтессы приводит к ее символической гибели: еврейская инаковость накладывается на свойство материального имущества как «чужого» — с точки зрения мародеров, эта двойная логика оправдывает акт грабежа[32].

Для Гинчанки ее гордость — дом — подвергается насильственному отчуждению. Такой образ не оставляет ничего абстрактного. В этом контексте фраза «поэтическое видение» не может полностью передать всю семантическую составляющую лирики. Материально-телесная субстанция текста Гинчанки, усиленная перечислением предметов, мгновенно приобретает такую интенсивность, что читатель ощущает ее почти осязаемо. В «Моем завещании» подчеркивается нематериальность материального и тем самым обосновывается эстетика ужаса. Прямое изображение разграбленного домашнего мира усиливает телесность поэ-

[32] Здесь я следую практике Левинаса различать личную инаковость (через заглавную букву «И») и объективную инакость через строчную букву «и» [Левинас 2000: 68–70].

тического слова: каждый предмет, от нарушенной интимности постельного белья до подразумеваемого трупа поэтессы, служит для усиления интуитивной опосредствованности слова.

Жертвоприношение тела и крови отсылает к семантике Катастрофы. Если оставить в стороне доктринальную чистоту, то кровь как сущность тела, пролитая и смешанная с перьями, может навести на мысль и о другом религиозном приношении: причащении хлебом и вином в Евхаристии. При подобной визуализации эта концепция кажется нам чуждой еврейской теме стихотворения. Однако это не так. Все полученное Гинчанкой образование, ее чтение и круг друзей определили ее как ассимилированную личность. Эта идентичность отражена в ее поэзии, показывающей, насколько эклектичным был культурный уровень поэтессы. На самом деле можно утверждать, что в этом отношении отсутствие в ее поэзии ссылок на еврейскую традицию и культурный эклектизм напоминают подход, используемый самыми выдающимися польско-еврейскими поэтами той эпохи, прежде всего Болеславом Лесьмяном и такими членами группы «Скамандр», как Юлиан Тувим и Антоний Слонимский[33].

В противовес иронически трактуемому преображению грабителей, предсказанное небытие «я» приобретает серьезный и даже трагический оттенок. Помимо теологического смысла обряда смерти, которую Гинчанка сама себе предсказывает, другой, не менее смелый аспект этой символики меняет теологический смысл кровопролития на противоположный. Кровь как сущность телесного «я» проливается и смешивается с разбросанными перьями — это огрубление природы человека актуализирует в тексте иконографию погрома. Разбросанные повсюду перья

[33] На самом деле, в своей поэзии Лесьмян — наиболее восхитительный и совершенно непереводимый польский поэт — не использовал аллюзий на свои еврейские корни или иудаизм. С другой стороны, Тувим часто тематизировал еврейский фольклор, обычаи и историю, хотя делал это, как правило, в своей сатирической поэзии и текстах для кабаре. И для Тувима, и для Слонимского, наблюдавших за уничтожением евреев из-за границы, эта историческая катастрофа послужила толчком к поэтическому возвращению к своим корням.

являются непременным реквизитом в фотографических и других отчетах с мест погромов; во время ликвидации Варшавского гетто его улицы были усыпаны перьями. Поэтесса опирается на эту изобразительную традицию в своей жуткой, чувственной визуализации перьев, смешанных с кровью, создавая резкий контраст между красной кровью и белыми перьями, смешивая красное и белое в руках убийц.

Сквозь призму одного из самых конкретных стихотворений, посвященных ужасу смерти, поэтесса представляет свой конец как убийство в ее собственной спальне. Жажда крови и добычи, которую демонстрируют ее соседи (которых она саркастически называет «близкими»), делает ее одиночество и уязвимость еще более трагичными[34]. Самый жуткий аспект «Моего завещания» связан с тем, как именно в нем описывается возможный хищный взгляд мародеров, рискующих отождествить себя с ним, тем самым увеличивая реальную ценность имущества поэтессы. Очевидно, что объектное желание грабителей переносит их в мир фантазий, и пока они будут праздновать свои новые трофеи на месте преступления, произойдет пародия на преображение: скоты превратятся в крылатых, «ангельских» существ.

Руки преступников придают осязаемость этому ироничному моменту преображения[35]. Таким образом, руки функционируют и как инструмент поиска, и, перемазанные кровью, как орудие убийства. И в той и в другой роли они проявляют жестокую ловкость и подразумевают бездушный физический контакт с телом жертвы и ее имуществом. Как это часто бывает в случае Холокоста, прикосновение Мидаса и его необузданная жажда материального одерживают победу над живительным прикосновением, которое испытывал Антей. В «Моем завещании» семан-

---

[34] По мнению Божены Уминьской, отношение Гинчанки к своим убийцам — как к близким людям — выражает статус поэтессы как ассимилированной еврейской женщины [Umińska 2001: 359]. Я не считаю утверждение Уминьской достаточно убедительным из-за саркастического использования прилагательного «близкие» поэтессой.

[35] Этот образ упоминается в стихотворении несколько раз (строки 6, 19 и 22).

тика прикосновения также включает и небрежную легкость, с которой мародеры уничтожают предметы в поисках более ценных спрятанных трофеев. Повреждение мебели и постельных принадлежностей подразумевает два противоречивых объектных подхода: саркастический, знающий взгляд поэтессы и ее неуклюжие руки в противоположность острому взгляду ее соседей и их деструктивным рукам, спешно ищущим ценности.

Прикосновение как повторяющееся образное выражение в литературе Холокоста неразрывно связано с сюжетом взаимоотношений человека и объекта. Литература Холокоста, безусловно, восстанавливает и разрушает как объекты, так и чувства. Осязание охватывает целый спектр негативных эмоций: угрозу, насилие и боль. Прочно утвердившаяся иерархия чувств и их эпистемологическое соответствие пересматриваются в литературе Холокоста; осязание часто возводится в ранг главного чувства, искажая традиционный западный окуляцентризм[36]. В итоге эта литература заставляет нас пересмотреть доминирующий гуманистический дискурс.

С чувством осязания была непосредственно связана нацистская практика обыска тел в поисках драгоценностей, о чем свидетельствуют многочисленные литературные и исторические источники. Для обработки мертвых тел и извлечения из них золота были созданы спецподразделения зондеркоманды. Нацисты считали, что еврейское золото, для которого еврейское тело служило лишь упаковкой, решит экономические проблемы на многих уровнях. Когда Эммануэль Рингельблюм пишет об обысках, он имеет в виду несколько разных типов обысков: обыски политического характера и обыски живых людей, движимые материальной наживой:

> Проводимые частым и тщательным образом обыски на самом деле были направлены на совсем другое: поиск иностранной валюты, золота, бриллиантов, ценностей, то-

---

[36] Мартин Джей анализирует историко-культурное привилегированное положение пристального взгляда в своей магистерской работе [Jay 1994].

> варов и т. п. Такие обыски продолжались в течение всех трех с половиной лет войны и продолжаются по сей день [Ringelblum 1988: 471].

Многочисленные дневники Холокоста также описывают мародерство, проводившееся под видом обысков. В качестве примера можно привести обыск, который пережила одна польско-еврейская семья, когда два гестаповца ворвались в их квартиру ночью осенью 1940 года. Один из них «схватил маленькую подушку, набитую тряпьем, старыми чулками и прочим старьем. Обрадованный тем, что якобы нашел ловко спрятанные ценности, он со взглядом убийцы нервно, с силой разрывает наволочку и в неконтролируемой ярости разбрасывает старые тряпки»[37]. В этом случае поиск удовольствия от обладания материальным предметом обернулся разочарованием.

Этот эпизод, как и бесчисленные подобные случаи, происходившие внутри и за пределами замкнутых пространств гетто, относится к тому типу *Dienlichkeit*[38], который в условиях Холокоста был переопределен экономикой мародерства и сопутствующей ей (не)логичной подозрительностью. Согласно этой стратегии, полезные предметы, такие как диваны и подушки, стельки ботинок и ткани, становятся относительно бесполезными (по сравнению с их содержимым) местами, в которых можно спрятать драгоценности или деньги. Нацисты проецировали стереотипную связь между еврейством и материальным богатством почти на каждого еврея. Этот подход был неофициально санкционирован властью, и предполагалось, что люди, у которых были какие-то ценности, будут их прятать, особенно после заключения. Трюк Эдгара Аллана По с похищенным письмом в таких обстоятельствах не сработал бы.

В основе якобы вводящей в заблуждение идеи хранения ценных вещей в неприметных контейнерах или где-то на теле лежало двойное отрицание. Жертвы были убеждены, что их гонители

---

[37] Цитата из дневников С. Чартковера приводится по: [Inglot 1996].

[38] Полезность (*нем.*). — *Прим. пер.*

не знают об их секретах, в то время как гонители предполагали, что жертвы не знают об их осведомленности об этом обмане. Лакан, заинтригованный этим механизмом обмана, дал ему древнегреческое название *agalma* (слава, украшение, сокровище). Для него это стало поворотным пунктом в его раннем переосмыслении объекта желания [Лакан 2019: 159]. На своем семинаре 1960–1961 годов он впервые представил объект желания как *objet petit a*. Затем наступил поворотный момент, когда Лакан изменил динамику *objet petit a* из направленного на объект желания, увидев в нем саму причину желания, объект-причину желания. Он отметил, что поиск объекта желания в другом похож на то, как древние греки искали изысканно украшенные фигурки богов в шкатулках. Трудно было бы найти «обычные ящики» в «Пире» Платона, где *to agalma, to agalmatos* относятся не к ним, а к статуям Силена: «В ту пору существовали, похоже, скульптурные фигурки, изображавшие сатира или силена, внутри которых помещались, как в русских матрешках, предметы, о которых мы ничего не знаем, но, конечно же, драгоценные» [Там же: 45][39]. Воспринимаемые как ценные предметы, эти декоративные артефакты, часто статуэтки богов, спрятанные в, казалось бы, никчемных сосудах, значили подношения, угодные богам. Ничем не примечательные емкости, таким образом, защищали дорогие фигурки, подобно уродливому и грязному Сократу, который был источником мудрости. Вдохновленная лакановской концепцией *agalma*, я хочу поддержать аргумент о том, что для нацистов — или соседей Гинчанки, если на то пошло, — золото в подушках или телах вызывало особый тип объектного желания, сфокусированного на основной материи, которая требовала отделения и извлечения из окружающих отходов.

Примеры агальматического желания как в современную, так и в древнюю эпоху затрагивают вопрос *jouissance*: радостного, удовлетворяющего финала, даруемого нашедшему. Однако в сло-

[39] Мной был придуман термин «агальматический»; поскольку в английском языке нет такого прилагательного, я в долгу перед Кристофером Фараоне, который также указал мне на то, что в греческом языке нет прилагательного «agalmatikos».

варе Гинчанки с его обратным порядком потенциальные убийцы не испытывают момента ликования — вместо этого *jouissance* наполняет уменьшающееся присутствие поэта. Одновременно с прекрасными «светлыми платьями» из своего гардероба, которые «останутся после» нее [Stallybrass 1999: 31], Гинчанка наделяет своих соседей чем-то еще, а именно — даром постоянной вины. Отдавая соседям/убийцам свои личные вещи и, как следствие, частицу своего «я», запечатленную в ее платьях, поэтесса одерживает страшную победу. Эта победа, пронизанная местью, вызывает еще один мимолетный момент *jouissance*: воспоминание о ее реальной личности, которая может на некоторое время остаться, заклейменная убийством, в ее платьях и постельном белье, поскольку эти вещи находились в такой близости к ее телу, что могли передать его слабый запах.

Воспринимаемые как предметы культа, *agalmata* представляют собой полярную противоположность искусно украшенным шкатулкам, таким как реликварии, которые содержат зубы, кости или другие мощи святых. Эти мощи, порой сомнительного происхождения, порой весьма разочаровывающие неверующих, выступают участниками сложной игры демонстрации и защиты. И это отличает их от *agalmata*, которые оказываются полностью скрыты и защищены. Мой вопрос заключается в том, не является ли агальматическое желание в исторических обстоятельствах лагерей смерти, столь явно лишенное религиозных коннотаций, также лишенным и сексуального влечения. Используя избитый фрейдистский символ, можно утверждать, что проникновение преступников в маленькие, темные, замкнутые пространства подверждает идею Лакана об агальматической природе объекта желания. Жажда материальных благ может представлять силу столь же непреодолимую, как и либидо. Более того, жадность и либидо могут быть взаимозаменяемы[40]. Но для исследователя

[40] Это проявляется в таких выражениях, как «трофейная жена», и, более явно, в романе Джона Фаулза «Коллекционер», где либидо находит выражение или в одержимости, или как извращение, в котором женское тело рассматривается как объект коллекционирования, а не сексуального обладания.

Холокоста, рассматривающего агальматическую модель как метод репрезентации потребностей в объекте и желании его, аналогия с психоаналитическими теориями излишне гомогенизировала бы дискурс. Хотя диалектика «господина и раба» может иметь эротический подтекст, присутствие объектных желаний в этих отношениях требует более тонкого герменевтического подхода и признания того, что неэротические типы агальматического желания не только возможны, но и могут преобладать [Лакан 2006: 132–150]. Различие между объектным лакановским влечением и его полностью сексуализированным фрейдистским аналогом должно быть введено в любое переосмысление материального объектного мира Холокоста. Только тогда желаемые объекты смогут обрести собственную силу и быть желаемыми на основе своей материальности и ценности, а не просто в качестве заменителя другой цели.

О наследии с иронией

Единственная мстительная радость
Еврейских девушек на тяжком марше[41].
Чеслав Милош, «Поэтический трактат»

Гинчанка представляет конец своей жизни как данность и как дар. Перечисляя множество предметов, которые будут отданы ею и взяты у нее, она саркастически обрамляет всю сцену обмена. Затем она еще больше усложняет сценарий, завещая то, что при любых обстоятельствах было бы у нее отобрано, предлагая предметы, которые уже де-факто (если не де-юре) являются собственностью генерал-губернаторства. Как было сказано во введении и повторено здесь, правовая ситуация значительно облегчала оборот еврейского имущества — не только недвижимости, но и предметов меньшего масштаба, о чем свидетельствует это стихотворение. Отдавая свое имущество своему преследователю

---

[41] Пер. Н. Е. Горбаневской.

и, в повествовательном плане, адресату стихотворения, Гинчанка придает, посредством этого свидетельства, обвинительную ценность своему осуждению, тем самым повышая историческую значимость текста. С другой стороны, палачи, запечатленные как агенты грабежа и поиска спрятанных сокровищ, демонстрируют испорченное материалистическое мировоззрение, версию агальматического желания, которое идет рука об руку с их черствой и жадной натурой. В этом смысле нежелание Гинчанки демонизировать их соответствует ее презрению к ним: они для нее — представители толпы.

Учитывая, что Гинчанка пишет в период продолжающегося нарушения прав собственности евреев, ее акт дарения становится очевидно невозможным. Поэтому она не предлагает эти подарки с расчетом на будущий обмен — действие, которое, согласно идеалистическому представлению Деррида о дарении, подорвало бы ее дар[42]. Ее земное имущество находится в потоке онтологического транзита: оно одновременно завещано и уничтожено; каталогизировано, но его конкретность подорвана использованием гиперболы; его дарят, даже когда его крадут. Хотя героиня определяет свое имущество как «еврейские вещи», она не объясняет, почему ее светлые платья — исключительно «еврейские». В конце концов, одежда, как и домашний интерьер и тело, — это тип насыщенного текста, который распространяет ассоциации и образные выражения, часто выходящие за рамки культурных и этнических разграничений. Что же делает их — или любой другой предмет — еврейским или, если на то пошло, нееврейским?

Гинчанка перечисляет только предметы первой необходимости — вещи, имеющие непосредственную потребительскую ценность. При этом она постоянно стоит перед выбором между

---

[42] В смысле безусловного дара, предложенном Деррида, для которого именно надежда или ожидание объективного обмена отрицает дар; см. [Derrida 1991], в особенности главу о бессмысленности экономического подхода [Ibid.: 51–94]. Мыслитель выступает против знаменитого представления Марселя Мосса, изложенного в его эссе о взаимном даре («Очерк о даре»), которое действительно требует участия в обмене.

строгой формой перечисления и гиперболическим изображением[43]. В ее список не входят никакие атрибуты, четко артикулирующие религиозную, культурную или национальную принадлежность. Следовательно, эти предметы являются еврейскими потому, что их владелец — еврейка; или, точнее, они отобраны у владельца, потому что она — еврейка. Соответственно, перераспределение предметов, которым еврейство не присуще, быстро лишит их такого обозначения. В частности, жадность и практичность могут изменить юридический статус предмета и лишить его непостоянной идентичности, как то было бы в процессе обычной передачи.

Однако не всегда все так однозначно. Когда Михал Гловиньский задается вопросом, как возможно, чтобы нацист мог жить среди мебели, награбленной у семьи Гловиньского, не испытывая при этом отвращения, он поддерживает веру в неизменную сущность вещей[44]. В его случае это вопрос эссенциалиста. Однако, как парадоксально заметил Деррида, у еврея нет сущности, поскольку «его сущность — это отсутствие таковой» [Derrida 1992: 309]. Точно так же изменчивый статус идентичности материальных объектов, изобилие которых отражено в «Моем завещании», отрицает и стирает их сущность, поскольку непосредственная потребительская ценность вещей превалирует над их прошлым, культурными ассоциациями и чувственным восприятием (например, над запахом) — одним словом, над их идентичностью.

Помимо материального наследия, Гинчанке пришлось иметь дело с поэтическими аспектами своего наследства. Несмотря на принятый статус жертвы, поэтесса не обнаруживает ни кьерке-

---

[43] Как в строках: «Луга скатертей моих, шкафов неприступных крепость, / Простыней просторы, постель драгоценная, / И платья, светлые платья останутся после меня».

[44] «Мебель из спальни моих бабушки и дедушки, несомненно, солидная, буржуазная, но ничем особенно не примечательная, понадобилась потому, что в Прушкове обставляли дом для какого-то гитлеровского сановника. Невероятно, но он не испытывал отвращения от контакта с предметами, отобранными у евреев, и от самого факта, что они загрязнили их своим прикосновением» [Głowiński 1999: 167].

горовского страха смерти, ни фаталистической покорности. Она сублимирует свою тревогу, превращая ее в иронический *jouissance*[45]. Ирония, граничащая с горьким сарказмом, не является неотъемлемым элементом поэтической последней воли в ее древнеримском варианте, к которому героиня стихотворения обращается непосредственно в первой строке, цитируя самый известный отрывок из оды Горация. Это ироничное прощание с миром тем не менее впервые появляется в западных сочинениях до Горация, а именно в «Федоне» Платона: Сократ просит, чтобы от его имени Асклепию, богу врачевания, был принесен в жертву петух; поскольку он на пороге смерти, этот жест близок к иронии.

Однако Гинчанка меняет тематические ожидания, присущие жанру поэтического завещания в целом и эфемерному наследию Горация в частности, включая в свое стихотворение иронически трактуемое предметное наследие Франсуа Вийона. Она опирается на традицию «Лэ, или Малого завещания» Вийона, в котором тот отписывал заложенные вещи ломбардцам, несколько монет — ростовщикам, а свою «растительность» — брадобрею. Доминирующий жанр стихотворения Гинчанки — завещание — по своей сути связан с материальностью ее собственного тела. Она подчеркивает эту материальность, выстраивая темы стихотворения вокруг собственного убийства и разграбления своей комнаты[46]. Здесь ее символическое убийство напоминает «Балладу повешенных» Вийона. Приговоренный к смерти по совершенно иным причинам, чем Гинчанка, герой Вийона представлял свое тело повешенным на эшафоте и гниющим в воздухе — переживающим своего рода внетелесный опыт, который разделяет героиня Гинчанки, когда представляет свою смерть как уродливую резню в ее комнате. Проработку этой темы поэтессой можно

---

45 Ян Блоньский отмечает, что в польской апокалиптической поэзии страх смерти проходит процесс иронической сублимации. См. его главу о традиции и иронии в более глубоком смысле в [Błoński 1981: 68].

46 Под пером Гинчанки иронический двойной смысл наследия и наследие в ироническом двойном смысле остаются центральными. В частности, образ преображения, завершающий ее стихотворение, претерпевает саркастическую инверсию.

развить. В отличие от одиночества польско-еврейского поэта, ее предшественники не чувствовали себя отчужденными от поэтического сообщества. Признание Гинчанки — «Нет никого у меня унаследовать это» — нарушает непрерывность поэтической линии и сводит на нет ее предполагаемое влияние на польскую поэзию. Процесс отречения от будущего поколения польских поэтов со всей силой своей насмешки смещает акцент на то, что поэтесса намеревается передать: свое материальное наследие, свои «еврейские вещи».

Хотя Гинчанка жила в постоянном ожидании смерти, ее стихотворение лишено тревоги перед неизвестностью. Вместо этого поэтесса совершает уверенное сближение со своим предсказуемым — если не неизбежным — концом, чтобы четко сформулировать последнюю волю. Поэтическое слово, поставленное на службу разграничению художественного и материального наследия, приобретает физические качества и само становится завещанным объектом[47]. Эти качества наводят на мысль о продолжении чувственной образности, которую Гинчанка развивала в своих довоенных произведениях. Однако на этот раз слово используется не для того, чтобы вызвать эротическую тоску героини, а предвещает символическое небытие самой Гинчанки — в противовес непрерывному существованию ее вещей и в конечном счете выживанию ее обвинительного стихотворения. Слово, однако, не стало плотью: в реальной жизни Гинчанка не была убита в своем доме и не была одна в момент смерти. В этом отношении ее завещание, возможно, не является пророческим видением только из-за подробных обстоятельств, которые оно вызывает. В этом — и только в этом — смысле, возможно, не имеет значения, как Гинчанка умерла в реальной жизни, поскольку в ограниченном письменном пространстве ее стихотворения важна непосредственность опыта и осязаемость его переживания.

---

[47] Существуют и другие исследования материального аспекта слова. Например, исследуя довоенное авангардное отношение к материальности поэтического слова, М. Стернштейн обращается к лингвистической системе Пейрса и, в частности, к его формулировке отношений между знаком и объектом. См. [Sternstein 2006: 165].

Кодетта

При сопоставлении с «Цилиндром» «Мое завещание» Гинчанки создает новое пространство идентичностей в контрапункте со стихотворением Шленгеля: в одном случае еврейство проблематизируется и стирается материальным изобилием, а в другом — именно отсутствие материальных объектов подчеркивает еврейство. В обоих стихотворениях непреднамеренно отсутствуют некоторые завершающие штрихи; оба стихотворения пронизаны намеренными пропусками, имитирующими процесс несуществования; оба поэта стремятся достигнуть наибольшего эффекта, указывая на другого актера на сцене, и оба намеренно оставляют следы творческого процесса, выражая удовольствие от него.

Оба стихотворения также пронизаны определенной непоследовательностью в том, что касается пунктуации и текста в целом, что указывает на незавершенность процесса редактирования. В целом, оба стихотворения подчеркивают, что текст о Холокосте оказался прерванным, а само его создание стало чем-то предвещающим несуществование их авторов. Будучи таковыми, эти тексты Холокоста противоречат их продолжающемуся распространению.

Текст

Non omnis moriar — moje dumne włości,
Łąki moich obrusów, twierdze szaf niezłomnych,
Prześcieradła rozległe, drogocenna pościel
I suknie, jasne suknie zostaną po mnie.
Nie zostawiłam tutaj żadnego dziedzica,
Niech wiec rzeczy żydowskie twoja dłoń wyszpera,
Chominowo, lwowianko, dzielna żono szpicla,
Donosicielko chyża, matko folksdojczera.
Tobie, twoim niech służą, bo po cóż by obcym.
Bliscy moi — nie lutnia to, nie puste imię.
Pamiętam o was, wyście, kiedy szli szupowcy,
Też pamiętali o mnie. Przypomnieli i mnie.

Niech przyjaciele moi siądą przy pucharze
I zapiją mój pogrzeb i własne bogactwo:
Kilimy i makaty, półmiski, lichtarze —
Niechaj piją noc całą, a o świcie brzasku
Niech zaczną szukać cennych kamieni i złota
W kanapach, materacach, kołdrach i dywanach.
O, jak będzie się palić w ręku im robota,
Kłęby włosia końskiego i morskiego siana,
Chmury rozprutych poduszek i obłoki pierzyn
Do rąk im przylgną, w skrzydła zmienią ręce obie;
To krew moja pakuły z puchem zlepi świeżym
I uskrzydlonych nagle w anioły przemieni.

ОБ ОТХОДАХ И МАТЕРИИ

Глава третья

История производства мыла во время Холокоста

Я ничего не придумала.

Зофья Налковская о книге «Медальоны»

У Налковской все является конструкцией.

Михал Гловиньский
(не о книге «Медальоны»)

Мыло, дамы и господа, die Seife, die Seifenkugel, — вы, конечно, знаете, что это такое.

Франсис Понж

Телос мыла заключается в том, что оно очищает и в процессе полностью исчезает. Его семантика должна вступать в противоречие с его нечистой природой точно так же, как его очищающий эффект вступает в противоречие с грязными руками. Вопреки приведенной в эпиграфе оценке Франсиса Понжа, озабоченного феноменологической «сущностью» мыла, потребители имеют лишь смутное представление о происхождении косметического средства (включая его основной ингредиент, животный жир) или о химическом процессе, необходимом для превращения грубого материала в приятно пахнущий, аккуратно сформованный и упакованный продукт[1]. Наше повседневное использование мыла

---

[1] Хотя меня интересует феноменология мыла как объекта, его химическая обработка заслуживает краткого освещения: «Мыло — это очищающее и эмульгирующее средство, которое обычно изготавливается либо из жиров

является одной из наименее сложных, а значит, и наиболее упускаемых из виду практик. Применение мыла описывается коротко: оно касается исключительно поверхности тела и занимает место между кожей и приятно исчезающим продуктом[2]. Суть этого повествования можно уместить в одном предложении: мыло, сделанное из тела животного, моет другое тело. Другими словами, тело моет тело.

Фрейд в «Недовольстве культурой» назвал мыло «мерилом» цивилизации. Позже мыло определялось почти в военных терминах как «победа цивилизации над силами осквернения и экскрементов» [Douglas 2001: 291]. Но что, дамы и господа, если человеческое тело моется мылом, изготовленным из человеческого тела? Эта жуткая и, казалось бы, невозможная концепция повседневного артефакта извращает основной образ цивилизации, к которому традиционно относится косметика, поскольку мыло дегуманизирует одно тело, чтобы очеловечить другое. Как я попытаюсь показать, мыло — его использование, производство, символизация и сеть культурных ассоциаций, в которые оно вплетено, — представляет собой один из самых сложных культурных текстов, поскольку аккумулирует как цивилизационные, так и антицивилизационные смыслы. Поэтому история фактического изготовления мыла пересекается с моей реконструкцией истории его культурного производства.

Использование трупов в образовательных и медицинских целях имеет долгую историю, которая часто переплетается

или масел путем омыления щелочью в процессе кипячения или гидролиза, либо из жирных кислот путем нейтрализации щелочью, которое состоит в основном из смеси водорастворимых натриевых или калиевых солей жирных кислот и может содержать другие ингредиенты, такие как отдушки, красители, флуоресцентные красители, дезинфицирующие средства или абразивные материалы» (Webster's Third International Dictionary, 1981).

[2] Мыло было известно еще в древние времена (Плиний Старший считал, что его изобрели галлы), однако история его современного производства, описанная выше, восходит лишь к XIX веку. Мне известно, что мыло также производится из растительных масел (кокосового, пальмового и т. д.), но этот вид сырья для омыления стал использоваться в промышленном производстве только с 1950-х годов.

с неэтичными практиками в отношении происхождения этих тел. Нацисты, которые рассматривали идеологически категоризированное тело как пригодное для переработки, очевидно, действовали без получения согласия, поскольку использовали трупы тех людей, которых они считали преступниками или «расово неполноценными». Современные этические нормы позволяют осуществлять забор органов и частей тела *pro publico bono* только с согласия донора или его/ее семьи. Такое понимание делает незаконной как современную, так и историческую практику использования невостребованных тел, а также тел нищих и преступников, — независимо от целей. Но так было не всегда, особенно когда кипячение, препарирование и демонстрация останков тел совпадали со средневековым католическим культом мощей, считавшихся святыми.

Последствия того, что человек производит и использует косметику, изготовленную из телесной материи, извлеченной и переработанной из других людей без их согласия, заставляют нас обратиться к сфере этики. Однако в данном случае вопрос этичности оказывается связанным с менее возвышенными вопросами — экономикой и благосостоянием общества, находящегося в состоянии войны. Обе стороны вопроса удобно переплетаются с пропагандой экономического благополучия и этического счастья под лозунгом утилитаризма. С тех пор как в 1789 году Джереми Бентам опубликовал свое «Введение в основания нравственности и законодательства», утилитаристская философия развивалась в нескольких направлениях, включая кодификацию утилитаризма в нормативную теорию этики. Пропаганда этики британским философом, призывающим к счастью как того, кто совершает действие, так и всех, кого это действие затрагивает, ставит результат выше методов его достижения. Телеологический характер утилитаризма, четко противопоставленный деонтологическим теориям, рассматривающим моральные обязанности и обязательства, а не цели и задачи, в конечном итоге превратился в современный консеквенциализм. Можно проследить, что в основе целого ряда событий XX века в области экономики, социальных наук и особенно политики лежат идеи утилитаризма. Извращенно понятая и примененная утилитаристская доктрина мотивации, отдающая предпочтение целям, а не средствам, оправдывала многих диктаторов и их последователей, включая таких нацистских ученых, как профессор Рудольф Мария Шпаннер.

Исследование доктора Шпаннера, в котором он использовал человеческие трупы для производства мыла, представляет собой один из самых известных случаев переработки человеческого тела в утилитарных целях. Восстанавливая историю этого экспериментального производства, я главным образом основываюсь на репортаже Зофьи Налковской «Профессор Шпаннер», открывающем ее сборник «Медальоны»[3]. Насколько мне известно, репортажи Налковской, хотя и переведены более чем на двадцать языков, никогда не использовались в качестве весомого отправного пункта в дискурсе о Холокосте за пределами Польши.

Зофья Налковская (1884–1954) была выдающейся писательницей, драматургом и эссеистом, наиболее известной благодаря нескольким довоенным психологическим романам[4]. Она также активно занималась социально-политическими вопросами, и ее деятельность в интересах политических заключенных в рамках «Towarzystwo Opieki nad Więźniami» («Товарищество помощи заключенным»), результатом которой стал сборник докладов под названием «Ściany świata» («Стены мира», 1931), имеет непосредственное отношение к «Медальонам». После Второй мировой войны Налковская продолжала активно работать в различных официальных структурах, прежде всего в качестве члена Главной

---

[3] На русском языке «Медальоны» в переводе Г. Языковой были опубликованы в изданиях 1974 и 1979 годов. Далее приводятся фрагменты в переводе Языковой с указанием страниц используемого автором издания. — *Прим. пер.*

[4] Это «Romans Teresy Hennert» («Роман Терезы Геннерт», 1923; переведен на русский в 1926-м); «Choucas» («Галка», 1927); ее самый амбициозный психологический роман «Granica» («Граница», 1935; переведен на русский в 1960-м) и «Niecierpliwi» («Нетерпеливые», 1938) — ее величайшее художественное достижение, в котором она отвергла устоявшиеся формулы психологического романа. В романах также затрагивается социальное положение женщин.

комиссии по расследованию немецких преступлений в Польше: она собирала свидетельства бывших жертв нацизма, совершала поездки в лагеря смерти и другие места геноцида, такие как лаборатория Шпаннера. «Медальоны» — свидетельство ее постоянной работы во имя сохранения памяти о безмолвствующих жертвах.

Исторические факты, имеющие отношение к немногословному рассказу «Профессор Шпаннер», таковы: вместе с группой лаборантов, подсобных рабочих и студентов судебно-медицинской лаборатории Данцигской медицинской академии доктор Шпаннер перерабатывал человеческий жир в мыло. По мере продвижения Красной армии доктор, стремясь избежать научной, моральной и технической ответственности, бежал в западную часть Германии[5]. Поскольку он не убивал людей для изготовления мыла и мог быть привлечен к ответственности только за изъятие улик, его *numéro savon*[6] оказался классическим случаем существующей нестыковки между юридическим и этическим правом, фактически позволившей ему избежать наказания[7].

В ходе Нюрнбергского процесса советский прокурор Л. Н. Смирнов показал кусок мыла, якобы сделанный из человеческого жира, — понимая, что этот предмет является важным

---

[5] После войны только два сотрудника его лаборатории, скомпрометированные как пособники, были арестованы и допрошены советской и польской тайной полицией, а также членами Главной комиссии по расследованию немецких преступлений в Польше, включая Налковскую. Немецкий прокурор, допрашивавший Шпаннера в 1948 году, прекратил дело против врача. Во время следствия Шпаннер отрицал изготовление такого мыла; однако это соответствовало тому обстоятельству, что доктор относился к своим экспериментам как к секретной операции, замаскированной под изготовление анатомических образцов для студентов-медиков.

[6] Как выразилась Налковская в [Nałkowska 2000, VI: 150].

[7] Помимо самого Шпаннера, многочисленные ревизионисты Холокоста отрицают, что производство мыла из человеческого жира когда-либо имело место. Сейчас в интернете можно найти большое количество информации на эту тему: например, Марк Вебер, американский историк, отрицающий Холокост, пишет, что сообщения о мыле из человеческого жира были всего лишь пропагандой Холокоста.

юридическим доказательством изготовления человеческого мыла в промышленных масштабах (вопреки утверждению, что лаборатория Шпаннера была не в состоянии обеспечить массовое производство). Впоследствии выжившие[8] активисты такого уровня, как Симон Визенталь, равно как и историки, утверждали, что мыло действительно было сделано из человеческого жира. Позже эти заявления отвергли как необоснованные. Однако расследование было возобновлено под эгидой Национального института памяти в Польше[9]. Когда усилиями немецких прокуроров в гаагских архивах был обнаружен сохранившийся образец мыла (ранее считавшийся утерянным), была проведена серия тестов. Они доказали, что мыло Шпаннера было сделано из человеческого жира, и в конечном итоге подтвердили факты, изложенные Налковской[10].

По прошествии более чем полувека очевидно, что один из проектов Холокоста заключался в том, чтобы трансформировать или свести на нет присутствие культурных следов, архивных материалов и материальных остатков массовых убийств, остатков крематориев — уничтожить все следы жизни, смерти и даже сами следы в целом. Тексты о Холокосте, следы и свидетельства содержали описания проводимых работ, ставивших под сомнение долговечность и устойчивость к переработке как телесной материи, так и материальных объектов. На ум приходит вопрос о том, как долго человек остается человеком, как долго после смерти его

---

[8] О производстве такого мыла также упоминали два чешских заключенных, Ота Краус и Эрих Кулка, в своей книге «Noc a mlha» («Ночь и туман»). Дополнительные доказательства были предоставлены британскими военнопленными Джоном Генри Виттоном и Уильямом Нили, которые устанавливали оборудование в лаборатории Шпаннера.

[9] Польский прокурор, который в 2005 году открыл дело против покойного Шпаннера, также признал его невиновным в совершении какого-либо преступления. Единственным прямым результатом пересмотра дела стала мемориальная доска, установленная на фасаде лаборатории в память о невольных жертвах этого исследования.

[10] Профессор Анджей Столихво, специалист по химическому синтезу липидов, после проведенного анализа пришел к выводу, что мыло также содержит каолин, вероятно, добавленный для лучшего отшелушивания.

тело продолжает быть вместилищем человеческого содержания. Налковская описала этапы трансформации тела как псевдонаучное и жестокое зрелище, сопоставляя анонимность жира с человеческими телами или их фрагментами, все же сохраняющими свои отличительные признаки.

Холокост объединил материальные объекты и человеческие трупы в едином процессе переработки, первый этап которого сделал их онтологически равными. Производство мыла из человеческого жира представляет собой крайний пример трансформационной модели, согласно которой как поверхность тела человека, так и его внутренности подвергаются метаморфозам и перерабатываются до неузнаваемости. Обе материи — и созданная человеком, и органическая — стали уязвимы как никогда ранее и были обречены на безотходную переработку. На траектории, связывающей постоянство и непостоянство материи и определяющей путь трансформационной парадигмы Холокоста, намерение стереть остатки сырья стало первостепенным. Для достижения этой цели переработка проводилась на разных уровнях.

Хотя в начале работы Шпаннера трупы, которые он перерабатывал, принадлежали евреям, к концу войны он использовал для своих экспериментов тела людей, различающихся в расовом и этническом отношении. В целом использование трупов говорит как об извращенном утилитаризме, так и об определенном сдвиге в подходе нацистов к еврейскому телу. Нацистское видение идеального общества исключало присутствие в нем еврейских тел — якобы опасных, женоподобных и больных. Для создания и обоснования этой расистской идеи нацисты опирались на смесь средневековых концепций и постулатов современной философии, которые подкреплялись девиантными научными утверждениями. Основной принцип заключался в необходимости полного удаления еврейского тела из общества. Но как только проект устранения отвратительного тела перешел с уровня идеологии на уровень практической реализации (в частности, после Ванзейской конференции), произошел еще один сдвиг. На этом этапе еврейский труп был наделен набором новых противоречивых характеристик. Когда смерть устранила угрозу и отвращение, которые репрезентировало тело, трупу в процессе обращения с ним были приписаны новые качества. С одной стороны, будучи всего лишь оболочкой, внутри которой было спрятано желанное еврейское золото, труп был бесполезен. С другой — он становился источником разнообразных ресурсов, даже товаром как таковым. При таком радикальном изменении, характерном для трансформационной парадигмы, ранее выраженная и целенаправленная расовая, культурная, этническая сущность мертвого тела была полностью стерта. Предполагаемая бесполезность трупа, воспринимаемого исключительно в качестве объекта, была заменена пересмотренной потребительской ценностью. Только всеобъемлющая тоталитарная власть могла способствовать подобной не знающей границ изобретательности — части всеобъемлющего нацистского утилитаризма.

При более внимательном рассмотрении истории производства и первых попыток распространения Шпаннером его мыла становится очевидным, что здесь сочетаются подавление всякой нравственной чувствительности и идеологически обоснованное отрицание истины. Из заявления, сделанного одним из допрошенных врачей (и его коллегами), следует, что они «знали только, что он *покорный*[11] член национал-социалистической партии». Более того, как указал другой врач, «с жирами у нас тогда было очень плохо. Экономическое положение в стране тяжелое. Во имя процветания государства он мог пойти на это». Таким образом, готовность Шпаннера была оправдана как экономическими требованиями Рейха, так и его собственной лояльностью НСНРП[12]. Эти свидетельства — произнесенные перед Комиссией бесчувственные выражения ложного осознания вины — имеют определенный эффект, известный по прозе Конрада: свидетели

---

[11] В переводе на русский слово «karny» (послушный) опущено. — *Прим. пер.*

[12] Написанная на основе магистерской работы монография Роберта Джея Лифтона [Lifton 1986] и работа Майкла Х. Катера [Kater 1989] до сих пор являются наиболее полными исследованиями на тему нацистской медицины.

говорили об антагонисте Шпаннере в его отсутствие и тем самым релятивизировали воздействие его исследований. Один очевидец сформулировал утилитарную цель Шпаннера — улучшить качество жизни в Третьем рейхе; другой определил его как тоталитарного субъекта. Что было необычным в комментарии о покорности доктора партии, так это то, что он был не замечен другим тоталитарным субъектом — польским цензором, который принял «Медальоны» Налковской к публикации в то время, когда польские издания находились в условиях коммунистического контроля. Таким образом, на полях сборника появляется цензура, как часть более широкого дискурса об оставляемых следах и их запутывании.

Полное уничтожение того, что можно назвать историческим документом, было до боли знакомо Налковской, которая во время войны вела два дневника. В одном она писала о повседневной жизни в условиях нацистской оккупации: она описывала борьбу своей семьи за выживание в Варшаве, работу в маленькой табачной лавке, собственную писательскую и общественную жизнь, переплетенную с редкими поездками в деревню. Другой дневник, хранившийся в полном секрете, служил более важной цели — она намеревалась сделать его отчетом обо всем, что связано с преследованием и истреблением еврейского населения. Поскольку Налковская, вероятно, была в курсе и сама принимала участие в акциях помощи евреям и подпольной культурной жизни, ее знания об уничтожении евреев превосходили расплывчатые слухи, ходившие по Варшаве, что превращало второй дневник в опасный для ее собственной жизни документ. Позднее, когда гестапо проводило обыск в ее многоквартирном доме, писательница сожгла эти записи в печке, совершив тем самым окончательный акт прекаризации собственного произведения. Уничтожение дневника было еще одним поступком ради самозащиты и самоцензуры, совершенным под давлением опасных для жизни обстоятельств, а не исполнением внутреннего желания. Писательница не уничтожила свои другие дневники военного времени, содержавшие более скудные, зашифрованные записи о тяжелом положении евреев, обычно называемых описательно «людьми за стеной». Подобное участливое сопереживание судьбе евреев, столь характерное для военных записей Налковской, прослеживается и в «Медальонах»[13].

Перипетии научного «я»

Утилитарная мораль соединилась с идеологией нацизма посредством древней традиции дегуманизации, которая рассматривала тело как не более чем овеществленное мясо. Юлия Кристева в таком подходе к трупам увидела бы аргумент в поддержку своей концепции презренного трупа, который не является ни субъектом, ни объектом [Кристева 2003]. Однако в местах уничтожения и переработки труп был лишь объектом, отдаленно отражающим его прежнюю онтологию. Лаборатория Шпаннера служила тому примером: она была частью отлаженной военной машины, стремившейся усовершенствовать механизацию смерти. После установки гильотины в данцигской тюрьме Шпаннер имел дело с обилием «сырья» для своих тайных исследований. Все этапы переработки в лаборатории Шпаннера были механизированы. Сначала это, если следовать за текстом Налковской, «разрезанные пополам, изрубленные на части человеческие тела, с которых сняли кожу» [Налковская 1979: 414]; затем из них удаляли кости; завершалось все так называемым процессом омыления. Писательница описала конечный результат этого процесса как «куски мыла, белесого и шершавого» [Там же: 415],

---

[13] Сборник был почти полностью написан после войны, за исключением репортажа «На кладбище». Среди семи репортажей в этом произведении писательница обращается к *Jetztzeit* («современность»), что отличает этот репортаж от послевоенной перспективы, применяемой Налковской в других частях сборника. Здесь автор намеренно сохраняет непосредственность пережитого опыта, о котором рассказывает старая, антисемитски настроенная женщина, ухаживающая за могилами на католическом кладбище Повонзки у стен Варшавского гетто. Действие происходит в 1943 году, во время восстания в гетто, когда Налковская посещает могилу своей матери и находится в непосредственной близости от продолжающихся убийств по другую сторону стены.

уложенного в металлических формочках. Поразительно похожим прецедентом для этой коммерциализации тела является расчленение тела животного на скотобойне. Там животных убивают, снимают с них кожу, разворачивают, разрезают на куски, варят, коптят и упаковывают — и все это во имя производства пищи для людей.

Для Даниэля Пика скотобойня стала метафорой войны, подчеркивавшей разделение труда и скорость, с какой шла обработка туш[14]. Каждый рабочий отвечал за определенную часть туши, так что животное никогда не представало перед ним как физическое целое, а только в виде множества одинаковых частей от бесчисленных отдельных животных. Разделение труда определило сходство скотобойни с конвейером, где каждый работник играет небольшую роль в точно расписанном процессе сборки; вместо того чтобы собирать воедино, система, используемая на скотобойне, разъединяет и разрушает то, что было первоначальным единством в теле.

Разделение труда регулировало производство мыла и в данцигском заведении, играя важную роль в сохранении тайны. По словам Налковской, кроме Шпаннера и двух его лаборантов, никто из участников производства мыла не наблюдал процесс целиком и не участвовал во всем цикле, который начинался, когда заключенных вели к гильотине, и продолжался с их казнью, сбором и транспортировкой тел в лабораторию, где производился страшный окончательный артефакт. И все же такая концептуализация не учитывает заключительные этапы производства мыла, на которых фрагментированное тело подвергалось полной переработке и исчезало, так что не оставалось ничего даже отдаленно напоминающего первоначальную человеческую форму. Эти этапы послужили поводом для одного из главных вопросов репортажа: сколько времени после смерти и нескольких процессов утилизации тело продолжало хранить человеческое содержание и было опознаваемо как человеческое.

---

[14] «Человеку приходится выполнять конкретные действия в бешеном темпе, часто среди луж крови» [Pick 1993: 184].

Жуткая связь между войной и производством мяса не ускользнула от Налковской, которая в своем «Дневнике 1939–1944» размышляла о связи между военной машиной и людьми, попавшими в нее словно в «мясорубку» [Nałkowska 1975: 305]. Хотя в этой ассоциации нет ничего особенно нового[15], для польской писательницы она вызвала иной резонанс, поскольку через нее она напрямую связала концепцию «я», закрепленную в соме, с мясом, которое составляло ее собственный рацион питания, — только для того, чтобы подорвать неверием:

> Странно, что то, благодаря чему я существую, то, с помощью чего я принимаю участие в мире, кем я себя ощущаю, — это мясо (мясо, привезенное «из города» на обед)[16]. Все потому что мышление о человеке в химических категориях воспринимается легко. Тот факт, что жизнь «заимствует» свободные элементы мертвого мира, не вызывает никаких возражений, человек молчаливо соглашается и понимает это. Но если посмотреть на мясо глазами «наивного реализма», как на орган жизни и сознания, как на место, где реализуется сладость и ужас жизни, — что за вольность, что за вздорная идея [Nałkowska 1975: 490].

Диалектический материализм, которому Налковская следовала в молодости (хотя и не в ортодоксальном виде), в конечном итоге принял в ее трудах форму биологического монизма. Она была убеждена, что в строго биологическом смысле не существует онтологического различия между природой и человечеством. Как она утверждала в интервью 1930-х годов, «человек сделан более или менее из того же материала, что и мир; он сосуществует с ним» [Essmanowski 1934; Frąckowiak-Wiegandtowa 1975]. В более поздних интервью писательница несколько изменила свой биологический монизм, включив в него другой идеологический элемент периода своего становления: веру в науку. Слияние

---

[15] В конце концов, циничное выражение «mięso armatne» («пушечное мясо») функционирует во многих языках.

[16] В оригинале подчеркнуто.

диалектического материализма с научным подходом к реальности побудило ее провозгласить с тем, что сейчас кажется раздутым чувством оптимизма, радикальную веру в «советский эксперимент» и его безграничный научный прогресс:

> Будущее и долговечность советского эксперимента, рассматриваемого под этим углом зрения, кажется мне зависящим от того, проявит ли «материя» как гносеологическая категория, так сказать, способность к развитию, способность адаптироваться к все более ошеломляющим открытиям в рамках взрывающей сущность и качество материи точной науки — физики[17].

У Налковской, вдохновленной научными исследованиями в СССР и словно опьяненной перспективой будущего технологического прогресса, не было никаких предчувствий относительно последствий их применения против человечества. Эта довоенная идеология материалистического познания без этических гарантий как бумеранг вернется в ее «Медальонах».

Любопытно, что, определяя материальное единство, Налковская никогда не обращалась к диалектическому материализму в своей собственной художественной практике. Она также игнорировала идею материальной/соматической основы своих персонажей, сосредоточившись вместо этого на их психологии и взаимодействии с миром[18]. Однако «Медальоны» здесь являются явным исключением: в них истории о каннибализме, пытках, голоде, ужасных ранах и побоях выводят на передний план повествования страдающее тело во всей его смертной физиологичности. В сборнике Налковская пересматривает не только биоонтологическую позицию человеческого субъекта; она также изменяет мир, обрамляющий эти сюжеты, в терминах радикальной телесности.

---

[17] Ответ Налковской на опрос «Польские писатели и Советская Россия», проведенный в 1933 году журналом «Wiadomości Literackie»; цит. по: [Frąckowiak-Wiegandtowa 1975: 53].

[18] Как отмечает Фронцковяк-Вегандтова.

Футуристическое доверие к физике и ее преобразованию материи прозвучало у Налковской за несколько лет до тщательно выверенных репортажей из лаборатории Шпаннера. Это почти совпало по времени с монистическими тезисами, которые она сформулировала в своем дневнике военного времени. По существу, эти утверждения обозначили важное направление в ее размышлениях об ограниченности человеческого познания. Однако писательница не связала их между собой — возможно, оставив этот аспект на усмотрение читателей. Как будто для нее этические последствия деятельности Шпаннера делали их несовместимыми с человеческим познанием в целом и научным знанием в частности.

Если бы Налковская последовательно пересмотрела концепцию однородности материи, то смогла бы она принять утилитаризм и, исходя из него, оправдать Шпаннера, который, очевидно, решил не делать различия между сомой человека и животного? Или же ее позиция осталась бы неразрешимой из-за очевидного раскола в этических, юридических и научных рассуждениях? Если бы она связала свое довоенное видение взорванной материи с созданием и применением атомной бомбы в военное время, осудила бы она одно или другое? Насколько нам известно, писательница не сочла нужным пересматривать свои собственные научные фетиши, включая концепцию соматической однородности, так беспокоившую ее в военное время[19]. Нацистские эксперименты по переработке человека, в которых разделение соматического и индивидуального (человеческого) стало неактуальным, были прямым вызовом научной идеологии Налковской: она занималась постановкой вопросов, и винить ее в том, что она не нашла ответа на них, не стоит.

---

[19] За исключением короткого пассажа в статье «Nowe żądania» («Новые требования»), опубликованной в журнале «Kuźnica», в которой писательница, кажется, все же признает опасности современной науки: «Наука не прекращает свои эксперименты даже тогда, когда, казалось бы, они уже не отвечают прямым утилитарным целям» [Nałkowska 1957: 72].

Мясо в котле

Репортаж Налковской был задуман как описание пути через жуткое подземное помещение, представлявшее собой лабораторию Шпаннера. Сначала рассказчик, уже знакомый с помещением, передает читателю странное ощущение того, что с этим местом что-то не так. Место экспериментов Шпаннера выглядит как заброшенная лаборатория судебно-медицинской экспертизы, где лежат трупы различных конфигураций и форм. Истинное предназначение объекта открывается читателю позже — когда проход через подвал показывает постепенную разборку трупов на части: бритые головы лежат в одном месте, содранная кожа — в другом, вываренный человеческий торс — в третьем и так далее. По мере того как тело все более раздробляется, уличающие доказательства исследований Шпаннера становятся все менее изобличаемыми. Это ощущение совпадает с восприятием пути от уровня земли до подвала как архетипического спуска в подземный мир (катабасис); как перехода от досточтимого к презренному, от высшего к вульгаризированному, от целого к фрагментарному, от апории места к признанию его функции. Место в конечном итоге раскрывает свою мертвую телесную реальность.

Хотя в описании этого места Налковская объединяет несколько текстовых и визуальных традиций, наиболее выразительной становится параллель со скотобойней и мясокомбинатом как рабочим местом, управляемым механизированной и нейтральной этикой. Вид поставленной на конвейер серийной смерти ошеломил писательницу в частности тем, что у каждого трупа был виден чистый срез на шее, свидетельствовавший о применении насилия. Для Налковской эта линия была слишком совершенной, слишком точной — до такой степени, что она воспринимала сохранившиеся трупы как сделанные из камня. Только позже ей стала понятна технологическая причина столь аккуратного среза: таким его делало лезвие гильотины.

Элиасом Канетти было сделано жуткое замечание о том, что вид груды тел — это зрелище, известное с древнейших времен; также им было описано, как это зрелище придает сил победителям и служит удовлетворению власть имущих. Но не об этом древнем зрелище Налковская написала репортажи из Данцига: ее опыт изменил наблюдение Канетти, подчеркнув разницу, существующую между любым мертвым телом и трупом, который был четвертован и сварен. Различие стало очевидным только тогда, когда наблюдатели наткнулись на котел, содержащий расчлененный и сваренный человеческий торс:

> там на остывшей топке увидели огромный котел, наполненный жидким месивом. Один из присутствующих, должно быть, уже побывавший здесь прежде, поднял крышку и кочергой вытащил из котла вываренный человеческий торс со снятой кожей, с него стекала жидкость [Налковская 1979: 415].

Эта темная жидкость — жир — больше всего интересовала Шпаннера. Обычно словом «жир» обозначают внутреннюю ткань тела, однако его экстериоризированное и разжиженное состояние подразумевает насилие и ту стадию, за которой переработка полностью уничтожает форму.

Все в этом эпизоде — поднятие крышки, цвет жидкости, извлечение вареного и освежеванного тела — было направлено на демонстрацию решающего этапа в переработке превращенного в товар и фрагментированного человеческого тела: извлечение жира из сомы[20]. Почти незаметно Налковская изменила статус того, что было собрано и невидимо, на статус демонстрируемого, овеществленного. Благодаря осознанию истинной функции лаборатории, это пространство трансформировалось из судебно-медицинской лаборатории в место производства мыла. Поэтому ее репортаж был задуман так, чтобы дозированно подавать знание о происходящем, а точнее, сперва указать на отсутствие знания, а затем постепенно давать читателю его обрести. Только посетители, исследовавшие подвал, понимали разворачивающуюся логику всего страшного цикла производства; они знали,

---

[20] Вопрос о количестве жира решался на допросе как само собой разумеющийся: «Один человек может дать килограммов пять жира» [Налковская 1979: 418].

что мертвые непроизвольно и пассивно участвовали в действе демонстрации и утилизации собственных трупов.

Демонстрация и своеобразная «музеефикация» трупов происходила без ведома мертвых. Когда они лежали, вытянувшись, они напоминали мертвую Психею из последней записи Фрейда[21]: они также не знали о происходящем паноптикуме. Будучи показанными, они подверглись эстетизирующей стратегии, в которой Налковская возвышала статус неподвижного тела до произведения искусства, каменной скульптуры[22], только для того, чтобы затмить это визуальное впечатление изображениями радикально измельченной и деформированной человеческой сомы. Одна такая куча бритых голов, хаотично лежащих одна на другой — «как насыпанная в подпол картошка» [Там же: 414], — делала зрелище гротескным и почти нереальным, несмотря на сравнение, взятое из лексикона натуралиста.

Столь противоположное изображение Налковской человеческой сомы (то в виде скульптурных камней, то в виде картофеля) может показаться необоснованным критику, ищущему в ее повествовании последовательности. Эта противоречивая конструкция представляет фрагментированную сому в рамках двух противоречивых систем: модернистского эстетизма и натуралистической аутентичности. На самом деле, кажущаяся путаница проистекает из неразрешенной и внутренне противоречивой философии автора[23]. Однако мне, как критику, который не отдает предпочтение последовательности в искусстве, очевидно, что писательница полагалась на два набора образов, выражавших ее мысль более эффектно и, таким образом, способствовавших большей драматической напряженности повествования.

---

[21] «Психее продлено существование, о котором она не подозревает». Эта последняя заметка была написана Фрейдом 22 августа 1938 года, за год до его смерти [Freud 2000, 23: 300].

[22] NB: скульптура человеческой головы на обложке первого польского издания «Медальонов» отсылает к этой эстетизированной фрагментации тела в повествовании писательницы.

[23] Согласно Фронцковяк-Вегандтовой, раскрывшей ход мысли писательницы в своей монографии [Frąckowiak-Wiegandtowa 1975: 145].

Предпочтение, которое попеременно отдается то одним, то другим ценностям и способам выражения, наиболее явственно задокументировано в образах коллективных и индивидуальных смертей. Это должно было стать серьезным испытанием для писательницы, поскольку она пыталась найти адекватную стратегию для представления болезненного зрелища утилизации человеческой сомы. Чтобы передать ужас массовой смерти, требовалось изображение уникальных телесных форм, искаженных до неузнаваемости. Поэтому Налковская прервала описание того, как стираются индивидуальные формы, превратив их в своем тексте в анонимные кучи мяса и котлы жира. Ей необходимо было выставить на суд читательского — вуайеристского — взгляда два дополняющих друг друга телесных фрагмента, которые все еще были распознаваемы и представлены писательницей как надписи, подлежащие расшифровке. Один из них — татуированный торс вахтенного моряка, уменьшенный до состояния *res extensa*:

> В одном из таких саркофагов на самом верху, на груде мертвецов, все так же лежал запомнившийся нам «моряк», без головы, прекрасно сложенный, мощный, как гладиатор-юноша.
> На груди его виднелась татуировка — контуры парохода. И на очертаниях двух труб — слова напрасной веры: «С нами бог» [Там же].

Обезображенное, лишенное головы туловище все еще носит следы прежней жизни, поскольку можно проследить цепочку знаков, сохранивших его индивидуальность: татуировка с контурами парохода указывала на то, что он был моряком, телосложение говорило о его силе и росте, а надпись на пароходе была знаком его веры[24]. Первоначально этот фрагмент был длиннее

---

[24] Надпись была сделана на польском языке, что еще больше усугубляет аргумент против связи этой фразы с призывом «*Got mit uns*» двух мировых войн; кроме того, иконография, описанная Налковской, отличается от гораздо более известного немецкого аналога. Фраза, помещенная на пряжках ремней

и содержал больше информации: также было указано, что несчастный моряк служил с 1930 года в качестве члена экипажа на польском эскадренном миноносце «Вихер» («Вихрь»). Налковская удалила эту информацию из описания и сократила и без того скудные данные только для того, чтобы поставить под сомнение действенность религиозных убеждений моряка. Ее вердикт лишил моряка какой-либо власти, сделав его веру и его труп совершенно бессильными: обезглавленный, обнаженный и опороченный, он был предназначен лишь для изготовления мыла. Мистическое Христово *hic est enim corpus meum* как символ веры не имело силы спасти обезображенный труп моряка. С помощью этого и подобных повествовательных приемов, обнаруживаемых в сборнике, Налковская отрицает любую возможность сотериологии — маневр, согласующийся с ее ярко выраженным атеизмом, который также является одной из наиболее явных, последовательных и отличительных особенностей ее сборника.

В другом случае писательница с помощью художественных средств создает зримый образ смерти. В этот раз он противоположен форме трупа моряка: Налковская описывает голову, отрезанную от туловища. При таком случайном совпадении оба трупа будто бы дополняют друг друга:

> В одном из таких чанов в углу лицом вверх лежала голова юноши, почти мальчика, при жизни ему могло быть лет восемнадцать, не больше. Чуть раскосые темные глаза его были лишь чуть прикрыты веками. На полных губах такого же кремового цвета, как и лицо, застыла скорбная, страдальческая улыбка. Ровные, резко очерченные брови словно в недоумении были чуть приподняты вверх к вискам. Оказавшись в этой странной, недоступной для человеческого понимания ситуации, он словно бы ждал окончательного приговора судьбы [Там же].

солдат германской имперской армии, была задумана как часть иконографического и идеологического дизайна, который включал лавровый венок и имперскую корону как наиболее яркий знак. Еще более сложной была конструкция поясных пряжек солдат вермахта: то же религиозное выражение «*Hakenkreuz*», лавровый венок и орел.

И снова Налковская исключает телесный фрагмент из любой богословской системы. Вместо этого отрубленная голова юноши напоминает о картезианском дуализме как философском тропе, обозначая местонахождение мозга, производящего мысли, мыслящей субстанции, *res cogitans*. Подходя к этой посмертной маске, Налковская сосредоточилась на поиске сохранившегося смысла в тонко детализированном выражении лица, застывшем в трупном окоченении. В этом случае миметическая точность требовала необычной степени проницательности, средства проникновения буквально под кожу — даже несмотря на риск дестабилизации характерной для ее прозы позиции невмешательства.

Хотя на протяжении всего повествования «Медальонов» отношение автора к рассказам о жертвах Холокоста остается до известной степени отстраненным, в этих двух эпизодах индивидуализированной смерти Налковская сочла авторское вмешательство необходимым, — возможно, потому, что, во-первых, эти части человеческого тела не могли говорить сами за себя; во-вторых, по причине их особенно ужасающего вида. Обычный дистанцированный подход писательницы[25] не смог бы передать весь ужас ее встречи с расчлененным телом юноши. Поэтому она оставила место для довольно разрозненного описания возраста жертвы, улыбки и поднятых бровей — как будто пытаясь лишить себя возможности использовать свой же прием механического перечисления «изрубленных на части человеческих тел».

Ева Фронцковяк-Вегандтова отметила, что после писательского дебюта Налковской прилагательное «*dziwny*» (польск. «странный, чудной») прочно вошло в ее лексикон. Однако биограф критиковала пристрастие писательницы к этому прилагательному, утверждая, что, используя его, Налковская стремилась затушевать свои впечатления [Frąckowiak-Wiegandtowa 1975: 36][26]. Это слово, особенно популярное в период Молодой Польши,

---

[25] В «Профессоре Шпаннере» писательница использовала множественное число «мы» для обозначения членов комитета и их помощников, создавая таким образом контраст множеству изрубленных трупов.

[26] Хотя в своей критике она не затрагивает «Медальоны» Налковской.

может легко изменить смысл контекста и звучать наивно. Однако в случае с повествованием Налковской о Холокосте мы имеем дело с другим, тонким и уместным значением «странный, недоуменный» в сцене встречи с мертвым юношей. Балансируя между чуткостью и беспристрастностью, Налковская передала смерть человека языком экстремального опыта, сопереживая вопреки всему, особенно вопреки всеподавляющему чувству потери и дегуманизации.

Этот подход имел свою цену: кризис *Einfühlung* был усилен всеобщим осознанием того, что чужой опыт умирания не может быть адекватно воссоздан и описан. Посмертная маска юноши указывала на то, до какой степени можно — а точнее, нельзя — дойти, пытаясь воспроизвести чужое прохождение через смерть. Простого выхода из этой когнитивной головоломки не существует, хотя необходимость различать движение к гибели и окончательность смерти была критически важна для всего опыта Холокоста, даже не будучи общедоступной практикой.

Налковская остановилась в своей попытке осознания индивидуальной смерти, подчеркнув его недоступность. Могла ли жертва сама осознать жестокость казни в столь юном возрасте? Поскольку нелепо было бы воспользоваться имманентной образностью и высказываться от имени умершего, то недоступное представлялось с помощью противоречивой риторики странности и *Einfühlung* зрителя. Прочтение писательницей надписей на обезглавленном теле моряка вместе с трупными пятнами на его лице указывало на непреодолимое различие между живыми зрителями и мертвыми, подчиненными скопическому исследованию. Это также указывало на живого зрителя, который участвовал в этом процессе и выбрал неверие как этическую реакцию. Одновременно это связано с динамическим развитием (не)знания на протяжении всего повествования: живые имеют доступ к различным аспектам как знания, так и его отсутствия, в то время как мертвые выражают полное незнание. Финальный акт переработки трупов в мыло представляет собой окончательное знание свидетелей (и незнание жертв) и отражает полный цикл от цельного переработанного тела до косметического средства.

В своем дневнике военного времени Налковская размышляла о жутком и повторяющемся характере военного опыта, его жутком сходстве с опытом очевидцев других войн и о том, что все это уже повторялось не раз. Ее размышления о войне указывают на цикличный характер всеобщей жестокости и на ее миметическую репрезентацию. Если следовать авторской предпосылке, что «wszystko to już było» («все это уже было»), то, как ни парадоксально, открывается несколько новых когнитивных возможностей для интерпретации, смещая повествование от исторического референта к авторской художественной конструкции.

Кроме точности параллели со скотобойней, повествование Налковской задействует и другие существующие контекстуальные, религиозные, литературные и изобразительные традиции. Обратившись к своей прежней лексике (и навыку интерпретации), которая подразумевает ощущение странности, необычности, дополненное неверием, Налковская отсылает читателя к видению Иезекииля о телах изгнанных из Иерусалима в чужом городе, описанных пророком довольно прямолинейно как «мясо в котле». Хотя более известные намеки пророка на возрождение и искупление его народа из второго видения вряд ли имели отношение к несотериологической концепции Налковской, его риторика в сочетании с изобразительной конкретикой, характерной для первого видения, предвосхитила не только появление разрубленных трупов в лаборатории Шпаннера, но и, в определенной степени, неискупительные художественные практики XX века по фрагментации и растворению тела. Более того, под пером писательницы модернистский образ бойни переплетается с другой традицией — шекспировским ужасом, понимаемым как нарушение этики, зло, на которое наложено табу, что связывает такую деятельность с колдовством. Жуткие ведьмы, помощницы Макбета, варят зелье из остатков тел животных, смешанных с кусками человеческих трупов: «печень богохульного еврея», «турка нос, татарина губа», «палец детский, тот ребенок / Брошен шлюхой в ров в пеленках»[27]. Это зелье из анатомических фраг-

[27] Акт IV, сцена I. Пер. с англ. В. Н. Раппопорта.

ментов было приготовлено согласно простому рецепту: оно состояло из всего, что во времена Шекспира представляло «чужое» и предназначалось для жертвоприношения[28].

Шпаннер, в отличие от шекспировских ведьм, имел четко определенную утилитарную цель, превалировавшую над его антисемитизмом: производить мыло для Германии. Действительно, на ранних этапах своей деятельности Шпаннер перерабатывал трупы евреев, в основном из концентрационного лагеря Штуттгоф. Однако ближе к концу войны он, по примеру ведьм, использовал в своих экспериментах трупы представителей разных стран и этносов. Репортаж Налковской раскрыл использование множества трупов в лаборатории Шпаннера, где в котлах находилась человеческая сома (плоть), разнообразная по национальному и расовому происхождению жертв: трупы советских военнопленных, евреев из Восточной Пруссии и Померании, пациентов психиатрического института в Конрадштайне в Данциге, а также трупы казненных немецких офицеров, (возможно, жертв нарастающей чистки антигитлеровской оппозиции), присланные из государственных тюрем Данцига и Кенигсберга. Поскольку тела поставляли с территории всей Померании, можно с уверенностью предположить, что количество трупов поляков не ограничилось трупом одного моряка.

Это опровергает распространенное мнение о том, что мыло было сделано из «чистого еврейского жира». Поскольку во время войны на брусках мыла была написана аббревиатура R.I.F (без последней точки), эти буквы были неправильно истолкованы как

---

[28] Варка человеческого тела в средневековый период была отнесена Католической церковью к области запретного, поскольку в 1300 году папа Бонифаций VIII издал интересный документ, имеющий поразительную связь с занятиями Шпаннера. В своей булле под названием «*De sepulturis*» он постановил, что любой, кто занимается варкой тел крестоносцев, погибших в дальних странах, будет отлучен от церкви. (Вываривание тела до костей облегчало транспортировку останков на родину для погребения.) Лишь позднее булла была превратно истолкована как полный запрет на препарирование. Однако папский указ не оказал практически никакого влияния на ограничение анатомических исследований и вскрытия трупов. По этому вопросу см. [Talbot 1978: 391–428, esp. 408–409].

«*Rein Idische Seif*» («чистое еврейское мыло»), тогда как на самом деле аббревиатура означала «*Reichstelle fur Industrielle Fettverg-sorgung*» (Государственный центр снабжения жирами). Мы можем считать это заблуждение любопытным симптомом пуристского и эссенциалистского прочтения или по крайней мере отметить, что напряжение между эссенциализмом и утилитаризмом в этом заблуждении достигает своего пика.

Смрад истины и две дигрессии

«Не жалей мыла!»
(Надпись на стене уборной в Аушвице)

Примо Леви

И медицинские, и химические процессы, тайно происходившие в лаборатории судебной медицины в Данциге, основывались на исходной предпосылке, что тело может быть полностью преобразовано в новый и полезный продукт. Если тело, согласно нацистскому проекту, должно было быть полностью трансформировано (в мыло), предполагалось, что его новая утилитарная онтология не сохранит никаких остатков или следов его прежнего состояния — то есть в нем не останется ничего человеческого. Для Шпаннера достижение этой цели означало устранение последнего оставшегося человеческого следа: стойко сохраняющегося специфического запаха мыла. Допрошенный сотрудник лаборатории признался, что «оно плохо пахло. Шпаннер все время думал над тем, как отбить этот запах. Писал на химические заводы, просил, чтобы прислали ароматические масла, но *все равно мыло это было какое-то не такое*» (курсив мой. — *Б. Ш.*) [Налковская 1979: 420]. Поскольку врач не мог стереть следы тел, использованных для омерзительного мыла, его исследование, таким образом, акцентировало присущее мылу напряжение между его санитарным использованием и «нечистым» происхождением. Появление запаха как побочного продукта переработки жира выявило границы научного прогресса и метода, который использовал доктор: даже в радикально измененной форме мыло продолжало оставаться отвратительным, источая, по словам одного из невольных потребителей, «неприятный» (то есть человеческий) запах.

В утилитарном микрокосме лаборатории, где было дозволено все, решение проблемы неприятного запаха было лишь вопросом времени. Однако разрыв между утилитарным подходом к телу и принципом абсолютной вседозволенности не обязательно должен был означать столкновение этих двух подходов. На самом деле, как отметила Ханна Арендт в своей работе «Истоки тоталитаризма», утверждение об абсолютной вседозволенности уже было частью утилитарного понимания здравого смысла в XIX веке [Арендт 1996: 597–622]. Если следовать ее анализу разрешительного утилитаризма как силы, имманентно присутствующей в тоталитаризме, то становится совершенно ясно одно. Замкнутое пространство концентрационного лагеря и зоны, подобной той, что находилась под контролем Шпаннера, имеют одну общую характеристику — тоталитарную власть, которая позволяла воплощать самые жестокие, безумные и «самые странные» (многие из них были неутилитарными) концепции. И именно вседозволенность в ее тоталитарной версии способствовала практичности Шпаннера[29], которая для одного из его сотрудников была знаком способности «из всего сдела[ть] конфетку» [Там же].

В Аушвице нацисты ловко манипулировали мылом, чтобы развеять страх смерти у вновь прибывавших заключенных. Примо Леви упоминает, что повсюду в лагере были надписи, призывающие вовсю использовать мыло, но эти призывы были подорваны низким качеством раздаваемого заключенным про-

[29] Например, в морге находилось 350 трупов, при том что анатомическому институту требовалось около 14, необходимых для обучения местных студентов-медиков искусству препарирования. Обилие трупов вынудило Шпаннера, считавшего их полезным материалом, хранить некоторые из них на случай, если в будущем возникнет нехватка или расширение производства. Этот избыток хорошо иллюстрирует аспект вседозволенности при тоталитаризме.

дукта[30]. В контексте геноцида экскурс в ассортимент косметики во Франции военного времени кажется немного неуместным, но, в конце концов, война была вызвана, помимо всего прочего, грандиозным проектом социальной гигиены. Значительно упрощенная гигиена тела и соответствующий дефицит косметических средств были побочным уроном, вызванным военной экономикой. Мыло, обычно считавшееся само собой разумеющимся продуктом, во время войны стало дефицитом даже во Франции. Провинциальный городок Роанн в центральной Франции и позднее деревня Колиньи к северу от Лиона служили в военное время убежищем французскому поэту Франсису Понжу и его семье, которые пережили войну в условиях «ограничения всех видов, и особенно не хватало мыла, настоящего мыла» (из поэмы «Le savon», 1967) [Ponge 1969: 11]. Его жалоба касалась того же низкого качества мыла, о котором упоминал Леви: «У нас был худший пример мыла, которое вовсе не пенилось» [Ibid.]. Низкое качество мыла, обусловленное повсеместным дефицитом, побудило поэта обратить свой постфеноменологический взгляд на другие аспекты косметического средства: его твердая субстанция («своего рода камень» [Ibid.: 14]) позднее именуется «волшебный камень!» [Ibid.: 21], «влажный камень...» [Ibid.: 28]. Одним словом, Понж изобрел мыло заново и сравнил его натуральность с камнем.

Даже в послевоенные годы, когда условия жизни улучшились, Понж воспринимал мыло как иллюзорный продукт. Всякий раз, когда он пытался прикоснуться к его камешкообразной форме, мыло пенилось и легко выскальзывало из рук. Глядя на то, как оно исчезает, Понж размышлял о его скользкой и почти обманчивой, но все же осязаемой природе. Для него телеология мыла

---

30 Леви пишет: «Заключенные должны были принимать душ два-три раза в неделю. Однако этих омовений было недостаточно для поддержания чистоты, т. к. выдавалось ограниченное количество мыла: всего лишь 50-граммовый кусок в месяц. Он был крайне низкого качества; это мыло представляло собой прямоугольный брусок, очень твердый, лишенный какого-либо жирового материала и вместо этого наполненный песком. Он не пенился и очень легко крошился, а его хватало только на несколько помывок» [Levi, Benedetti 2006: 45].

тоже заключалась в том, чтобы исчезнуть — либо в воде, либо на войне[31]. Как и камень, мыло Понжа имело вес, но его цветочный аромат превосходил обонятельные ожидания, поскольку «оно пахло немного сильнее» [Ibid.: 63][32]. Я не хочу сказать, что герой поэмы стал равнодушен к запаху истории; скорее всего, вонь разлагающихся трупов — ужасная вонь, о которой упоминали Тадеуш Боровский, Джанет Фланнер, Винфрид Георг Зебальд и другие, — никогда не достигала Роанна и Колиньи. Приятный или нет, этот запах для Понжа выходил за рамки вопросов материи и ее маркеров и переходил в область ольфакторного анализа и субъективных реакций.

Пожалуй, ни одно модернистское исследование обоняния не может сравниться с романом Патрика Зюскинда «Парфюмер» (1985), в котором убедительно уравнивается душа и сущность человека, заключенная в телесном запахе. Запах тела, если его уловить и запечатлеть в аромате духов (как того хотел главный герой романа, парфюмер), сохранит сущность души его обладателя. Но чтобы извлечь эту уникальную сущность, парфюмер должен был совершить убийство. Рассуждал ли немецкий писатель о (не)постоянстве души и материи в той манере, которую я пытаюсь развенчать на этих страницах? Едва ли. Скорее, он сосредоточился на социальных последствиях создания идеального парфюма в манере, позволяющей извлекать аллегории из политических смыслов. В репортаже «Профессор Шпаннер», напротив, устойчивый запах мыла свидетельствует о чем-то, что пролегает между интимным и соматическим и что можно квалифицировать как несводимый феномен, неделимый и невидимый — как самую интимную и малоизвестную связь между физиологическим и духовным.

---

31 «*Savon*» Понжа послужило примером для Питера Швенгера, который убедительно связывает понятие косметического и поэтического стирания с движущей силой смерти [Schwenger 2001: 99–113].

32 Читателя не должно смущать это, возможно, легкомысленное заявление, поскольку во время Второй мировой войны Понж был также солдатом и организатором Сопротивления.

Если «алхимик» Зюскинда ставил перед собой цель как открытия, так и сохранения индивидуальной телесной сущности, возможно, даже уважения к ней, то Шпаннер намеревался полностью стереть тело из своего конечного продукта. Символическое понятие (не)перерабатываемости не существовало в его науке. Шпаннеровский *savon* не поддавался приятному потреблению, поскольку оставался презренным от начала и до конца; поэтому доктор искал эффективный рецепт для удаления человеческих остатков из неуловимой формы запаха в попытках изготовить мыло лучшего качества, достойное каждой немецкой ванной комнаты.

Этот запах — невидимый остаток / напоминание об истинном происхождении мыла — сигнализировал о примечательном сбое в нацистской идее переработки. След человеческого присутствия постоянно работал против полной редукции овеществленного тела в ничто. Таким образом, человеческая составляющая дестабилизировала, хотя и временно, неозвученное идеологическое предположение об утилитарном и биополитическом статусе человеческой сомы как легко утилизируемого вещества. Нежелательный запах экстракта говорил о призрачном дерридианском следе — об иллюзорном ядре, которое продолжало напоминать своим потребителям об их собственной биоонтологии. Только полное стирание человеческого присутствия в конечном продукте могло сделать процесс успешным. Вместо этого соматический объект научного желания, который искали только для того, чтобы уничтожить и никогда больше не желать, сопротивлялся полной трансформации. Он стал призрачным напоминанием о, казалось бы, нейтрализованной истине, включаясь в работу параллельно с памятью. Из всех видов утилизации Холокоста этот очевидно потерпел неудачу.

Глава четвертая

Посмертная вина плоти

А кто ж из вас живых смерть видел — без вины?

Тадеуш Боровский

На 1930-е годы пришелся один из особенно интенсивных периодов герменевтического и художественного предвидения апокалипсиса, вызванный предчувствием надвигающейся исторической катастрофы. Именно тогда разнообразные формы культурного и исторического пессимизма выдвинулись на первый план: в 1930 году Д. Х. Лоуренс написал свою последнюю книгу «Апокалипсис» (опубликованную посмертно в 1931 году), в которой подчеркивается стремление Святого Иоанна к мести и власти в «Откровении». Исследование Альберта Швейцера «Die Mystik des Apostels Paulus» («Мистика апостола Павла», 1930) вызвало новый интерес к апокалиптической эсхатологии. Также в 1930-е годы Бруно Шульц работал в Польше над своим единственным романом «Мессия», а Шимон Ашкенази, выдающийся профессор польской истории, сделал поразительно точные предсказания о грядущей разрушительной Второй мировой войне[1]. В эти годы Вальтер Беньямин размышлял над своими мессианско-материалистическими тезисами для той работы, которая станет известна как «Über den Begriff der Geschichte» («О понятии истории»), — текста, который он закончил в начале

[1] Подробнее о пророке Ашкенази см. [Stempowski 1981]. Конечно, то, что мало кто поверил этим и многим другим довоенным пророчествам, напоминает эффект Кассандры.

1940 года. Эти идеи в теологии, литературе и философии истории, появившиеся по отдельности в одно и то же время, выражали нечто большее, чем просто предчувствия, порожденные *Zeitgeist*[2], и закончились, по крайней мере в Восточной Европе, к 1939 году. К тому времени будущее превратилось в настоящее.

В 1930-е годы ощущением надвигающейся катастрофы также были пронизаны опасения молодого поэта Чеслава Милоша (1911–2004) и его товарищей из поэтической группы «Жагары» в Вильно[3]. Когда немецкая армия вторглась в Польшу и оккупировала ее, сценарий уничтожения словно разворачивался в соответствии с апокалиптическим видением, представленным как в «Поэме о застывшем времени» Милоша[4], так и в других стихотворениях, написанных им до войны. Милош, который провел большую часть военных лет в Варшаве, не участвовал в «Армии Крайова», но тем не менее активно помогал в подпольной издательской деятельности, организовывал культурные мероприятия и участвовал в них[5]. Это ни в коем случае не означает, что он был избавлен от испытаний и бед, выпавших на долю гражданского населения города во время войны. В 1944 году во время Варшавского восстания[6] Милош с семьей покинул город.

---

[2] Дух времени (*нем.*).

[3] Группа «Жагары» была образована в 1931 году в Вильно и считается представителем второго авангардного движения. Ее идеология была левой и антифашистской и сочетала в себе ощущения грядущей катастрофы и чувство уникальности своего поколения. Группа выпускала периодическое издание «Żagary» и, позднее, «Pion». В своем предисловии «Przypis po latach» («Сноска после долгих лет») Милош самокритично отрицал, что эти тексты имеют какое-либо большое художественное значение, считая их исключительно свидетельством эпохи, см. [Miłosz 2006: 15–16]. «Жагары» стали предметом монографии Марека Залеского [Zaleski 2000].

[4] Анализ довоенных катастрофических идей в поэзии Чеслава Милоша см. в [Bereń 1988].

[5] В 1942 году он опубликовал подпольный сборник своих стихов под псевдонимом Ян Сыручь, а также антологию «Pieśń niepodległa» («Независимая песня»).

[6] Неудавшееся Варшавское восстание началось 1 августа 1944 года; его обширное освещение дано в [Davies 2003].

Прикоснуться к поэме

Жизнь Милоша зафиксирована в непрерывном потоке поэтических сборников, эссе, романов, корреспонденций и интервью. В одном из таких томов интервью, озаглавленном «Rozmowy polskie 1979–1998» («Польские беседы 1979–1998», 2006), он вспоминает о том, как покидал Варшаву во время восстания. Помимо того, что это еще один из вариантов на тему прекария рукописей, рассказ писателя о выезде из Варшавы заслуживает внимания, поскольку обладает характеристиками классического военного повествования, вызванного случайным развитием событий и пронизанного шоком неизвестности. Милош вспоминает об этом следующим образом:

> Восстание застало нас врасплох не дома, а на улице. Все находилось под обстрелом. Мы добрались до дома на улице Келецкой, 16, это было сравнительно недалеко; во время одного из перерывов в обстрелах Янка, моя жена, пошла домой за своей матерью, которая жила с нами. Она привела мать и принесла рукописи моих стихов. Мы ушли в том, что на нас было [Miłosz 2006: 774].

Особенность этого сдержанного повествования об исходе семьи Милошей связана с его героиней — женой поэта. Сама история вызывает вопросы, которым суждено остаться без ответа: почему поэт не пошел вместе с женой за тещей и своими рукописями? почему доверил эту задачу своей жене? Среди рукописей, которые Янина Милош забрала из квартиры, были одни из лучших стихов поэта: его творческий вклад в военное время, в поэтический комментарий к уничтожению евреев. Позже Милош вспоминал, что все свои стихи он хранил в портфеле; без сомнения, среди них были «Campo di Fiori» и «Бедный христианин смотрит на гетто». Так что во время всего пути рукописи постоянно были при нем, подвергая его огромному личному риску[7].

---

[7] Оба стихотворения, написанные во время восстания в варшавском гетто в 1943 году, сохранили возмущение и боль поэта, вызванные уничтожением варшавских евреев [Czarnecka, Fiut 1987: 88–89].

Вернувшись в Варшаву весной 1945 года, поэт застал полностью разрушенный город[8]. Самого Милоша в этот момент в городе уже не было, хотя до этого он стал свидетелем боев в гетто и его уничтожения. По возвращении он столкнулся с пустотой, заменившей город, в котором он когда-то жил:

> Был апрель. Я пошел к тому месту, где стоял дом, в котором мы когда-то жили. От него ничего не осталось. Вернее, дом был, только квартира, которую мы занимали, просто исчезла — в дом попал артиллерийский снаряд, и квартира провалилась в подвал. Там я нашел кое-что еще: экземпляр сборника «Три зимы», пробитый осколком[9]. Какие-то клочки бумаги валялись среди обломков [Miłosz 2006: 782].

Опыт обнаружения поврежденного сборника стихотворений «Три зимы», метонимически простреленного будто вместо своего создателя и брошенного среди руин, указывает на вездесущность прекария в том, что касается материальной основы литературного текста. Пойдя по следу материальности его стихотворений и дойдя до архива Милоша в коллекции редких книг Бейнеке Йельского университета, я обнаружила, что этот путь венчает пустота. Тогда, в 1994 году, в архиве не числилось рукописных образцов его поэзии военного времени — лишь машинописные копии. В картонных коробках были аккуратно сложены листы бумаги: все одинакового формата, на сильно пожелтевшей бумаге. Редко можно встретить столь хорошо упорядоченные архивные материалы; по-видимому, стихи были напечатаны и подго-

---

8 С окончанием войны он начал работать на дипслужбе в ПНР, порвал с коммунистическим режимом в 1951 году, после чего решил остаться на Западе. Сборник эссе под названием «Zniewolony umysł» («Порабощенный разум», 1953) ознаменовал этот идеологический переход. С тех пор все произведения Милоша были запрещены в Польше и издавались только в эмиграции. Несмотря на ограниченную аудиторию, поэт продолжал много писать. С 1980 года, когда он получил Нобелевскую премию по литературе, к нему обратилось внимание всего мира, а его произведения были переведены на множество языков, его труды также стали доступны для читателей в Польше.

9 «Три зимы» — второй сборник стихов поэта, опубликованный в 1936 году.

товлены к публикации в подпольной прессе, так как на машинописных страницах не осталось ни следа от трагических исторических событий (кроме тех, о которых они сами говорят). Отсутствовала и характерная для Милоша привычка испещрять страницы рукописей каракулями, покрывать их маленькими рисунками и геометрическими фигурами, заполнять страницы следами своих запутанных правок и поистине бенедиктинской работой — многообразие его уникальной сценографии письма, которую можно найти в его послевоенных рукописях. Таким образом, невозможно прикоснуться к стихам военного времени в момент их создания, когда поэт только воплощал свое видение в слове.

Эта пустота становится еще более важной в случае с одним из самых известных его стихотворений, «Campo di Fiori» (1943). В этом стихотворении, в котором проводится параллель между казнью итальянского гуманиста и астронома Джордано Бруно и гибелью варшавских евреев во время восстания в апреле 1943 года, Милоша преследовало острое осознание несоответствия между словом «Холокост» и реальностью смерти. Общим в сравнении между Джордано Бруно, которого сожгли на костре, и сожжением гетто и его обитателей было их молчание и поразительное одиночество в смерти[10]. Немота и гибель невинных людей, заключенных в стенах гетто, соответствовали молчанию и сожжению заживо философа и астронома, верившего в бесконечность Вселенной и множественность миров.

Прозорливый поэт включил в пятую строфу два возможных варианта прочтения этой параллели — равнодушие будущего читателя к смерти и страданиям Другого, забвение и бренность:

> Мораль извлекая, скажут,
> Что римляне ли, варшавяне
> Торгуют, смеются, любят
> Близ мученического костра.

---

[10] По приговору святой инквизиции Джордано Бруно был казнен с кляпом во рту. Поэтому его немота была буквальной и не имела ничего общего с пониманием молчания и невыразимости в дискурсе Холокоста.

Другие, возможно, скажут
О бренности мира людского,
О том, что забвенье приходит
Прежде, чем пламень угас[11].

Милош сопоставил две сцены потенциального прочтения со своим собственным пониманием несправедливой одинокой смерти, невозможностью ее осмысления на языке варварства, будь то святая инквизиция или нацизм. Поэту не хватает средств обыденного языка, чтобы передать суть убийства, очерчиваемого границами репрезентации. Говорить о смерти Другого, которому причинили зло, означает дать неадекватное имя безымянному ужасу, артикулировать невыразимый ужас смерти. Милош исключил использование прозопопеи в своем поэтическом словаре; жертвы, которых он описывал, не могли выразить свои страдания, и, таким образом, возможность коммуникации была сведена на нет[12]. Лишение жертв голоса было независимо от исторических и количественных рамок: Милош противился как массовому геноциду, так и убийству одного человека через молчание или едва слышное слово. Таким образом, герменевтический подход столкнулся с невыразимым — с областью Реального, не имевшей адекватной символизации, поскольку жертвы, насильственно обреченные на немоту, не были услышаны. «Campo di Fiori» Милоша принадлежит к небольшому числу текстов, написанных нееврейскими писателями во время восстания в гетто (и даже Холокоста в целом)[13], которые, насколько

[11] Пер. Н. Е. Горбаневской.

[12] При подробном анализе «Campo di Fiori» Натан Гросс обсуждает тонкие редакторские изменения, которые Милош внес в окончательный вариант поэмы, включая пересмотр идеи языка, который, с точки зрения жертв, не мог выразить этот опыт [Gross 1993: 84–89]. Следует добавить, что Милош пересмотрел эти и другие стихи перед окончательным изданием своего собрания сочинений.

[13] Датировка в польском издании, как и русском, гласит: «Warszawa-Wielkanoc, 1943» («Варшава — Страстная неделя, 1943»), что не было сохранено при переводе на английский.

я знаю, сделали первую попытку текстуализации невыразимости Холокоста: этот опыт был непередаваем не в силу лингвистических или эстетических ограничений, присущих поэтическому слову, — а вследствие того простого исторического факта, что жертв геноцида заставили замолчать и их буквально нельзя было услышать.

Несмотря на поэтическое свидетельство Милоша о жертвах, лишенных голоса во время войны, вопросы негативной эстетики и неадекватности языковых средств во время войны ставились редко. Хотя даже если бы эти вопросы и поднимались в то время, они едва ли остановили бы писателей и ослабили бы написанное ими[14]. Интуитивное ощущение неуместности слова оставалось второстепенным; если оно и побуждало к литературным размышлениям о пугающей реальности, то происходило через постепенный сдвиг в сторону более аскетических и строгих форм выражения. Этот переход также включал грамматику объектов: писавшие о Холокосте поэты в основном ставили выше поэтической составляющей слова его смысловое значение. Это было следствием того, что их творческое становление происходило в межвоенный период. Столкнувшись с беспрецедентной чудовищностью войны, они, как отмечает Милош в своем эссе «Руины и поэзия», изменили отношение к языку: призвание языка состояло в том, чтобы «восстановить свою простейшую функцию» описания реальности, которая была «массивной, осязаемой и ужасающей в своей конкретности» [Miłosz 1983: 80].

Действительно, лишь немногие поэты и писатели осознавали неадекватность языка перед лицом Холокоста. Еще меньше они чувствовали потребность пересмотреть свой довоенный словарный запас; в польской литературе таким заметным примером стал именно Милош. С этого момента столкновение критическо-

---

[14] Михал Борвич также отмечает, что поэзия этого времени относится к довоенной литературе по своему стилю, хотя ее тематическое содержание и отличается. По этой причине, утверждает он, так много стихов не смогли в лингвистическом плане передать всю сложность Холокоста. Я считаю, что обсуждаемые стихи из этого сборника являются исключением из правила Борвича.

го и поэтического смыслов недостаточности языка сформировало целое направление дискурса благодаря поэтическим открытиям Милоша, Пауля Целана, а также критическим работам Джорджа Штайнера и Сьюзен Горовиц. В некотором смысле кризис, связанный с любым художественным способом описания гетто или лагеря, отражает недостаточное научное изучение Холокоста.

Несмотря на то что Милош отдавал себе отчет в этом фундаментальном противоречии, он активно писал во время нацистской оккупации Польши. Сборник стихов «Ocalenie» («Спасение», 1945), опубликованный сразу после войны, — убедительное тому подтверждение. Два поэтических цикла в этом сборнике заслуживают внимания не в последнюю очередь потому, что разительно различаются: «Głosy biednych ludzi» («Голоса бедных людей») и «Świat. Poema naiwne» («Мир. Наивная поэма»). В первом цикле Милош пытается передать непосредственную реальность войны, тогда как во втором его поэтический мир не имеет ничего общего с ужасом того времени. В этих двух циклах Милош, оставаясь принципиально дуалистичным, сопоставляет разные тексты, добиваясь большего контраста и создавая противоречивые утверждения. Влияние поэзии Т. С. Элиота, в особенности поэмы «Бесплодная земля», которую Милош перевел на польский язык во время войны, сыграло решающую роль в формировании его нового, более лаконичного поэтического стиля и видения. Этот зарождающийся стиль особенно заметен в «Голосах бедных людей»; его принято считать проявлением нового типа поэзии, основанной на возросшем политическом сознании [Łapiński 1981: 18–19]. Во включенном в цикл «Голоса бедных людей» стихотворении «Biedny chrześcijanin patrzy na getto» («Бедный христианин смотрит на гетто», 1943) мастерски переплетаются два несопоставимых измерения: жуткое, осязаемое видение загробной жизни и рассказ о продолжающихся страшных разрушениях. В стихотворении представлен необычный взгляд на геноцид: оно полностью сосредоточено на созерцании смерти в текущий момент, что сопоставлено с образом вечности, с материальным и мессианским, переплавленным в настоящее.

«Зачистка»

Любопытно, что разрушение Варшавского гетто, запечатленное в нескольких отдельных поэтических кадрах, полностью нивелирует степень человеческого участия в его уничтожении — как будто не было никаких военных действий и никаких орудий, использованных людьми в процессе разрушения. В тексте Милоша действует чистая — безымянная, но огромная — сила, которая сводит на нет все формы мироздания. Поэтому сказать, что стихотворение документально отражает исторические события, — значит подорвать его намеренно зыбкую поэтику[15]. Поэт отводит паратекстам стихотворения (дате и месту написания)[16] роль исторических маркеров. Тому же служит название стихотворения, где также указаны дата и место, стирающие сомнения относительно событий, на которые даются отсылки в основном тексте: его текущий момент, его *Jetzzeit*, — продолжающееся подавление восстания в Варшавском гетто и уничтожение его жителей[17]. Негласное допущение, сделанное в стихотворении, заключается в том, что евреи выступают здесь в качестве вечных козлов отпущения, терроризируемых и предназначенных для уничтожения. Между тем, в отличие от равнодушного населения Варшавы, изображенного в «Campo di Fiori», поляк в «Бедном христианине» наблюдает за боями в гетто, будто за макабрической театральной постановкой. Он представлен в роли раба, которого подавляют, с которым жестоко обращаются и таким образом принуждают к бездействию. Написанное во время Холокоста, стихотворение предвосхищает моральные проблемы свидетельства убийств и разрушений, которые будут обсуждаться в эпоху пост-Холокоста.

---

15 Таково было предположение Милоша, за которым последовал Александр Фьют: связанность исторических событий придает лирике свойства публицистики [Fiut 1990: 11].

16 На нем написано: «Варшава, 1943 год» [Miłosz 2001a: 64]; польское издание не содержит этой информации.

17 Масштабы разрушений, произведенных под командованием Штропа, были таковы, что после войны территория бывшего гетто не подлежала восстановлению.

Воссоздавая во всем ошеломляющем масштабе полное уничтожение (не)одушевленной жизни, Милош заменил гегелевское движение истории другим ритмом, который приравнивает Дух Истории к Духу Разрушения. Хотя этот метод совпадал с концепцией Вальтера Беньямина, Милоша трудно считать его последователем. Действительно, в стихотворении «Бедный христианин», цель которого — показать как катастрофическое расщепление материи, так и затянувшуюся жизнь духа, Милоша нельзя воспринимать как материалиста, пусть даже столь неоднозначного, как Беньямин. Для Беньямина катастрофы прерывали историческую темпоральность, в то время как для Милоша, опровергавшего весной 1943 года гегелевскую концептуализацию истории, существовало только одно абсолютное событие: уничтожение еврейского населения. В своем поэтическом *hic et nunc* Милош освободился от образа пророка и заговорил о свершившемся апокалипсисе, о безвозвратно разрушенном мире, имея в виду мир варшавских евреев. Для достижения этой цели он использовал грамматику хаоса и уничтожения.

Такая узконаправленная точка зрения подобна серии работ Леонардо да Винчи «Потоп», изображения которого, на мой взгляд, поучительны. Визуализация апокалипсиса поглощала внимание художника в поздние годы его жизни (1511–1514). Еще раньше этого периода, примерно в 1498 году, он сделал довольно необычный рисунок, положивший начало его более поздним увлечениям: несколько предметов — очки, музыкальные инструменты, садовый инвентарь — дождем падали с неба. Под падающими предметами, на земле, художник сделал нравоучительную надпись. Согласно этому — безусловно, не новому — апокалиптическому сценарию, человечество наказано и уничтожено собственными необузданными желаниями. Однако позже да Винчи отошел от апокалиптического избытка предметов, падающих на человечество, и разработал контрастное, беспредметное живописное видение конца света. В потрясающей серии из десяти рисунков черным мелом, известной как «Потоп», он изобразил разрушение мира силой воды. Ничто не уцелело перед этой стихией. Снова и снова Леонардо представлял себе беспредметные стены дождя — апокалипсис, который на этот раз он не сопроводил никакой моралью.

Вопреки его привычной живописной традиции, эти рисунки не изображают разрушение в деталях — на них разбушевавшиеся волны уничтожают мир целиком. Хотя целью Леонардо не было создание абстрактных образов, та манера, в которой он рисовал разрушения, имела эффект сродни беспредметной реальности. Художнику потребовались годы, чтобы увидеть апокалипсис не как падение множества предметов, а как их полное уничтожение. Этот сдвиг сопровождался переходом от морализаторского подхода к немому восприятию сцен разрушения. Длительность промежутка времени между двумя противоположными видениями, вероятно, объясняет трансформацию взгляда художника от предметного видения к почти беспредметному. Однако апокалиптическое видение потопа поучительно не только в этом смысле: протоабстрактный образ полного уничтожения предметного мира задействует всего один инструмент разрушения; оставаясь верным ему, художник усилил выразительность своего видения[18]. Более того, создавая два противоположных сценария разрушения, Леонардо продемонстрировал свое отношение как к этически обоснованной концепции конца света, так и к онтологической.

Милош — находясь в большей степени под влиянием исторических событий, чем Леонардо, — представил огонь как главную силу разрушения, сжигающую все дотла с мощью ядерного взрыва. Тем не менее существует основное различие между образами и реальностью потопа и огня: поскольку огонь не универсален, он требует присутствия прочной материи, в отличие от воды [Bachelard 1970: 55]. Негативная энергия огня неудержима только тогда, когда есть что-то, что он может поглотить; только тогда,

---

18 Переход от репрезентативной к нерепрезентативной реальности стал шагом, который произвел революцию в западном искусстве XX века. Нерепрезентативная визуальная лексика не затрагивала европейских художников до начала века, но определенные дискретные или непреднамеренные реализации (не)репрезентативного напряжения можно найти, например, у Уильяма Тернера и Эжена Делакруа.

когда она питается материей, превращая ее в пепел. Пламя, вызывающее это превращение, отсутствует в пепле; его отсутствие составляет сущность пепла[19]. В этом отношении «Бедный христианин» осмысляет разрушения в нескольких основных категориях: исчезают повседневные вещи, составляющие реальность, а вместе с ними — и целостные формы городского пейзажа.

Масштабы разрушений становятся почти осязаемыми благодаря перечислению раздробленных металлов (медь, серебро, никель) и изорванных тканей (шелк, лен). Рудиментарные геометрические формы, такие как шары и кристаллы, подчиненные принципу абстракции и нематериальные в своей основе, не могут избежать уничтожения: предполагается, что разрушение понятий столь же неестественный процесс, как и разрушение материального мира. Целый ряд рукотворных вещей (лен, стекло, материя, проволока, бумага, целлюлоза), а также раздробленные артефакты (скрипичные струны, трубы, гипс) знаменуют переход в небытие. Однако перечень материальной субстанции, подлежащей полному уничтожению, не является исчерпывающим. Среди основных элементов, отсутвующих в этой картине, — человеческое тело в его крайне фрагментированной форме. Только волосы и кости, включенные в одну из поэтических описей, сигнализируют о невключенном в перечень и, следовательно, несуществующем теле. Метонимически обозначая человеческий труп, эти частицы показывают раздробленное и фрагментированное тело во всем его небытии. Будучи одновременно останками человека и животного, волосы и кости объединяют эти две категории: биоонтологическое разнообразие сводится к уровню органической материи. Это оправдывает отсутствие как преступников, так и жертв и напоминает изобразительную логику Леонардо.

Катаклизмы, природные или исторические, вызывают далеко идущие трансформации. В то время как природные катастрофы способны привести к появлению новых форм биологической жизни, видение Милоша о продолжающихся фрагментации

---

[19] См. загадочную маленькую книгу Жака Деррида [Derrida 1987b].

и уничтожении видимого мира — поверхностей, ядер и форм — не идет в этом направлении. Он также не впадает в сетование, как в некоторых его послевоенных элегиях. Это обманчиво беспристрастное перечисление всепоглощающей катастрофы ведет прямо в пустоту, в негативную эстетику, напоминающую «Бесплодную землю» Элиота, завершаясь образом голой земли и единственного оставшегося ствола дерева. Резкое сокращение одушевленного и неодушевленного содержания *Jetzzeit* до нуля обусловлено переходом поэмы к эсхатологии: нет никаких очевидных причин для того, чтобы материя предстала в своих земных формах в будущем, следующем за апокалипсисом.

Что объединяет две разные сферы — катаклизм и загробную жизнь, — так это повторное появление органической материи в процессе ее разложения. В то время как разрушение набирает обороты, уже началась переработка тела, до сих пор не зафиксированная: в земле маленькие старательные насекомые заняты переработкой мертвой сомы. Эта дезинтеграция, воспринимающая разлагающееся и фрагментированное тело как часть природы, не изображается как обыденное — в ней нет и следа барочного очарования телесным увяданием и разрушением. Если некая связь с барочной чувствительностью и ощущается в описаниях Милоша, то она носит локальный характер и связана с священником-иезуитом Юзефом Бакой — поэтом XVIII века и авторитетом в вопросах погребения в польской литературе. Эта связь достаточно незаметна и проявляется в стихотворении только в динамичных образах смерти: смерть описывается в коротких словах и стихах, повторяющих стиль Баки[20]. Милош заимствует масштабные образы распадающейся телесности и переформулирует их, чтобы лучше прочувствовать процесс во всей его неприглядной реальности. Каждая такая ревизия поднимается на более высокий уровень объективной и хроматической лаконичности: открытое, фрагментированное тело претерпевает трансформацию, выражающуюся в приобретении его частями разных цветов.

---

[20] Александр Наварецкий в своем исследовании анализирует связь Милоша с Баки [Nawarecki 1991].

Каждое повторение привносит в стихотворение новый обертон насилия и смерти. Белые и черные кости вместе с красной плотью распадаются сначала на цветные останки, затем на пепел и, наконец, преобразуются в ничто.

Последние вещи

В процессе распада разлагающегося тела большую роль играют насекомые, частые спутники финальных стадий воображаемых апокалиптических катастроф. На самом деле, некоторые насекомые оказываются устойчивыми к определенным методам уничтожения, включая ядерную энергию, поэтому они часто появляются в апокалиптических сценариях позднего модернизма. Плотоядные муравьи, очевидно, участвуют в процессе разложения, но пчелы, которым отведена схожая роль, могут вызвать у читателя недоумение: как правило, они не участвуют в разложении органики[21]. Скрытый смысл этого образа и его последующих вариаций составляет нечто большее, чем только процесс утилизации. Поэт указывает и на позитивную семантику их труда: как строительный процесс в миниатюре, он несколько подрывает масштабность уничтожения. Хотя эти насекомые рассматриваются как разрушители природы, они одновременно строят что-то неопределенное вокруг костей — «Mrówki obudowują białą kość». Польское «obudować, okryc lub okolić murem» буквально значит «создавать поверхности»; следовательно, глагол «обстроить» вызывает визуальный эффект роящихся насекомых, покрывающих внешнюю поверхность разлагающих-

---

[21] Пчелы, в отличие от своих родственников — ос, вряд ли являются мясоедами, хотя некоторые из них могут вести образ жизни насекомых-паразитов. По своему образу жизни — трудоемкому и коллективному — пчелы схожи с муравьями. Кроме того, некоторые виды пчел, как и муравьи, роют туннели для гнезд в земле. Также существует подсемейство пчел — земляные пчелы или пчелы-плотники (антофоры). Важно, что эта информация проливает свет на отношение к природному порядку, которое демонстрирует необычная биологическая образность стихотворения.

ся телесных останков. Стандартная символика этих двух насекомых относит их к мастерам-строителям, способным на сложную детализированную работу, заложенную в их генах. Однако в стихотворении они заняты окончательным разрушением разлагающихся останков — процессом, из которого, похоже, нет возврата. Они, как это ни парадоксально, строят пустоту. Будучи одновременно агентами разрушения и строительства — перерабатывая мертвую сому, превращая ее еще не сформированную материю в пепел, — насекомые связывают Дух Разрушения с Духом Земли. А земля утверждается поэтом как область пепла — «немертвой» телесной материи [Czarnecka, Fiut 1987: 132][22]. Таким образом, подземный мир становится местом онтологического промежутка, в котором человек сталкивается с неопределенностью материи вместо ее конечности. Последуем же за Милошем по этому пути.

Начнем с того, что в этот подземный мир Милош поселил крота. На вопрос Чарнецкой об этом жутком существе поэт дал уклончивый ответ, отразивший герметический аспект его эсхатологии «непотревоженным»: «Мне не известно, кто этот крот-охранник... Можно представить себе подземное пространство, в котором движется что-то живое. Если оно передвигается именно так, то это, должно быть, крот. Какие еще существа передвигаются в земле?» [Czarnecka, Fiut 1987: 133] Когда такой заклятый натуралист (но не большой любитель природы), как Милош, знавший толк во флоре и фауне, утверждал, что только кроты живут под землей, он снова сознательно рисковал вызвать улыбку читателя. Крот-охранник, единственное живое существо в огромном хранилище праха, продолжает интриговать других критиков. Леонард Натан и Артур Куинн в своей монографии утверждают, что «интерпретационный соблазн, который дает нам это стихотворение, заключается в том, чтобы постараться определить личность странного „крота-охранника“» [Nathan, Quinn 1991: 17]. Несмотря на явное желание, им это не удается; факти-

---

22 Хотелось бы, чтобы Ева Чарнецкая, собеседница Милоша, более подробно расспросила его об этом.

чески они следуют за двусмысленным — если не сказать неохотным — комментарием поэта. В исследованиях, посвященных Милошу, устоялся такой подход к прочтению, который учитывает, а зачастую и неуклонно следует обширному корпусу его критических комментариев к своим произведениям. Действительно, высказанные самим поэтом мнения важны: они содержат бесценные крупицы информации, как показывают его многочисленные интервью, эссе и заметки к «Собранию сочинений» («Utwory zebrane»). Однако в данном случае отсутствие авторской обратной связи становится противоположной стратегией, возможно, свидетельствующей о его попытке «защитить» стихотворение. Здесь чувствуется определенный дискомфорт со стороны поэта, который сохранялся и спустя много лет после написания произведения. Попробуем задуматься о трудолюбивом кроте, охраняющем загробный мир, и посмотрим, до какой степени это существо действительно не поддается интерпретации.

Таинственные существа в изобилии встречаются в апокалиптических текстах. Их гибридность играет важную роль в любой эсхатологической картине, дестабилизируя известные категории или нарушая их[23]. Крот, созданный Милошем, — одно из таких существ, появление которых подрывает повседневную логику. Гибридность крота истолковывается через добавление дополнительных черт к его собственным: природная слепота животного уравновешивается зрением, усиленным мигалкой на лбу, что вызывает явное противоречие. Хотя кроты слепы, это жуткое существо, чей пристальный взгляд заставляет душу дрожать от страха, может без глаз видеть из-под своих опухших век. Для такого крота не является невидимой и душа[24]. Одна из таких душ, лирический герой, также наделена способностью видеть. Получается, на эту душу одновременно и глядят, и она сама глядит,

---

[23] Как отмечает Кэролайн Уокер Байнум, «гибридность заставляет противоречивые или несовместимые категории сосуществовать и служить комментарием друг к другу» [Bynum 2005: 31].

[24] Это разделение на невидимое и видимое напоминает аналогичное деление зрительного поля у Мориса Мерло-Понти.

осознавая взгляд крота и давая понять, что она его осознает. В стихотворении традиционно невидимый подземный мир представлен как полностью зеркальное понятие. Уверенность польского поэта в визуальном и пространственном характере грядущего мира связывает его воображаемую подземную вселенную с образом Ада у Райнера Марии Рильке, который поместил преисподнюю в шахту. В стихотворении Рильке «Орфей. Эвридика. Гермес» можно найти поучительное упражнение в создании предметного мира, сравнимое с описанием подземного мира Милошем[25]. Это шахта, подземелье — место, где тяжело трудятся, одновременно лишенное каких-либо образов труда. Рильке представляет себе эту шахту, следуя старой традиции сублимации загробной жизни, и она, таким образом, становится местонахождением бестелесных духов. Тем не менее стихотворение Рильке функционирует здесь как один из основных интертекстов Милоша[26]. Что делает символистское видение Рильке загробного мира как шахты таким близким поэме Милоша о Холокосте, так это зловещее появление крота-охранника. Если подземный мир можно представить как шахту, то крот может быть шахтером, что объясняет, почему это существо снабжено лампой на лбу. Однако еще одна особенность крота-охранника, добывающего души под землей, усложняет эту простую расшифровку. Опухшие веки крота превращают его не только в обычного патриарха, но, более

---

25 Я намеренно не рассматриваю многие другие прецеденты создания пространственного видения вечности в творчестве польского поэта. В частности, его перевод «Ноябрьской симфонии» своего дяди, Оскара де Любича Милоша, которая представляет собой сведенборгианскую трактовку жизни после смерти и имеет большое значение для последующего развития Милошем «второго пространства», как он назвал нумен в одном из своих последних поэтических сборников.

26 Милош часто описывает своих любимых поэтов, с которыми он по разным причинам отождествляет себя или чье влияние он признает на разных этапах своей карьеры: Адам Мицкевич, Оскар де Любич Милош, Робинзон Джефферс, Юзеф Чехович составляют основное ядро этой группы. Есть несколько поэтов, таких как Франсис Понж и Райнер Мария Рильке, которые также сыграли значительную роль в его развитии как поэта, хотя он о них и умалчивает.

конкретно, в патриарха из иудейской традиции. Если это так, то его лампу можно рассматривать как тфилин, прикрепляемый ко лбу молящегося еврея — и тогда причудливое убранство крота говорит о его сверхъестественных способностях отличать прах от праха, душу от души. Они же делают его ясновидящим: превращение тела в прах преобразует его прежнюю визуально определенную форму в ее отсутствие, в бесформенность.

Бесформенность праха преодолевается не только благодаря взгляду крота, но и потому, что телесные останки, превращенные в тварные[27], остаются местом пребывания видящего, мыслящего и трепещущего «я», которое населяет прах. В этом смысле Деррида прав, когда называет золу «домом бытия» [Деррида 2012: 27]. Тогда возникает вопрос, как провести следующее разделение — на индивидуальное «я» (или бессмертную душу) и другое «я», находящееся в подземелье, полном пепла. В данном случае ответ кроется в интенсивной визуализации подземного мира, которая представляет индивида через свет и цвет[28]. Прах освещается душой, и каждая душа излучает свой спектр разноцветного света, к которому чувствителен взгляд сверхъестественного крота (который существует где-то за пределами его дисфункционального физического глаза):

> Различая человеческий пепел по цвету окалины,
> Пепел каждого по радужным испареньям.

Эта идея — отождествление отдельного человека с определенным спектром света, исходящим от его праха, — скорее всего, проистекает из теософии Рудольфа Штайнера. Для Штайнера толкование человека в загробном мире начинается с постижения его внутренней жизни, спроецированной в виде определенного хроматического облика, преодолевающего двойственность праха:

---

[27] О концепции Сантнера см. [Santner 2006].

[28] Подробный анализ визуального измерения, на которое ссылается поэт в своих произведениях, см. [Heuckelom 2004].

> Согласно теософскому учению, мысль не является абстракцией, как принято считать, а состоит из определенных форм, форма которых зависит от качества мысли. Она также вызывает определенные вибрации, которые воспринимаются как цвета. Поэтому ясновидящие могут определить состояние развития человека по внешнему виду его астрального тела [Steiner].

Штайнер указывает, что визуальное восприятие хроматического тела тесно связано с другой оценкой — оценкой этической состоятельности (в лексиконе Штайнера — «развития») каждого человека. Таким образом, сценарий Судного дня вписан в процесс распознавания: с него начинается искупление:

> Например, некоторые считают, что неясные формы указывают на несовершенное развитие, а овальные — на более совершенное. Как цвета указывают на вид мысли, так и разнообразие их в астральном теле указывает на характер обладателя. Низшие мысли производят громкие цвета, так что, например, ярость можно узнать по красному цвету астрального тела. Высшие мысли можно распознать по присутствию нежных цветов; религиозная мысль, например, вызовет голубой цвет [Steiner].

Однако, как ни странно, загробная жизнь — традиционно сфера Всевидящего Бога и его Всевидящего Ока — также управляется пристальным наблюдением крота за анатомическими особенностями половых органов. Использование знающего взгляда крота в поисках анатомических различий в конечном итоге делает это слепое существо вуайеристом, нанятым Богом; он является Его продолжением так же, как ангелы в более традиционных теологиях. От Его имени крот видит, считает и различает.

Загробный мир как хранилище праха[29], в котором копается один трудолюбивый посланник, является, таким образом, местом

---

[29] В своем обсуждении стихотворения Аарон определяет это пространство в строго историческом и неметафизическом ключе как «рвы, усыпанные сильно обгоревшими трупами евреев, которые выпрыгнули из окон пылающих зданий и умерли от ожогов, пытаясь добраться до „арийской стороны“ Варшавы. Действительно, они так сильно обгорели, что образовали неразличимую массу пепла» [Aaron 1990: 186].

онтологического промежуточного состояния только на первый взгляд. В стихотворении это место становится чем-то большим, а именно зрелищем индивидуализации на уровне сомы. Вместо конечности и неопределимости материи, вызванной слиянием различных прахов, мы сталкиваемся со строго определенным спектральным порядком подземного мира: крот разделяет неразличимый прах на отдельные существа. Его конечная цель — отделить спасенные души от обреченных. Эта эсхатологическая дискриминация основана на отсутствии (или наличии) религиозного знака на теле и может быть расценена как подобие обрезания. В исторической темпоральности Холокоста обрезание означало смерть, а его отсутствие очерчивало зону относительной безопасности. В постисторической темпоральности Страшного суда логика меняется на противоположную, поскольку обрезание перестает маркировать идентичность негативным образом. Порядок вуайеристского садизма в Холокосте здесь перевернут, чтобы восторжествовала эсхатологическая справедливость: обрезание моэля, обновляющее Завет, позволяет кроту отличать необрезанных/обреченных от обрезанных/спасенных. Те, кто был приговорен к смерти во время войны, будут спасены; те, кто был спасен, будут осуждены в грядущем мире. Другими словами, в рамках постисторической логики немаркированные тела воспринимаются как маркированные. В этой радикальной инверсии (не)отмеченное поэтическое «я» — еврей Нового Завета — признает свой страх и вину.

Лирический герой, полный предчувствий, глядит на охваченное пламенем гетто и рассказывает о свершившемся апокалипсисе на языке библейских пророков с их мрачной образностью, туманными формулировками и страстной местью. На фоне исторических событий, которые лишь много позже будут названы Холокостом, неистовое поэтическое «я» формулирует эсхатологическую этику, в своей суровости родственную этике Страшного суда. Мариан Стала, выдающийся исследователь творчества Милоша, утверждает, что его поэзия не вызывает чувства жалости, что в творчестве поэта нет испуганного лирического героя и что он вовсе не рассматривает фигуру «бедного христианина» —

виновного, испуганного, сочувствующего зрителя-нееврея, свидетеля зверств, совершаемых над евреями [Stala 2001: 138].

Жуткая образность и неумолимое осуждение, сквозящие в лирике Милоша, заставляют другого критика, Яна Блоньского, называть это стихотворение «ужасающим» и «полным страха» [Błoński 1994: 17][30]. Оно действительно может вызвать у читателя дрожь. Поэт-рассказчик говорит с позиции вечности и указывает на следы крови, оставленные его отсутствующим телом («алые колеи» и «след моего тела» в третьем полустишии), указывающие на насильственный конец. Резкий взгляд на исчезнувшую целостность тела и соматическое отсутствие, превращенное в рудимент, противоречит повторному появлению «изувеченного» («rozbite») тела в пятом полустишии. Отсутствие тела преступления в этом внетелесном опыте и неприглядная сцена смерти соответствуют другим сценариям, предусмотренным поэтами для своей насильственной кончины, — здесь же к ужасу от созерцания горящего гетто примешивается почти осязаемый трепет в ожидании Страшного суда. Исполненный ужаса при произнесении пророческого слова, перегруженный лирический герой как бы вылеплен по образу *animula blandula vagula* императора Адриана и трепещет, заключенный в светящийся пепел, ожидая окончательного вердикта от охранника преисподней.

Как неумолим поэт к самому себе! В этом стихотворении Милош уже представил свое поэтическое свидетельство геноцида и таким образом подписал моральный договор, в основе которого — сострадание; его вина должна быть значительно уменьшена. Возможно, он виновен лишь в бесстрастии, но акт свидетельства разрушает его непричастность и пассивное созерцание; последнее дестабилизируется еще и потому, что он отождествляет себя, в самоубийственном для того времени жесте, с евреями. Насколько мне известно, ни один нееврейский автор, живший в условиях террора нацистской власти, не написал столь

---

[30] Прочтение критика убедительно подтверждается тем, что в «Бесплодной земле» Элиота, так искусно переведенной Милошем в то время, есть строка: «Я покажу тебе страх в горсти праха» (пер. с англ. С. А. Степанова).

дерзкое поэтическое свидетельство такого уровня. Тот факт, что Милош хранил свое стихотворение при себе, в чемодане, демонстрирует невероятно высокий уровень самосознания и этической совести, соединенной с чувством ответственности. Такое этическое «действие» во времена Холокоста, когда, повторюсь, даже символическая идентификация с евреями была сопряжена с огромным личным риском, делает позицию Милоша поистине уникальной. Следует подчеркнуть, что Милош при этом не формулирует никакого морального императива, согласно которому остальная оккупированная нацистами Европа должна последовать его этическому жесту. Обсуждая военные стихи Милоша, Дональд Дэви подчеркивает, что «стыд и вина [присущи] самому Милошу» [Davie 1986: 62] в том смысле, что поэт оставляет эти абсолютные моральные стандарты ответственности и участия только для себя. Это суждение — его личное дело, озвученное в самых смелых его стихах. Возможно, это одна из причин, по которой поэт не хотел заниматься толкованием «Бедного христианина».

Окончательный сдвиг в поле визуализируемого подземного мира создает дополнительные проблемы интерпретации. Милош не осмысляет загробный мир как пространство, в котором существуют лишь бесплотные духи. Даже в сфере загробной жизни пневма тесно связана с материей и остается воплощенной в пепле. Земля, рассматриваемая с этой точки зрения, раскрывает свою материальную субстанцию, состоящую из пепла, из разложившейся сомы. С точки зрения трансформационной логики, земля, как огромное подземное кладбище, символизирует регресс к *materia prima* как теологическому феномену. Пепел как органическая и бесформенная субстанция, которая не вполне объектна, наделяется самостоятельным бытием, что поднимает вопрос о степени пересечения пневмы (души) с сомой (плотью) именно потому, что поэт затемнил внутреннюю связь с ними. Десакрализованный в продолжающемся процессе секуляризации — в частности, в результате сожжения тел во время Холокоста и неуважительного обращения с останками — пепел сакрализуется в результате этического пересмотра Милошем радикальной теологической оппозиции между плотью и душой[31]. Тем не менее Милош, как поэт Холокоста, дает различные ответы на вопрос о том, является ли переработка сомы святотатственным и необратимым процессом, особенно когда он подходит к этому вопросу с точки зрения теологии воплощения. Его позиция несопоставима ни с одним другим решением того времени, отчасти из-за его особого сочетания соматической и этической точек зрения с эсхатологической.

Поскольку пепел сохраняет индивидуальное воплощение и окраску, его немертвость и промежуточность его состояния, мягко говоря, недооцениваются. Пепел — это не субстанция, в которой еще теплится жизнь, а среда, из которой индивидуальная жизнь воскресает неортодоксальным образом. Завершение стихотворения актуализирует еще один аспект смелых синкретических идей Милоша: повторное визуальное представление фрагментированной сомы, через которую проходит жизнь, и пневмы в виде уникального оттенка света. Эта гетерогенная концепция, заимствованная из оккультизма, иудаизма и христианства, сочетает апокалиптические образы полного разрушения материи с постапокалиптической теологией непрерывности пневмы внутри (не)обозначенной сомы. Тем самым поэт создает новое решение сотериологии Холокоста, уникальность которого поражает своим садистско-вуайеристским характером.

Примечательно, что формулировка Милоша о будущем суде после Холокоста, а также сотериологическая справедливость не потеряли своей актуальности и сегодня. Возможно, это одна из причин, почему Милош избегал давать подробные комментарии к стихотворению как в интервью, так и в авторских заметках и автобиографических эссе. Попытка интерпретировать стихотворение в свете польско-еврейского сосуществования уже была предпринята Блоньским. В моем исследовании, посвященном

---

[31] В том же духе предостерегает Норман О. Браун: «Нас не должна вводить в заблуждение плоская антиномия священного и светского; и интерпретировать как „секуляризацию“ то, что является лишь метаморфозой священного» [Brown 1959: 105].

материальному миру в литературе Холокоста, нет возможности следовать предлагаемому Блоньским пути. Милош, написав стихотворение, позволил тексту говорить за себя. В этой главе показано, каким я услышала его обращение ко мне.

Грамматика следов, вовлеченная в механизм трансформации, которому подчиняется сома, определяет репрезентацию судьбы лирического героя. Сможет ли пронизанная личной виной душа вернуться из праха в целое воскресшее тело? Является ли видение Иезекииля о возвращении к жизни иссохших костей своего рода контрутилизацией — мучительным в данном контексте решением для поэта Холокоста? И да, и нет, если осознать тотальный эсхатологический проект в поэзии Милоша военных лет. Эсхатология поэта времен войны не может быть сведена к одному варианту, представленному в «Бедном христианине», но может быть оценена/рассмотрена только на фоне других стихотворений. Одно из них, «Кафе», появилось до стихотворения «Бедный христианин» с целью усилить их противоположные концепции загробной жизни. В обоих стихотворениях сотериологические ожидания вполне предсказуемо исходят из области сомы, из соизмерения ее мертвенности с возможностью ее воскрешения. В «Кафе» отрицается любая подобная теологическая надежда:

Морозная дымка на стекле все та же,
Но никто не войдет.
Горсть пепла,
Пятно гниющей плоти, присыпанное известью,
Не снимет шляпу, не скажет бодро:
Пойдем выпьем водки[32].

Здесь, как и в большинстве стихотворений Милоша, присутствует автобиографический след. Эта постапокалиптическая элегия обрамлена воспоминаниями о былой культуре кафе

---

[32] По неизвестным мне причинам это четверостишие опущено в английском издании: «Mgła zimowa na szybie ta sama, / Ale nie wejdzie nikt. / Garstka popiołu, / Plama zgnilizny wapnem przysypana / Nie zdejmie kapelusza, nie powie wesoło: / Chodźmy na wódkę» См. [Miłosz 2001b, Kawiarnia 1: 212–213, здесь 212].

и кабаре, столь важной для межвоенной художественной и литературной жизни столицы Польши. В этих несентиментальных рамках он оплакивает своих друзей, молодых поэтов Варшавы, погибших во время Второй мировой войны. Горе Милоша не находит утешения, поскольку он заявляет о невозможности возвращения к жизни, к наслаждению. Соматические останки его погибших коллег, превратившиеся в мусор, настолько бессильны, что больше не могут служить даже в качестве судебно-медицинских доказательств. «Пятно гниющей плоти» заменяет расчлененное тело в «Бедном христианине» и отрицает дальнейшее существование индивидуальной души в загробной жизни.

Повторю, Чеслав Милош рассматривает, так сказать, оба полюса эсхатологии. Его убеждения и верования проверяются одно за другим с целью их скорейшего подтверждения и достижения. В «Кафе» реакция героя на смерть более материалистична: процессы, происходящие после смерти, охватывают только разлагающуюся материю. Этот негатив уравновешивается в стихотворении «Бедный христианин смотрит на гетто». Тексты Милоша колеблются между двумя крайностями: скептическими и обнадеживающими предположениями о посмертном будущем тела. Утилизация сомы в «Бедном христианине» пересматривает концепцию ее контрутилизации в «Кафе». В аргументации поэта *pro et contra* ничто не звучит более убедительно, чем его обращение к неизбежному свидетельству тела и, как следствие, материального мира.

Тексты

CAMPO DI FIORI

W Rzymie na Campo di Fiori
Kosze oliwek i cytryn,
Bruk opryskany winem
I odłamkami kwiatów.
Różowe owoce morza
Sypią na stoły przekupnie,
Naręcza ciemnych winogron
Padają na puch brzoskwini.

Tu na tym właśnie placu
Spalono Giordana Bruna,
Kat płomień stosu zażegnął
W kole ciekawej gawiedzi.
A ledwo płomień przygasnął,
Znów pełne były tawerny,
Kosze oliwek i cytryn
Nieśli przekupnie na głowach.

Wspomniałem Campo di Fiori
W Warszawie przy karuzeli,
W pogodny wieczór wiosenny,
Przy dźwiękach skocznej muzyki.
Salwy za murem getta
Głuszyła skoczna melodia
I wzlatywały pary
Wysoko w pogodne niebo.

Czasem wiatr z domów płonących
Przynosił czarne latawce,
Łapali skrawki w powietrzu
Jadący na karuzeli.
Rozwiewał suknie dziewczynom
Ten wiatr od domów płonących,
Śmiały się tłumy wesołe
W czas pięknej warszawskiej niedzieli.

Morał ktoś może wyczyta,
Że lud warszawski czy rzymski
Handluje, bawi się, kocha
Mijając męczeńskie stosy.
Inny ktoś morał wyczyta
O rzeczy ludzkich mijaniu,
O zapomnieniu, co rośnie,
Nim jeszcze płomień przygasnął.

Ja jednak wtedy myślałem
O samotności ginących.
O tym, że kiedy Giordano
Wstępował na rusztowanie,
Nie znalazł w ludzkim języku
Ani jednego wyrazu,
Aby nim ludzkość pożegnać,
Tę ludzkość, która zostaje.

Już biegli wychylać wino,
Sprzedawać białe rozgwiazdy,
Kosze oliwek i cytryn
Nieśli w wesołym gwarze.
I był już od nich odległy,
Jakby minęły wieki,
A oni chwilę czekali
Na jego odlot w pożarze.

I ci ginący, samotni,
Już zapomniani od świata,
Język nasz stał się im obcy
Jak język dawnej planety.
Aż wszystko będzie legendą
I wtedy po wielu latach
Na nowym Campo di Fiori
Bunt wznieci słowo poety.

Warszawa — Wielkanoc, 1943

CAMPO DI FIORI

В Риме на Кампо ди Фьори
Корзины маслин и лимонов,
Булыжник вином забрызган
И лепестками цветов.
Креветок розовых груды
На лотках у торговок,
Черного винограда
Охапки и персиков пух.

Здесь, на Кампо ди Фьори,
Сжигали Джордано Бруно,
Палач в кольце любопытных
Мелко крестил огонь,
Но только угасло пламя —
И снова шумели таверны,
Корзины маслин и лимонов
Покачивались на головах.

Я вспомнил Кампо ди Фьори
В Варшаве, у карусели,
В погожий весенний вечер,
Под звуки польки лихой.

Залпы за стенами гетто
Глушила лихая полька,
И подлетали пары
В весеннюю теплую синь.

А ветер с домов горящих
Сносил голубками хлопья,
И едущие на карусели
Ловили их на лету.
Трепал он девушкам юбки,
Тот ветер с домов горящих,
Смеялись веселые толпы
В варшавский праздничный день.

Мораль извлекая, скажут,
Что римляне ли, варшавяне
Торгуют, смеются, любят
Близ мученического костра.
Другие, возможно, скажут
О бренности мира людского,
О том, что забвенье приходит
Прежде, чем пламень угас.

Я же тогда подумал
Об одиночестве в смерти,
О том, что, когда Джордано
Восходил на костер,
Не нашел ни единого слова
С человечеством попрощаться,
С человечеством, что оставалось,
В человеческом языке.

Спешили хлебнуть винишка,
Торговать мясцом осьминогов,
Корзины маслин и лимонов
Плыли в шуме толпы.
И он был от них далеким,
Как будто прошли столетья,
А им и мгновенья хватило
Взглянуть на последний взлет.

И эти — одни в своей смерти,
Уже забытые миром.
Как голос дальней планеты,
Язык наш уже им чужд.

Когда-то все станет легендой,
Тогда, через многие годы,
На новом Кампо ди Фьори
Поэт разожжет мятеж.

Варшава — Страстная неделя, 1943[33]

BIEDNY CHRZEŚCIJANIN PATRZY NA GETTO

Pszczoły obudowują czerwoną wątrobę,
Mrówki obudowują czarną kość,
Rozpoczyna się rozdzieranie, deptanie jedwabi,
Rozpoczyna się tłuczenie szkła, drzewa, miedzi, niklu,

/ srebra, pian
Gipsowych, blach, strun, trąbek, liści, kul, kryształów —
Pyk! Fosforyczny ogień z żółtych ścian
Pochłania ludzkie i zwierzęce włosie.

Pszczoły obudowują plaster płuc,
Mrówki obudowują białą kość,
Rozdzierany jest papier, kauczuk, płótno, skóra, len,
Włókna, materie, celuloza, włos, wężowa łuska, druty,
Wali się w ogniu dach, ściana i żar ogarnia fundament.
Jest już tylko piaszczysta, zdeptana, z jednym drzewem

/ bez liści
Ziemia.

Powoli, drążąc tunel, posuwa się strażnik—kret
Z małą czerwoną latarką przypiętą na czole.
Dotyka ciał pogrzebanych, liczy, przedziera się dalej,
Rozróżnia ludzki popiół po tęczującym oparze,
Popiół każdego człowieka po innej barwie tęczy.
Pszczoły obudowują czerwony ślad,
Mrówki obudowują miejsce po moim ciele.

Boję się, tak się boję strażnika—kreta.
Jego powieka obrzmiała jak u patriarchy,
Który siadywał dużo w blasku świec
Czytając wielką księgę gatunku.

---

[33] Перевод с польск. Н. Е. Горбаневской.

Cóż powiem mu, ja, Żyd Nowego Testamentu,
Czekający od dwóch tysięcy lat na powrót Jezusa?
Moje rozbite ciało wyda mnie jego spojrzeniu
I policzy mnie między pomocników śmierci:
Nieobrzezanych.

БЕДНЫЙ ХРИСТИАНИН СМОТРИТ НА ГЕТТО

Пчелы обживают красные потроха,
Муравьи обживают черные кости,
Начало распарыванья и растаптыванья шелка,
Начало дробленья стекла, дерева, меди, никеля, серебра,
Воздушного гипса, струн и духовых инструментов, хрусталя —
Пых! Фосфорическое пламя с желтой стены
Облизывает волосы людей и животных.
Пчелы обживают каморки легких,
Муравьи обживают белые кости,
Не выдерживает бумага, резина, шерсть, мешковина, лен,
Материя, хрящ, клетчатка, проволока, змеиная кожа,
Занялась и осела крыша, стены, оплавлен фундамент,
Осталась вытоптанная, песчаная, с обугленными стволами без листьев
Земля.
Роя туннель, медленно движется крот-охранник
С маленькой красной мигалкой на лбу.
Обследует закопанные тела, считает, пробирается дальше,
Различая человеческий пепел по цвету окалины,
Пепел каждого по радужным испареньям.
Пчелы обживают алые колеи,
Муравьи обживают след моего тела.
Боюсь, очень боюсь жандарма-крота.
Его мешков под глазами, как у патриарха,
Сиживавшего часто при блеске свечей,
Почитывая великую книгу судеб.
Что скажу ему — я, Жид Нового Благовещения,
Две тысячи лет надеющийся на возвращенье Христа?
Мой изувеченный труп откроется его взору,
Дав повод числить меня среди прислужников смерти:
Необрезанных[34].

---

[34] Перевод с польск. С. М. Морейно.

О КОНТАКТЕ

Глава пятая

Рукопись, утерянная в Варшаве

Продажа и дарение своих архивов выдающимися деятелями искусства библиотекам и другим учреждениям стали своеобразным культурным ритуалом. Иногда этим движет желание отдать свое единственное имущество, чтобы оно стало общественным достоянием, а не превратилось в бремя для родственников. Этот жест приносит в жертву интимность связи, которую человек устанавливает со своим собственным творческим наследием и его материальной, осязаемой формой; след его труда, творение, становится осязаемым. Архив, несводимый к простому материальному владению или интеллектуальной собственности, говорит о творчестве, собственности и многом другом, — главным образом потому, что он подразумевает сконструированную на его основе идентичность. Джереми Бентам, как я уже указывала ранее, определяет связь между собственностью и идентичностью в терминах эмоциональной инкорпорации материала в себя: «наша собственность становится частью нашего существа, и ее нельзя оторвать от нас, не разорвав на части» [Bentham 1814: 115]. Понимание сильной эмоциональной связи между людьми и их вещами включает в себя также отношения между автором и его рукописями.

В частности, я имею в виду Ежи Анджеевского (1909–1983) — выдающегося писателя, критика и политического активиста, чье творчество и идеологические пристрастия претерпели сложную эволюцию. Его первый роман «Ład serca» («Мир сердца», 1938), принесший ему немедленное признание, заслужил ему репутацию католического писателя-моралиста. В течение первых двух лет войны молодой Анджеевский, оставив писательскую деятельность, участвовал в сопротивлении и подпольной деятельности по спасению евреев, проявляя большое мужество [Synoradzka 1997: 56–57]. Когда его планы по созданию двух романов не были реализованы, он переключился на другие жанры и написал несколько рассказов, отражавших продолжающиеся конфликты между поляками, вызванные войной. Проблема столкновения субъективностей, следствие немецкой оккупации, представляла для него куда больший интерес, чем изображение самой войны или столкновений польского подполья с нацистами. Анджеевский взялся за рискованную и сложную тему, по-видимому, вечной польско-еврейской антиномии в работе «Wielki Tydzień» («Страстная неделя»), которая представляет собой скорее повесть или небольшой роман, чем рассказ.

Действие романа происходит в Варшаве во время Страстной недели 1943 года: в одной части города поляки готовятся к Пасхе, в то время как другая часть — гетто, в котором происходит восстание, — горит. Произведение, впервые прочитанное автором на частном собрании, было встречено настороженно[1]. Наиболее суровую оценку ему дал выдающийся поэт и писатель Ярослав Ивашкевич, который обвинил Анджеевского в слишком скорой эксплуатации еврейской трагедии (как будто обращение к этой теме допустимо лишь по прошествии времени!)[2]. Серьезность этой атаки была исключительной, поскольку Ивашкевич полностью проигнорировал не только активное сострадание Андже-

---

1 Одно из его произведений военного времени заслуживает упоминания: «Przed sądem» («На суде»). Автор представил этот рассказ, а также повесть «Страстная неделя» на подпольных собраниях варшавских литераторов. В обоих случаях он не оправдал ожиданий публики — как следует из дневника Налковской, «Страстная неделя», прочитанная вслух в квартире Казимиры Моравской, вызвала недружелюбную реакцию [Synoradzka 1997: 56–57].

2 Ивашкевич, один из самых близких друзей Анджеевского, не высказал своего мнения во время чтения, но записал свои мысли в дневнике [Iwaszkiewicz 2007].

евского к еврейской беде, но и готовность автора пойти на личный риск, неизбежно связанный с постановкой подобных вопросов в военное время.

Мало что известно о первой версии повести, написанной во время восстания в гетто. Через много лет после войны оригинал рукописи был утерян, несмотря на навязчивую привычку Анджеевского хранить тщательный порядок в своих бумагах. В архиве писателя до сих пор числится папка с названием «Wielki Tydzień — wersja I i II» («Страстная неделя — версии I и II»)[3]. Странно, но от первой версии не осталось и следа. Известно, однако, решение Анджеевского переписать «Страстную неделю» в соответствии с его новыми идеологическими установками, как часть его «пути к реализму»[4]. Учитывая тот факт, что оригинал исчез, послевоенная надпись Анджеевского, сделанная на утраченной версии, может считаться палимпсестом.

Поскольку рукопись повести не была утеряна во время войны, ничто, на первый взгляд, не указывает на то, что первоначальный вариант был подчинен прекарию. Но это не так, и Анджеевскому пришлось договариваться о дальнейшем существовании повести вопреки прекарию: в отличие от Милоша, ему не удалось вывезти свой архив из Варшавы во время массового исхода гражданского населения в 1944 году. Пытаясь спасти его, он обратился

---

[3] Вторая версия была написана в августе — сентябре 1945 года; отрывок появился в сборнике рассказов «Noc» («Ночь», 1945).

[4] Согласно осторожной формулировке Котта. См. [Kott 1946: 134–144]. Цитата полностью: у Малецкого было «унизительное осознание смутной, не поддающейся описанию общей ответственности за безмерную жестокость и преступления, которым с молчаливого согласия всего мира подвергалась еврейская нация. Чувство вины он держал в себе как рану, в которой, казалось, разгоралось все зло мира. Он сознавал, что в нем было больше тревоги и ужаса, чем искренней любви к этим беспомощным людям, окруженным со всех сторон, одиноким в мире, которых судьба лишала обесчещенного, но действительно существующего братства». По словам Котта, неуверенность Малецкого и неспособность к действию «квалифицируются» как самое компрометирующее качество персонажа [Kott 1946: 143]. Этот отрывок из оригинального текста мог бы быть включен и в послевоенное переиздание повести.

к гораздо более целесообразному и, возможно, более безопасному методу, поскольку в его архиве находилась версия «Страстной недели» 1943 года, которая содержала материалы, уличающие оккупантов. Поскольку писатель жил со своей семьей в Белянах, отдаленном и относительно тихом пригороде Варшавы, можно было защитить семейный и художественный архивы простым и надежным способом. Как вспоминал Анджеевский, «многие вещи, которые мы не могли взять с собой, мы закапывали в землю... Все мои рукописи и заметки, различные памятные вещи, фотографии, письма — многие годы прошлого ушли в землю» [Andrzejewski 1956: 103]. Они были выкопаны после войны, очевидно, без каких-либо потерь, поскольку писатель никогда не жаловался даже на частичные повреждения бумаг.

В истории с архивами писателя есть, однако, один интригующий эпизод, когда он намеренно дал статус прекария части своего архива. Эта история началась еще в довоенное время, когда Анджеевский подарил все свои юношеские произведения своему близкому другу — Юзефу Худеку [Synoradzka 1997: 13]. Позднее писатель утверждал, что именно эта часть его творчества была безвозвратно утеряна во время войны, что вполне объяснимо. Это предположение он сделал в своих мемуарах «Jak zostałem pisarzem» («Как я стал писателем»), опубликованных в журнале «Odrodzenie» в 1945 году. Когда в следующем году Худек прислал в «Odrodzenie» письмо, в котором объяснил, что рукописи целы и все еще находятся у него, Анджеевский не только не выразил благодарности хранителю, а был настолько удивлен этому обстоятельству, что это разрушило отношения между друзьями юности. Более того, автор повторил свою историю о потере в военное время в работе «Notatki do autobiografii» («Заметки к автобиографии»), опубликованной в 1980 году (через тридцать четыре года после письма Худека!). Похоже, что Анджеевский, будучи перфекционистом, чувствовал себя вынужденным принести в символическую жертву свои самые слабые работы, используя в качестве предлога обычную судьбу рукописей в военное время. Было бы бесцеремонно полагать, что он просто хотел принять участие в широко распространенном послевоенном подсчете потерь: писатель действительно потерял мать в концлагере Равенсбрюк во время войны и очень страдал после ее смерти[5]. Утрата нескольких рукописей была бы лишь незначительным несчастьем и не выделяла бы его среди других польских литераторов, переживших сходный опыт[6].

Вторая версия «Страстной недели» — то есть гипертекст, «переписанный» сразу после войны оригинал — демонстрирует разнообразие реакций польского общества на еврейское население и вооруженное еврейское сопротивление. В этой повести Альфа-Анджеевский[7], убежденный моралист, вершит суд над всем обществом. Его переход от психологизма ранней версии повести к эмоционально насыщенной, однако более реалистичной новой совпал с планируемым идейным переосмыслением текста. Скорее всего, как утверждает биограф писателя Сынорадзка, этот пересмотр стал результатом обнаружения Анджеевским фактов о нескольких антисемитских выступлениях, произошедших в различных польских городах весной и летом 1945 года[8]. В меньшей степени пересмотр был мотивирован опытом Анджеевского в отношении системных изменений в послевоенной польской политике, хотя в конечном

---

[5] Его отец, узник Аушвица, выжил благодаря тому, что ему удалось бежать во время эвакуации лагеря [Synoradzka 1997: 77].

[6] Аналогичным образом Ярослав Ивашкевич признался в потере своих межвоенных дневников во время Второй мировой войны, но позже заявил, что никогда не вел таких дневников и, следовательно, не терял их. Сфабриковав этот рассказ, автор хотел присоединиться к хору голосов, жалующихся на личные утраты и разрушения [Gronczewski 2007: 9].

[7] Я использую здесь псевдоним, под которым Анджеевский фигурировал в известном сборнике эссе Милоша «Порабощенный разум» — анализе коммунистической системы и компромисса, на который пошли несколько польских интеллектуалов с новым политическим порядком в Польше. В одной из глав, «Альфа», рассказывается об идеологическом конформизме Анджеевского как коммуниста.

[8] Защита Анджеевским польского еврейства в сочетании с гуманистическим духом, который заставлял его осуждать антисемитизм, была также выражена в его эссе «Zagadnienia polskiego antysemityzmu» («Проблемы польского антисемитизма», 1946).

итоге он стал сторонником как социалистического реализма, так и коммунистического правительства[9]. На Анджеевского оказывали давление левые критики, в то время доминировавшие на польской литературной сцене, особенно выдающийся интеллектуал Ян Котт, который высоко оценил гипертекст повести. Поскольку Котт был знаком с оригинальной версией военного времени, он был единственным, кто имел возможность провести такую сравнительную оценку[10]. Обе мотивации создания текста были направлены на достижение разных целей; фактически они раздвоились. Реакция Анджеевского на антисемитизм следовала принципам гуманизма и вовлекалась в более широкий дискурс польско-еврейского сосуществования; она имела культурный резонанс, обусловленный недавними историческими событиями. Второй импульс, который привел текст в соответствие с новой политикой и эстетикой, пропагандируемой в Польше, был нацелен на узкую группу читателей и был определенно компромиссным.

(Де)монтаж Варшавы

В результате правки жанр нового варианта повести изменился, а в изображении польского общества времен геноцида акцент сместился от психологизма в сторону большей реалистичности. Этот переход потребовал от Анджеевского использования другой стратегии репрезентации. Для того чтобы провести различие между разными ситуациями, в которых оказались поляки и евреи,

---

[9] Последний идеологический шаг Анджеевского способствовал его обращению к зарождающемуся польскому диссидентскому движению. С 1976 года он был членом диссидентской группы КОР (Комитет защиты рабочих) и соредактором подпольного периодического издания «Zapis». Его роман «Miazga» («Месиво») вышел в самиздате в 1979 году.

[10] Еще один отрывок из первой версии появился в 1946 году в журнале «Żąłnierz Polski». Будем надеяться, что изучение архива Котта приведет к неожиданным результатам: поскольку критик приводит цитаты из первой версии, он, должно быть, имел к ней доступ.

и одновременно сохранить свою точку зрения на непредсказуемость человеческой природы — универсальную и не обязательно обусловленную военным временем, — Анджеевский сфокусировался на общественном и частном пространствах: улицах и домах Варшавы. В новой версии «Страстной недели» вся драма происходит на «арийской стороне», а гетто, охваченное пожаром, остается на заднем плане. Это сопоставление показало периферийное значение еврейского восстания для большинства нееврейского населения Варшавы. Другая часть города казалась более тихой и менее людной, с плохо одетыми пешеходами, занимающимися своими делами, но тем не менее испещренной шрамами оккупации. Даже в этой другой части Варшавы население подвергалось массовым арестам и смерти. Так, Ландау упоминает, что начиная с вторжения и бомбардировок 1939 года «почти на каждой площади, реже на улицах и даже во дворах были устроены временные кладбища, на которых покоились убитые во время бомбардировок» [Landau 1962, I: 34]. Другим решающим фактором, изменившим грамматику улиц Варшавы, стало нацистское оккупационное законодательство, основанное на расистском критерии превосходства немецкой нации, о чем свидетельствовал предупреждающий знак «*Nur für Deutsche*» («Только для немцев»), который был размещен почти везде — в парках, на скамейках, в ресторанах, в трамваях.

Варшавское гетто, как и многие другие гетто, созданные во время Второй мировой войны, не было похоже на довоенные исторические еврейские кварталы и штетлы, такие как район Казимеж в Кракове. Вместо того чтобы просто существовать как замкнутые городские пространства с проницаемыми границами, как это было раньше, гетто 1940-х годов стали специфическими пространственными анклавами, полностью изолированными от окружающей общественной сферы. Варшавское гетто, огороженное стеной 26 ноября 1940 года, в течение года стало наглухо изолированной зоной, определенной извилистыми и часто пересматриваемыми границами. Пространственное деление разбило польских граждан на две группы, поляков и евреев, независимо от их индивидуального чувства идентичности или языка.

Это топографическое разделение города стенами гетто, которое Йоанна Ростропович-Кларк метко назвала абсолютным [Rostropowicz Clark 2007: 7], отражало другие, гораздо более глубокие различия. Например, по приказу печально известного губернатора Варшавы Людвига Фишера, каждый необоснованный выход из «еврейского района» карался смертью. В городском пространстве, столь жестко разграниченном в соответствии с правилами расы, контроля и страха заражения, таким образом, выделилась зона исключения [Szarota 1973: 63]: Варшавское гетто, один из крупнейших нацистских проектов такого рода, стало хранилищем нежелательных человеческих тел, обреченных на уничтожение. Вероятно, самым показательным индикатором разделения населения и его влияния на общественное пространство стал тот факт, что смерть гражданских лиц стала обычным явлением на улицах гетто. Процесс уничтожения человеческой жизни стал публичным событием: по словам некоторых свидетелей, уже зимой 1941/42 года замерзшие и зачастую обнаженные трупы детей и стариков, лежащие на тротуарах, воспринимались как обыденное явление [Lefebvre 1991]. Мэри Берг пишет, что прохожие привыкли к этому ужасу[11], но все же это зрелище должно было быть болезненным не только из-за вопиющего пренебрежения к человечности, которое оно демонстрировало, но и из-за очевидного неуважения к строгим ритуалам захоронения, установленным в иудаизме.

Дегуманизирующее воздействие немецкой оккупации было многообразным и включало в себя трансформацию общественного пространства. Например, нацистское пропагандистское пристрастие к огромным псевдоклассическим зданиям и грандиозным военным парадам было хорошо известной особенностью. В то же время на оккупированных территориях Европы не возводились никакие внушительные сооружения в псевдодорическом стиле, поскольку эти страны рассматривались в контексте широкой политики экономической эксплуатации. Чтобы контро-

---

[11] «Испустив последний вздох, они зачастую остаются лежать на улице долгое время, и никто ими не занимается» [Berg 2006: 16].

лировать оккупированные народы, нацисты прибегали к другим средствам пропаганды, которые использовались на другом, не столь масштабном, но тем не менее эффективном уровне: депортациям и массовым публичным казням, присутствию полиции и военных, объявлениям по радио, плакатам. В четвертой главе мной уже упоминался пример пропагандистского манипулирования общественным пространством: *karuzela* (карусель), установленная немецкими оккупантами на площади Красицкого в «арийской» части Варшавы[12]. Решение разместить это сооружение у стен гетто, по-видимому, не было рассчитано исключительно на развлечение масс; вероятно, мотивом было снижение морального духа обитателей гетто, которые могли видеть, как те, кто находился по другую сторону стены, развлекаются и свободно передвигаются по улицам[13]. Можно предположить, что эта вероломная манипуляция не только усугубила старые обиды, но и нанесла новые раны, а карусель как символ раскола усиливала коллективную убежденность жителей гетто в том, что они умирают в одиночестве. В рассказе Анджеевского, несколько отличающемся от рассказа Милоша, карусель находится в стадии строительства и служит немецким солдатам прикрытием от пуль повстанцев[14]. Толпа варшавян наблюдает за этим боем ради развлечения; ее полное презрение к армии усиливается восхищением повстанцами, которые в этот момент все еще сопротивляются «фрицам». Описывая реакцию толпы, Анджеевский не

---

12 Ростропович Кларк считает, что карусель в повести Анджеевского была вымышленной. Однако ее наличие подтверждают не только Милош и Анджеевский, но и фотография этого места, которую подробно описывает исследовательница.

13 Например, Шарота упоминает, что установка парка развлечений в июле 1942 года совпала с депортацией варшавских евреев в лагерь смерти Треблинка [Szarota 1973: 386].

14 То, что оба писателя обратили свое внимание на использование нацистами карусели как инструмента пропагандистской войны, можно объяснить их интеллектуальной близостью в то время и обменом идеями в письмах, отправляемых из одного конца Варшавы в другой. Эта переписка была опубликована Милошем в книге «Legendy nowoczesności'» («Легенды современности», 1996).

щадит своих соотечественников, упоминая также и их негативную реакцию[15].

Эти события происходили на фоне уничтожаемого города. Не будучи приверженцем роскошных описаний зданий и интерьеров, считающихся обязательными в реалистических романах, Анджеевский использовал фасады и интерьеры домов, мусор или отдельные предметы как фон для драматических эмоций. Поэтому он не возвышал неодушевленные предметы до роли главных героев ни в одном из своих повествований. Это не означает, что крупные или малые объекты использовались Анджеевским случайным образом — напротив, он связывал даже самые тривиальные из них со своими героями, вовлекая их в психологическое действие и более широкий социальный контекст. Мера контроля писателя над изобразительными средствами наиболее очевидна, когда наблюдаешь, как материальный мир и его элементы умело и экономно используются в важных эпизодах.

Вызванные войной внезапные политические перемены наложили свой отпечаток на нарушение социальной, интеллектуальной и экономической структуры жизни. Эти изменения повлияли на описание интерьеров Анджеевским в рамках его предельно реалистического гипертекста. Хотя я не рассматриваю пристально историю дизайна интерьеров, все же следует установить некоторые ориентиры. Начнем с того, что послевоенное восприятие интерьера Анджеевским свидетельствует о реалистической традиции Бальзака, который впервые провел строгую корреляцию между хозяином и жилищем. Знаки, которые Бальзак вписывал в мебель и другие предметы обстановки, с зеркальным совершенством отражали социальный класс, интересы и даже внутреннее состояние их владельца. Бальзак не терпел случайных предметов: миниатюра молодой девушки на комоде означала

---

[15] Нездоровое любопытство одного взволнованного мальчика, для которого стрельба была столь же нереальной, как если бы она была показана на экране, косвенно указывает на критическую оценку Анджеевским такого зрительского отношения.

пылкость обитателя дома; старая и уродливая мебель, лишенная комфорта, говорила о бедности пожилых людей в «Отце Горио»; элегантная и роскошная парижская гостиная изображала снобизм дочерей Горио и их положение в высшем обществе. Тем не менее Бальзак мог позволить себе определенные нюансы и степень индивидуализации. Так, гостиная нувориша обычно отличалась от салона обедневшего аристократа, чей вкус, согласно консервативной иерархии писателя, всегда оставался превосходным. Понимание материального предметного мира в художественной литературе Бальзака как эпического текста, отражающего всю историю французской нации, становится решающим для осознания того наслаждения, которое испытывает автор, говоря на языке мебели, роскошных тканей и обоев, драгоценных безделушек[16].

Подобным образом Анджеевский проводит параллель между жителем и интерьером, аналогичную неоплатоническим рамкам, согласно которым экстерьер открывает скрытый интерьер. Он несколько изменил эту симметрию в «Страстной неделе», принимая во внимание тот факт, что некоторые герои его новеллы жили в квартирах, разрушенных войной, и, таким образом, только несколько домов в его рассказе были нетронутыми. Для того чтобы точнее описать восприятие Анджеевским интерьера, необходимо, используя контекст, представить всю его концепцию в рамках польской традиции описания интерьера. В межвоенный период, который был временем становления и дебюта Анджеевского, особое место в польской литературе занял роман Марьи Кунцевич «Cudzoziemka» («Иностранка»), опубликованный в 1935 году. Его значение было вызвано во многом изменением восприятия частного интерьера. Роман показал столкновение поколений через смену отношения к предметам домашнего обихода и символической ценности семейных реликвий. Кунце-

---

[16] Мишель Бутор подчеркнул иной, исключительно исторический аспект бальзаковских предметов, определив их как «кости времени» и, таким образом, дав им сильную палеонтологическую квалификацию. Бутор использует слово «*ossements*», что означает «кости мертвых» [Butor 1964: 68].

вич запечатлела переход от символического интерьера, основанного на исторической и национальной ценности, где мебель и семейные реликвии символизируют патриотизм, а патриархальные традиции являются частью семейной памяти, — к более функциональной и космополитической концепции домашней обстановки, в которой предметы, освобожденные от символического порядка, обретают новую функциональность. Жан Бодрийяр в работе «Система вещей» анализирует трансформацию ауратических и символических систем интерьера через функционалистскую парадигму в консюмеристский подход к домашнему пространству и предметам [Бодрийяр 2020][17]. Применимая к роману Кунцевич концепция символического у Бодрийяра не согласуется с параллелизмом Бальзака. Главное отличие Бальзака заключается в том, что он выдвигает концепцию домашнего интерьера, который уже претерпел изменения во время бурного XIX века во Франции. Для Бодрийяра, напротив, домашняя сфера остается неизменным и, по сути, патриархальным проектом до тех пор, пока символическая сеть предметов не будет освобождена от сентиментов прошлого ради утилитарности. Эти изменения смогли произойти в более широком масштабе только после Первой мировой войны. Функционалистский подход не признает семейные мифы, воплощенные в мебели, портретах или памятных вещах, — вместо этого он избавляется от этих нарративов идентичности, подчиняя и фрагментируя их. В рамках этой модели жилец с длинной, богатой семейной историей не выставляет свои памятные вещи, предпочитая, например, находиться в окружении абстрактных картин. Хотя у нее/него нет личной или исторической связи с этим искусством, она/он ценит его по другим причинам, не связанным с семейным прошлым. Приглядимся к свидетельствам этого перехода в повести «Страстная неделя».

---

[17] Его трактовка объектов в историческом и системном плане обязана работам Вальтера Беньямина «Произведение искусства в эпоху его технической воспроизводимости» [Беньямин 1996] и Ролана Барта «Система моды» [Барт 2003].

Жилища военного времени

Входя в дома военного времени, описанные Анджеевским, мы видим как символические, так и функциональные интерьеры. В отличие от романа Кунцевич, здесь нет перехода от одного к другому. Хотя интерьеры Анджеевского показывают, что он уже усвоил предметный урок «Иностранки», эти интерьеры не демонстрируют столкновение поколений, а существуют одновременно. Действительно, некоторые из них вписываются в историческую парадигму бальзаковского типа, в то время как другие воспроизводят функционалистскую. Поскольку Малецкий — молодой архитектор, квартира, которую он снимает, как нельзя лучше иллюстрирует этот новый подход[18]. Анджеевский проводит параллель между обитателем и его пространством, в данном случае намекая на профессию Малецкого. Герой живет в относительно новом многоквартирном доме, расположенном на окраине города, почти в сельской местности[19]. Его квартира, наполненная солнечным светом и свежим воздухом, проникающим в жилище через балконную дверь и двустворчатые окна, имеет все необходимое, отвечающее функциональным требованиям дизайна интерьера, гигиены и простоты обстановки. Есть ванная комната и балкон; комнаты не перегружены безделушками и не находятся в беспорядке, осуждаемом с точки зрения функционализма. Мебели мало, есть только необходимые предметы: стол для рисования, кровать из ротанга, кушетка — все появляется в тексте романа лишь мельком, освещенное тусклым светом электрических ламп. Предметы подчинены потребностям обитателей в поразительно бесцветной, требуемой модернистским кредо обстановке, которая тем не менее сохраняет некий уют.

Простота и практичность интерьера Малецкого не являются чем-то удивительным, ведь архитекторы, согласно стереотипу, живут в особенно элегантных и практичных жилищах. Это по-

---

[18] Такой модернистский интерьер стал известен благодаря пародии Витольда Гомбровича в его романе «Ferdydurke» («Фердыдурка», 1938).

[19] В окрестностях Беляны, где жили сами Анджеевские.

мещение отражает его вкус и профессиональную подготовку хозяина-архитектора, а не просто нехватку товаров, от которой страдало население военного времени. Строгий интерьер Малецкого приобретает контрастность и яркость, только если рассматривать его как воплощение функционализма и сравнивать с другими польскими домами, о которых идет речь в повести. Это явно модернистский интерьер, подражающий довоенным тенденциям польской архитектурной школы[20], в частности, функционалистскому подходу, который с 1926 года отстаивало периодическое издание «Praesens» и связанный с ним круг редакторов, увлеченных авангардной революцией[21]. У этой группы было мало возможностей реализовать свои идеи на практике, и довольно иронично то, что именно Анджеевский воплотил в жизнь их идеалы в доме своего героя[22]. Вся структура здания освобождена от орнаментов и украшений, его размеры скромны, а главными задачами организации пространства являются гигиена, свежий воздух и достаточное освещение. В простом, практичном дизайне этой квартиры цвет явлен только в его отсутствии — в белых стенах. Одним словом, квартира Малецкого повторяет представление Ле Корбюзье о достойном жилом пространстве, созданном для широкого потребителя[23].

Показанная мельком, пронизанная уютной атмосферой территория дома Малецких воплощает мечты семьи: чувство приватности[24] и стабильности. Это интерьер, который должен мобилизовать этические ценности, однако рассказ его обитателя о военном времени оказывается менее оптимистичным, чем можно было бы ожидать/желать от жителя такого дома. Андже-

---

20 В частности, Варшавского политехнического института.

21 Среди архитекторов, связанных с «Praesens», были Шимон и Хелена Сыркусы, Богдан Лахерт и Юзеф Шанайца.

22 За исключением таких проектов, как варшавский район Жолибож, расположенный недалеко от района Малецких, где архитекторы экспериментировали в рамках нового архитектурного направления.

23 О концепции функционализма для масс см. [Le Corbusier 1986].

24 О концепции конфиденциальности и ее истории см. [Rybczynski 1986].

евский рассказывает о целеустремленном человеке, который работает, влюбляется в польскую католичку и женится на ней. Таким образом, Малецкий поддерживает нормальность своего существования или, по крайней мере, питает надежды на такое будущее. Когда он встречает свою довоенную подругу, польскую еврейку Ирену Лильен, он не решается помочь ей потому, что само ее присутствие может поставить под угрозу тот образ жизни, который он создал для себя и своей жены. Неожиданное появление Ирены в его жизни становится лакмусовой бумажкой его оппортунизма и эгоизма. Его неспособность помочь Ирене — или, если на то пошло, ее отцу, его бывшему наставнику, профессору Лильену — изобличает Малецкого как типичного оппортуниста. Во время усиливающихся гонений на евреев у него, кажется, постоянно находится та или иная причина, чтобы держаться подальше от Лильенов, хотя отсутствуют какие-либо намеки на заговор или какой-либо другой серьезный мотив, который мог бы оправдать его медлительность.

Читатель, знающий, что произойдет далее, попадает в мир повести с ощущением, что он находится на краю гибели. Ведь даже в этом, казалось бы, мирном районе на окраине Варшавы слышны выстрелы и заметны патрули, обыскивающие соседние дома, видны прожекторы в ночном небе и пламя над гетто. Отголоски войны, усиленные восстанием в гетто, вторгаются в этот анклав, все более разрушая его границы. Анджеевский карикатурно изображает «стабильность» военного времени, достигнутую человеком среднего класса, который не готов пожертвовать своим повседневным существованием ради активного участия в жизни общества. С точки зрения моралистической риторики автора относительно безопасный микрокосмос Малецкого, где даже количество комнат в квартире указывает на удобный и практичный образ жизни, не может избежать осуждения. Сама его бесстрастность требует наказания.

Идеологический замысел Анджеевского обретает свое полное социально-идеологическое измерение только тогда, когда перед внимательным взором читателя открывается еще одна дверь, на этот раз в роскошное жилище домовладельца Замойского. Хотя

Замойский и не является типичным капиталистом, его образ жизни, олицетворяемый ливреей его слуги, отличает его от других. Предсказуемо, его элегантная и уютная квартира соответствует стереотипу о представителе высшего класса, который может позволить себе слугу. То, как Анджеевский создает интерьер дома Замойского, типично для его метода: одного беглого взгляда на роскошные ковры и богатую коллекцию польских словарей достаточно, чтобы понять, что за человек здесь живет. Стены, украшенные старыми семейными портретами, символизируют ценности, передаваемые из поколения в поколение. Замойский обитает в своем жилище не один, а делит его с семейными духами. Этот интерьер, антиквариат которого самой своей историчностью повествует о происхождении своего хозяина, с избытком определяет его личность. На первый взгляд, аристократическая фамилия обитателя дома служит той же цели[25].

Однако этот дом — не только хранилище семейных воспоминаний, но и место, в котором можно найти спасение от мрачной реальности нацистской оккупации. Шторы погружают кабинет в атмосферу уединения и безопасности, а сама комната свидетельствует о культурных пристрастиях ее обитателя в наиболее ритуальной и формализованной форме: читатель видит ее как «просторную комнату, устланную огромным ковром, с громоздким столом посредине и массивными библиотечными шкафами. На стенах в раззолоченных рамах темнели старинные портреты. Затянутые шторами окна, мягкие кожаные кресла — все здесь дышало покоем» [Анджеевский 1989: 138]. Намеренно эскапистский проект Замойского в пределах ностальгического и консервативного чувства собственной «польскости» превращается в карикатуру на национальные идеалы во многом из-за своего церемониального характера. Досуг хозяина этой комнаты — чтение национального эпоса «Пан Тадеуш» Адама Мицкевича — усиливает ощущение от интерьера как альтернативной реальности, основанной на мифическом и даже утопическом прошлом. Пребывая в этой мифоподобной реальности, полной реализации

---

[25] Замойские — один из старейших польских аристократических родов.

миметической парадигмы — прямой цитаты из польских романов XIX века, — Замойский отрицает тот факт, что и он сам, и его прекрасное убежище на самом деле находятся в окружении смерти и разрушений.

Вместо того чтобы воплощать польские культурные идеалы, дом Замойского является образцом искусства симуляции. Окруженный антиквариатом, который порождает ложный миф о его происхождении, домовладелец на самом деле не является польским паном, за которого себя выдает. Тщательно изучив манеры и образ жизни архетипического польского патриота и аристократа, он принужденно копирует их. В его идеальной в остальном имитации недостает только одного: чувства ауратики, понимаемой как подлинное выражение историчности. Стиранию ауры подлинности в этом доме-копии способствуют не только упражнения жильца в симуляции, но и непосредственная опасность войны и пожар в далеком гетто (который Замойский старается игнорировать, несмотря на постоянные тревожные сигналы). Таким образом, его жилище уже лишено подлинно символического присутствия прошлого.

Подчеркнуто правильное польское произношение Замойского становится характерной чертой в его стремлении замаскироваться под шляхтича с семейными традициями, включающими шляхетский образ жизни прошлого. Этот камуфляж не обманывает глаз, поскольку домовладелец имеет ярко выраженные семитские черты[26]. Для самого исполнителя эта мимикрия значит не что иное, как тип отрицания, который является источником глубоких опасений и чувства надвигающейся пустоты. Сам Замойский[27] знает, что он ассимилированный польский еврей, — напуганный человек, пытающийся скрыть свою истинную сущность.

---

[26] На языке того времени, у него «*zły wygląd*» (дословно: «плохо выглядел», но имеется в виду также и «неправильная» внешность).

[27] Старое написание этой фамилии через «игрек» (Zamoyski) в отличие от нынешнего (Zamojski) как раз и должно было указывать на ее древнее происхождение. — Примечание переводчика повести. Этого примечания нет в тексте «Нового мира», на который ссылается переводчик; нет его и в оригинале. Нужно уточнить, откуда оно вообще взялось.

Именно опасная, пусть и отрицаемая, реальность потенциального истребления меняет смысл этой игры с претенциозной на отчаянную, — притворство Замойского, которое, вероятно, продолжалось годами, стало компромиссным средством выживания. В этом смысле почти каждый, кто стремится сохранить свою жизнь, в конечном итоге оказывается скомпрометированным в тексте Анджеевского. Домовладелец — не единственный человек, пребывающий в отрицании; некоторые из его жильцов притворяются, что живут нормальной жизнью, выполняя все свои довоенные ритуалы, включая посещение религиозных церемоний, приготовление изысканных блюд и уборку[28]. Символическое содержание этих действий стирается, а мимикрирующая поверхность скрывает реальное, которое функционирует в терминах «симуляции третьего порядка» [Бодрийяр 2015: 21].

Тщетно было бы искать в повести описание «нормального» дома. Бытовая нормальность заменяется в «Страстной неделе» конформизмом жизни, подчиненной законам оккупантов, которые определяются послевоенной идеологией Анджеевского. Для достижения этой цели была использована *kamienica* (кирпичный многоквартирный дом). Этот концептуальный тип дома отражает доминирующую социальную иерархию и представляет собой устоявшийся топос в польской литературной традиции, восходящей к XIX веку — к роману Болеслава Пруса «Lalka» («Кукла»). Согласно реалистическому видению Пруса, многоквартирные дома категоризировали классовую структуру: на цокольном этаже жили люди с доходами ниже среднего; на втором этаже, как в роскошном *piano nobile*, жили богачи; на более высоких этажах размещались семьи со скромным доходом; а чердаки населяли студенты и художники. Для писателей социальная лестница, воплощенная в городской архитектуре, представляла собой удобную локализацию классовых различий и конфликтов. Анджеевский обратился к этой урбанистической модели и использовал ее в различных целях. Модель кирпичного дома в его работе пришлось несколько модифицировать, так как ее возмож-

[28] Как отмечает Тереса Валас в [Walas 1972: 39].

ности представления среза польского общества и локуса трагического конфликта были слишком ограничены.

Именно кирпичный дом Замойского в пригороде Беляны высвечивает это отклонение Анджеевского от реалистического канона. Начиная с первого этажа и выше, обитатели дома представляют почти все социальные слои: одна семья низшего класса, две семьи среднего класса, а также сам состоятельный домовладелец. Единственным отсутствующим социальным слоем в этой схеме является тот, к которому принадлежит польская пролетарская семья, обычно населяющая подвальную квартиру (*suterena*). Отсутствие пролетариев указывает на то, что Беляны, хотя и не были фешенебельным районом, являлись новым обживаемым пространством. Рабочий класс жил в основном в густонаселенном центре города, построенном в XIX веке. Поскольку этот тип жилища был необходим Анджеевскому для зарисовки разных судеб варшавского населения в «Страстной неделе», писатель вставил это полуподвальное помещение в серию интерьеров и тем самым убил двух зайцев. Писатель использовал это полуподвальное жилье, в котором находится семья, пережившая трагедию военного времени, с сыном, недавно освобожденным из Аушвица, незаметно внедряя марксистскую концепцию классового разделения, адаптированную к 1943 году. Таким образом, он эксплицировал еще одно идеологическое требование. В результате этой эпизодической сцены возникла значимая параллель между несчастьем семьи рабочих и экстремальными условиями жизни в гетто. Стратегия Анджеевского подразумевала, что поляки на самом деле страдали, хотя и меньше, чем евреи:

> Малецкий сошел за нею вниз и остановился в дверях. На него резко пахнуло нищетой. В подвале помещалась кухня — низкая, закопченная, пронизанная сыростью. Мебели почти что не было. На деревянной кровати у стены лежал, прикрытый отрепьями красного некогда одеяла, тощий старик [Анджеевский 1989: 97].

Хотя остается неясным, было ли это упражнение в описании предметного мира, введенное ради мстительницы Малецкого,

Ирены Лильен, которая не могла больше видеть страданий собственного народа, хоть сколько-нибудь эффективным, один вывод напрашивается сам собой. Чтобы подчеркнуть еще одно различие между гетто и другими районами Варшавы, Анджеевский размещает несколько описываемых им квартир, несмотря на отраженное в них классовое различие, в благополучных многоквартирных домах. Так было до восстания 1944 года, когда бомбардировки и обстрелы сровняли город с землей.

В повести «Страстная неделя» баланс между средой обитания и жителями осложняется многочисленными социальными механизмами, активизированными войной и Холокостом, особенно традиционными польско-еврейскими противоречиями и обидами, достигшими в те годы своего апогея. Повесть открывается длинной преамбулой, которая больше подошла бы для многотомной семейной саги или «Человеческой комедии» Бальзака. В начале повести Анджеевский рассказывает историю аккультурации и растущего благосостояния семьи Лильен в XIX веке. В истинно бальзаковской манере повествование о знаменитых предках Ирены переплетается с историей накопления ими семейного богатства из поколения в поколение, что позволяет Лильенам — интеллектуалам XX века — вести изысканный и комфортный образ жизни. Центр их материальных владений — прекрасные и просторные дома, гостеприимно открытые для многочисленных друзей. Драгоценности, обычно являющиеся важным фактором в интригах богатых семей, появляются позднее и по причинам, не связанным с историей их рода. Читатель получает возможность увидеть, сколь много вещей играют роль в жизни семьи Лильен и в какой степени до войны эти вещи воспринимались как нечто само собой разумеющееся. Эпическое рвение Анджеевского отражает истинные масштабы бесправия, которому европейское еврейство подвергалось со стороны своих правителей; это составляет один из аспектов «вещного кода» повести.

Действие «Страстной недели» начинает разворачиваться быстрее, когда Малецкий, главный герой, сталкивается со своей бывшей подругой, красивой, но озлобленной Иреной, которая укрывается на «арийской» стороне города. Эта судьбоносная встреча запускает серию роковых происшествий и нежелательных последствий, которые грозят разрушить мир Малецкого, что в конечном счете и происходит. Но пока что он женат и семья ждет ребенка; Ирена, как и многие евреи, находится в бегах, она — изгой без крова. Когда после некоторых колебаний Малецкий предлагает ей помощь, время, которое ему требуется для принятия решения, показывает ей, что его поступок не был ни спонтанным, ни чистым порывом, а вынужденным поступком самаритянина, граничащим с самоубийством[29].

Ирена Лильен приезжает на какое-то время пожить в квартире Малецких. Ее присутствие и неизбежное общение с соседями — все они поляки-католики — становится центральным моментом повествования. Ее внешность привлекает слишком много восхищенных или подозрительных взглядов: Ирена принадлежит к типу темноволосых, темноглазых и красивых еврейских женщин, которых в польскую литературу вернул роман Анджея Щиперского «Начало, или Прекрасная пани Зайденман»[30].

Как тип Ирена Лильен и ее литературные предшественницы происходят от легендарной Эстерки, предполагаемой любовницы Казимира III Великого, польского короля[31]. Патриархальный конструкт этих персонажей двоякий: хотя они вступают в пылкие связи с неевреями, их отношения никогда не могут быть узаконены[32]. Подобный статус также не был достигнут Иреной, оставленной Малецким во время войны. Какую роль сыграло ее еврейское происхождение в этой прерванной истории любви, выяснить несложно. Кроме того, легко представить, какой (а)моральный выбор сделал Малецкий, не пытавшийся облегчить ее

29 Согласно нацистскому закону, каждого помогавшего евреям ждал смертный приговор.

30 О еврейских женских персонажах в польской литературе см. [Umińska 2001].

31 В еврейской литературной традиции Эстер связана с основополагающим мифом о еврейском меньшинстве, населяющем польские территории.

32 В версии легенды на идиш Эстер выходит замуж за польского короля. Всестороннее исследование см. [Shmeruk 2000].

затруднительное положение. Во время их случайной встречи, которая приводит к трагическому концу для всех, Ирена не питает иллюзий: любовь, дружба и элементарная человеческая порядочность угасли на ее глазах в результате многолетнего страха, унижений и потерь. Еврейское происхождение из высших слоев буржуазии, раньше не только дававшее ей чувство стабильности и привилегии, но и приобщавшее к изысканным традициям, постепенно становится лишь воспоминанием и причиной ее преследования[33]. Именно эти годы разлучили ее с Малецким.

«Страстная неделя» — первый текст Анджеевского, в котором он не отождествляет себя со своими героями и своим народом [Walas 1972: 39]. Тем не менее было бы трудно прийти к выводу, что Ирена, как и все герои повести, является неприятным персонажем, даже если она выглядит чрезмерно прямолинейной и озлобленной опытом военного времени[34]. История Ирены, о которой не знает Малецкий, разительно отличается от военных повествований обнищавших еврейских масс, поскольку это история привилегированной польско-еврейской женщины в годы Холокоста. Постепенная ликвидация семейного имущества, которое воспринималось Иреной как само собой разумеющееся (что действительно свойственно привилегированным людям), помогла ей выжить на «арийской» стороне до 1943 года. К этому времени она остается единственным живым членом семьи Лильен.

В повести создан убедительный психологический портрет женщины, которой причинили зло, которую ожесточили. Полное отчуждение от окружающих способствует выгоранию Ирены,

---

33 Современники Анджеевского, критики и читатели, считали прототипом Ирены Ванду Вертенштейн (Вертенштейн и Мария Кораль нашли приют в квартире, которую делили Анджеевский и его будущая жена Марья Абгарович. По словам Кароля Синорадзкого, который после войны уехал в США, она поддерживала писателя и его семью и часто навещала их [Synoradzka 1997: 71]). Вопреки этому мнению, Анджеевский утверждал, что прообразом главной героини повести стала Янина Ашкенази, дочь Шимона Ашкенази.

34 Клэр Кавана в своей рецензии на английский перевод «Страстной недели» считает всех героев повести не вызывающими читательской симпатии [Cavanagh 2007].

отрывает ее даже от материальных предметов, которые помогли ей выжить. Ее материальные ценности, сведенные к одному чемодану, вновь и вновь возникают в тексте. Сообщив Ирене, что ее друзья-неевреи были арестованы гестапо за то, что прятали ее, Малецкий добавляет, что чемодан со всеми ее вещами тоже пропал. Реакция Ирены — «Чепуха! Не до вещей тут!» [Анджеевский 1989: 141] — свидетельствует о ее увеличивающейся невосприимчивости к материальному, а также демонстрирует ее все еще очень нетронутую целостность[35]. Кроме хорошо сшитого довоенного костюма, Ирена носит с собой в основном нематериальные вещи — воспоминания об умерших родственниках, о потерянном семейном доме и тяжелом бремени преследования. В этом смысле она сама становится хранительницей семейных воспоминаний, поскольку даже немногие фотографий ее родителей были утеряны. Таким образом, Ирена воплощает древнюю мудрость *omnia mea mecum porto*[36]. Вопреки интерпретации Бентама об эмоциональной связи человека с собственностью, Ирена освобождается как от нее, так и — косвенно — от боли утраты.

За одним исключением. Старинное кольцо — все, что осталось от былого богатства, — рудиментарный знак *par excellence*, связывающий ее с прошлым. Взаимные отношения между Иреной и этим кольцом построены на физической близости, поскольку оно всегда украшает ее палец, оставаясь в непосредственном контакте с кожей. Кольцо не только символизирует семейные узы

---

35 Этот эпизод компрометирует Малецкого, которого беспокоит только возможность того, что в чемодане Ирены могла находиться часть их переписки, что может создать ему проблемы в случае расследования гестапо. Узнав, что Ирена по неосторожности избавилась от его писем, довольный Малецкий проявляет желание подвергнуть свою жизнь цензуре и стереть любые остатки прошлого, которые могли бы поставить под угрозу его стабильность и безопасность.

36 Древнее изречение «Все свое ношу с собой» загадочно в определении того, *что именно* я ношу с собой. Это несколько материальных ценностей или добродетелей? Здесь поговорка приобретает обвинительный тон и напрямую относится к лишенному статуса положению Ирены.

и ее несвободу как *homo sacer* в военное время, но и указывает на идентичность женщины. То, что Ирена оставляет кольцо, означает, что она открыта для его символического значения. Кольцо обосновывает понятие идентичности, которое проистекает как из эмоциональной, так и из пространственной близости между человеком и материалом. Снова вспоминается понятие Бентама о склонности человека к материально-предметному миру, вызывающей прочную взаимосвязь. Применительно к Ирене и ее старинному кольцу символическая глубина этой связи указывает также на принадлежность к народу и растущее осознание еврейской трагедии. Шансы Ирены на выживание, если измерять их финансовой ценностью одного старинного кольца, остаются минимальными. Но именно значение кольца добавляет заключительную часть к истории семьи Лильен: украшение символизирует возвращение. В конце повести, в результате неожиданного поворота событий, Ирена решает отправиться в горящее гетто, чтобы разделить судьбу своего народа, от которой ей так отчаянно удавалось уклониться. Как и некоторые другие ассимилированные польско-еврейские персонажи, изображенные в польской литературе, например, отец Лильен, главный герой романа Адольфа Рудницкого «Wielki Stefan Konecki» («Великий Стефан Конецкий») и старая еврейская хозяйка из рассказа Тадеуша Боровского «Pożegnanie z Marią» («Прощание с Марией»), Ирена принимает еврейскую участь как свою собственную. Кажущиеся иррациональными нити добровольного возвращения стягиваются в финале повествования.

Пункт/контрапункт

В 1943 году, когда начинается сюжет повести «Страстная неделя», евреи Варшавы уже практически ничем не владели. Их жизнь, хотя еще не лишенная собственности полностью, была сведена к самому необходимому. Лишь незначительная часть населения Варшавы предлагала помощь и кров тем, кто избежал худшего — гетто или концлагеря. Однако в повести красивой и элегантно одетой женщине помогает другая — заурядная и скромно одетая. Их разная внешность быстро становится тем, с чем соотносится их фундаментальная несовместимость, стоящая между Анной Малецкой и Иреной Лильен, несмотря на взаимопонимание, обусловленное их полом. Радушное принятие Другого вызвано смешением женского начала и гостеприимства. То, что женщины находятся в разных мирах, быстро становится очевидным в повести, где подчеркивается жесткость Ирены и чувствительность и доброта Анны.

Самая сильная динамика еврейско-польского противопоставления в повести проявляется в одной сцене, которая происходит между Лильен и Малецкой; решающее значение в ней играют бытовые вещи. То, что эта сцена происходит в спальне, основная функция которой — отдых и близость супругов, — может показаться неловким выбором Анджеевского. Но на самом деле это внутреннее святилище больше принадлежит Анне, чем ее мужу. Это ее эмоциональная территория, символически обозначенная семейными снимками и ставшая уютной благодаря детской кроватке. Как пространство, с которым Анна идентифицирует себя, оно находится на двух полюсах переживаний: между ожиданием ребенка и оплакиванием братьев и отца, чьи фотографии там расставлены. В своем трауре она может обращаться к символическим и материальным объектам, представляющим ее семью, которые она сохранила в архиве, — это та эмоциональная роскошь, которой лишена Ирена. И все же семейные фотографии Анны функционируют не как визуальные записи, а отсылают к чему-то более древнему: как образы ее покойных родственников, они участвуют в герменевтике траура, подобно посмертным маскам, которые собирались и выставлялись в древнеримских домах. Духи умерших защищают Малецкую и ее внутреннее святилище. Помещенная между ними, визуализированная двумя предметными мирами, которые противостоят друг другу в пространстве ее спальни, пронизанной одновременно образами смерти и надеждой на возрождение, полностью одомашненная Анна заполняет свои дни домашними делами. Ее любимая работа, шитье одежды для ребенка, предваряет другую — роды.

Заботы Анны во многом вызваны эрзац-экономикой войны, которая не допускает возникновения отходов. Починка старой одежды, штопка носков и перелицовка старых мужских пальто для пошива женских костюмов привели к появлению моды оккупации, которая для Шароты [Szarota 1973: 247] была не чем иным, как «стандартизацией бедности». Каждый предмет детской одежды, изготовленный из старых рубашек и пижам супругов, представлял собой палимпсест в миниатюре, поскольку новые слои переплетались с предыдущими. Эти вещи заставляли рачительную хозяйку гордиться их некогда презренным происхождением, воссозданным в нечто новое. Сложность изготовления таких вещей, как детская одежда, требовала от их создателя терпеливого внимания к деталям. Список сшитых Анной изделий, сложенных в ящике, стал означать свежесть и невинность, извлеченную из старого:

> Анна тем временем выдвинула нижний ящик комода. Он был битком набит детским бельем. Аккуратно, старательно сложенными рубашонками, распашонками, слюнявчиками, кофточками, простынками, полотенцами и пеленками — смешными, забавными [Анджеевский 1989: 123].

Обезоруживающее содержимое этого ящика позволяло женщинам на время забыть об угрожающей войне. Язык материнского инстинкта нашел свое выражение в одежде, которая раньше разделяла Ирену и Анну, а теперь сблизила их друг с другом. Защищенные стенами дома Анны, уютным интерьером спальни, они делили еще одно, меньшее, пространство — ящик комода, который мог бы вызывать сексуальные ассоциации, но вместо этого высвобождал терапевтическую энергию, не связанную с Эросом. Ирена и Анна в этом акте надежды, казалось, хотели вместе высвободить дружелюбных домашних духов — *ларов* и *пенатов* польского дома.

Потеря обеими женщинами близких людей создает в спальне жуткую атмосферу. Лишь по случайному совпадению стопка детской одежды, извлеченная из комода, приносит толику облегчения и приводит к неожиданному оживлению Ирены, которая «стала копаться в мягоньких фланелевых и батистовых вещичках, рассматривала на свет малюсенькие голубые распашонки, смеялась — так они ее забавляли» [Там же]. Нежные, мягкие, обезоруживающие, младенческие вещи вызывают у Ирены желание прикоснуться к ним — делая это, она как будто уже играет с ребенком Малецких. Ее чувства возрождают ее прежнее, неживое «я» через символическое обещание неизбежного появления новой жизни. Точно так же, благодаря восстанавливающей силе прикосновения (в целом редко используемой в произведениях о Холокосте) для Ирены становится возможным то, что ранее казалось невероятным — материнство. Ведь согласно патриархальной установке, только материнство могло помочь женщине реализовать себя.

В жизни Ирены не осталось буквально ничего. За потерей родственников следует еще одна утрата: исчезли семейные фотографии, и вслед за ними — символические образы, способные поддержать ее память. Ирена предполагает, что польские семьи избавлены от таких страданий, пока Анна не рассказывает ей краткую историю каждой из ее семейных потерь: оказывается, что фотографии, выставленные в спальне, — это ее погибшие родственники, жертвы продолжающейся войны. Поскольку Анна так же, как и Ирена, лишилась близких родственников, между женщинами возникает взаимопонимание. Анджеевский наделяет предметы, которыми обладают поляки и которых лишены польские евреи, удивительной выразительностью: писатель улавливает момент, когда материальные потребности человека начинают определять самые интимные стороны его «я». Утверждение о том, что Ирена — выгоревший человек, проецируется на окружающие ее предметы, которые, в свою очередь, становятся выразителями ее внутреннего состояния.

В польском языке есть разговорное выражение *siłą rzeczy* («волей-неволей», дословно — «силой вещей»), которое обозначает не силу, а, скорее, весомую роль вещей — их способность приводить в движение обстоятельства и в конечном итоге определять судьбу. Эта «сила вещей» вызывает мимолетный контакт между разными предметами и Иреной, а также связь последней с Анной. Однако, поскольку «Страстная неделя» — это не мессианский рассказ о разрушении и восстановлении, а реалистическая повесть с уклоном в психологизм, сигналы этой трансформации в повествовании слабы. Неловкие взаимодействия персонажей, контрастирующие с их отношениями с предметами, фиксируются как недоразумения, возникающие в результате ошибок. Закрытый субъективизм героев, вынужденных делать моральный выбор, создает фон, на котором выделяется Анна своей способностью к самопожертвованию и бескорыстным поступкам.

События «Страстной недели» — это не набор случайных ошибок персонажей, а цепь спланированных действий, подобно охоте, во время которой каждый шаг добычи должен быть просчитан. Однако каждый из таких запланированных ходов вступает в противоречие с неподвластными человеку силами. Было бы неверно полагать, что это мир принципиальной неразрешимости, поскольку он помещен в тоталитарное государство, которое вот-вот доведет до конца свой систематичный план *Endlösung*. Поэтому смерть человека — обычно наименее предсказуемый аспект будущего — может быть актуализирована в любой момент. Одновременно повествование предопределено только с этой стороны, поскольку не существует веской причины столь унизительной и мучительной кончины. Анджеевский показывает, как героические усилия по спасению жизни превращаются в катастрофу из-за унизительного морального хаоса, в котором существуют его герои; этот хаос развязан войной и действующей машиной геноцида. Поскольку в «Страстной неделе» Анджеевский продолжает свои навязчивые размышления о человеческом состоянии, судьбе, случайности, отчаянии и одиночестве, — созданные слои его более раннего проекта просвечивают сквозь идеологически переработанный гипертекст.

Глава шестая

Вещи, прикосновения и отстраненность в Аушвице

Нам именно теперь представляется, что мы непосредственно касаемся объектов и что это ни в какой мере не происходит через среду.

Аристотель, «О душе»[1]

Изображение бездомного человека, несущего свои земные пожитки в узелке, — обычная фиксация нашего городского опыта. Но никто не обращает внимания на то, что подобные узелки, как правило, наполнены поврежденными предметами, которые уже нельзя использовать. А если сломанные предметы нельзя использовать, если отрицается их хайдеггеровская оснащенность, — то какая связь превращает их в необходимые предметы для их владельцев? Почему в одном из рассказов Тадсуша Боровского об Аушвице заключенный, направляющийся в газовую камеру, не хочет расставаться ни с посылкой с едой, ни со своими ботинками — единственным оставшимся у него имуществом? Какова природа привязанности людей к предметам в голой биополитической жизни?

---

[1] Пер. П. С. Попова.

В поисках права

Следуя мудрости Эли Визеля, в произведениях Тадеуша Боровского я ищу не однозначных ответов на эти вопросы, а более точных, более сложных их формулировок[2]. Боровский (1922–1951), молодой поэт, два тома стихов которого были опубликованы подпольно во время Второй мировой войны, провел более двух лет в Аушвице и Дахау, разделенный колючей проволокой и охраной со своей польско-еврейской невестой; оба выжили и поженились. Поэту удавалось поддерживать связь с любимой через переписку, которую тайком передавали другие заключенные. На протяжении всех этих лет в лагерях, несмотря на опасность прекариума, ему удавалось сочинять и сохранять свою поэзию в различных формах: публиковать[3], записывать, запоминать[4], исполнять устно и распространять — сначала в кругу нескольких доверенных заключенных, а затем и среди более широкой аудитории узников Аушвица, у которых он получил признание как талантливый поэт и рассказчик. Боровский рисковал, сочиняя свои стихи и храня рукописи под матрасом своих двухъярусных нар; он сопротивлялся прекариуму в самых худших обстоятельствах, которые только можно себе представить. Например, стихотворение «Do towarzysza więźnia» («К товарищу

---

[2] Английское издание рассказов Боровского [Borowski 1992] основано на сборнике [Borowski 1969]. Эти рассказы часто антологизируются; таким образом они становятся основой известности писателя на Западе. Только столкнувшись с отсутствием работ Боровского в книге Агамбена [Агамбен 2012], посвященной Аушвицу, можно осознать, насколько узок круг тех, кому знакомо имя Боровского.

[3] Перед заключением в тюрьму, в 1942 году, Боровский нелегально опубликовал томик стихов под названием «Gdziekolwiek ziemia...» («Везде, где земля...»). Еще шесть стихотворений появились в другом издании военных лет, размноженном на мимеографе и выпущенном во время заключения автора, — «Arkusz poetycki» («Поэтический сборник») вышел под редакцией Станислава Марчака-Оборского, который получил рукописи от отца Боровского.

[4] Тем не менее после заключения поэт не смог воссоздать по памяти некоторые из своих стихотворений.

заключенному») было написано в печально известной варшавской тюрьме Павяк[5]. Однако прекариум все же обусловил конечную судьбу стихов Боровского, написанных до заключения, поскольку весь его неопубликованный архив был сожжен во время Варшавского восстания. В 2001 году эти испытания и невзгоды неожиданно приняли положительный оборот, когда было найдено более ста стихотворений поэта, тридцать два из которых ранее были неизвестны[6].

После войны Боровский постепенно перешел к прозе[7]. Его эффектное появление на послевоенной польской литературной сцене, восприятие коммунистической идеологии и последующее разочарование в ней, а также сложная личная жизнь оборвались 1 июля 1951 года, когда Боровский достиг точки невозврата и решил уйти на собственных условиях, отравившись газом на кухне.

Его лагерное литературное наследие напоминает нехудожественное повествование и принципиально неподцензурно. Его проза, в отличие от большинства послевоенных свидетельств, отличается тревожащей читателя откровенностью. Именно эта откровенность вызвала дискуссию среди возмущенных польских критиков и выживших в гетто и лагерях смерти: все обвиняли писателя в аморальности и нигилизме. Даже сегодня попытка показать менее «циничную» сторону Боровского сталкивается с самого начала с давней критической полемикой, согласно кото-

---

5 Оно было написано как послание и переписано на страницу Библии, принадлежащей сокамернику Боровского, в надежде, что тот, выйдя на свободу, передаст текст матери поэта. Боровский описал это дважды: в рассказах «Opowiadanie z prawdziwego życia» («Правдивая история») и «Chłopiec z biblią» («Мальчик с библией»).

6 Эти рукописи, найденные неутомимым Тадеушем Древновским, были переданы в 1945 году Ежи Туровичу, главному редактору журнала «Tygodnik Powszechny», который впоследствии опубликовал несколько из них.

7 Помимо написанной в соавторстве книги «Byliśmy w Oswięcimiu» («Мы были в Освенциме», 1946), среди величайших достижений писателя — сборник рассказов «Pożegnanie z Marią» («Прощание с Марией», 1947) и «Kamienny świat» («Каменный мир», 1948).

рой его проза считается оскорбительной и скандальной[8]. Действительно, Боровский не пытался представить себя мучеником, что было характерно для авторов многочисленных лагерных воспоминаний, опубликованных после войны, в которых была создана сентиментальная, героическая — одним словом, более удобоваримая версия истории выживания в Аушвице. Возможность выделения некоторой системы ценностей уже выявляет несостоятельность принятого восприятия лагерной прозы Боровского; такое прочтение, очевидно, не устраивает исследователей, интересующихся извлечением из текстов незамысловатых моральных уроков. Я ссылаюсь здесь на этическое измерение видения Боровского главным образом потому, что оно определяет способ описания и воссоздания предметного мира, что, в свою очередь, напрямую связано с процессом конструирования личности узника Аушвица, — узником Аушвица.

В традиционном ключе изучения Боровского, сформулированном польскими учеными Тадеушем Древновским и Анджеем Вернером, дискурс о дегуманизации и реификации занимает настолько важное место, что фактически подчиняет себе все другие возможные интерпретации. По мнению этих критиков, моральная миссия Боровского основана на том, что он рассказывает неудобную и неприукрашенную правду о том, как потребность заключенных выжить любой ценой привела их к следованию упрощенному социал-дарвинизму, согласно которому выжить мог только сильнейший. Парадоксально, но именно это и скрепило негативное сообщество заключенных — сообщество, отмеченное резким разделением и отчуждением его членов друг

---

[8] О спорах, вызванных публикацией рассказов Боровского, см. [Drewnowski 1977: 152–210; Werner 1977]. Последняя монография, написанная под влиянием работ Ханны Арендт, хотя и была опубликована более тридцати лет назад, все еще сохраняет свою актуальность в ряду исследований лагерной литературы. В духе взглядов Арендт на Холокост, Вернер выступает против понимания Анджеем Виртом отсутствия альтернатив у заключенных как следствия их трагического положения, указывая, что, хотя некоторые альтернативы и существовали, они были этически неприемлемы [Werner 1977: 113–114; Wirth 1967].

от друга[9]. Однако тот «минимум значений, следы которых не совсем заметны, заставляющий нас подозревать, что рассказы [Боровского] об Аушвице не являются просто нигилистическим обвинением, содержится уже в самом решении автора описать этот „мир, высеченный в камне“» [Buryła 2003: 225]. Занимая такую позицию, перемежающуюся с чувством вины за выживание и обусловленную им, писатель создает чувство моральной ответственности, которое в целом отсутствует на миметической поверхности его рассказов и черпается из недиегетических источников его прозы.

Произведения Боровского — это прежде всего свидетельство того, что заключенные, чтобы выжить в Аушвице, были вынуждены забыть все, чему они научились и во что верили в течение всей своей долагерной жизни. Страх, голод, изматывающий труд и абсолютное овеществление личности составляли *la condition humaine* всех узников Аушвица, превратившихся в живые объекты, существующие в мире, лишенном спонтанности и духовности даже в самых элементарных формах [Werner 1971: 81]. Фактически Вернер повторяет, что узники Аушвица представляли собой «сообщество объектов»[10]. Как дегуманизированные объекты, узники жили своей неживой жизнью, сведенной исключительно к телесным функциям. Их также насильно «учили» принимать правила грубо обесцененной экономики обмена: поскольку незаконная торговля товарами никогда не обеспечивала достаточного уровня жизненных потребностей, заключенные в поисках пропитания и нужных вещей были вынуждены рыться в отбросах и горах мусора[11].

Логика лагеря предусматривала сопоставление награбленных товаров, хранящихся в соседних бараках, и жизней заключенных.

---

9 Я использую здесь идеи Мориса Бланшо вне их первоначального позитивного контекста [Blanchot 1985: 9–47].

10 См. его главу о феноменологии системы [Werner 1971: 60–116].

11 В отличие от созданного Боровским образа Тадека, он сам был скомпрометирован как заключенный не больше, чем любой другой из узников концлагеря.

Единообразно онтологизированные Боровским материальный мир и мир овеществленных заключенных были параллельны друг другу и подчинены одним и тем же репрезентативным шаблонам. Насыщенность и тревожность прозы Боровского обусловлены тем, что он задействует и преодолевает все существующие модели репрезентации объекта Холокоста. Эта многообразная знаковость часто проявляется в одном репрезентативном эпизоде или в ярком образе. Рассмотрим, например, следующий отрывок из рассказа «U nas w Auschwitzu» («У нас в Аушвице»):

> Заболеешь — все отберут: одежду, шапку, недозволенное кашне, носовой платок. Умрешь — вырвут у тебя золотые зубы, заранее записанные в лагерной книге. Сожгут, пеплом посыплют поля или будут осушать пруды. Правда, при сжигании переводят столько жира, столько костей, столько мяса, столько тепла! Но в других местах делают из людей мыло, из человеческой кожи — абажуры, из костей — украшения[12] [Боровский 1989: 114].

Это миметическая иллюстрация трансформационной парадигмы: нарушение права собственности заключенного предшествует нарушению права собственности на его тело.

Боровский также прибегает к метонимической объектной парадигме, согласно которой вещи, привезенные в лагерь, рассказывают о личности их владельцев и связывают их с долагерной жизнью и индивидуальным прошлым. В рамках этой логики даже самые тривиальные вещи наделены эмоциональной ценностью и, следовательно, должны быть изъяты. Другие предметы, участвующие в этой схеме, приобретаются или изготавливаются в лагере и одновременно обуславливают выживание узников и участвуют в процессе конституирования статуса своих владельцев как заключенных[13].

---

[12] Вот вам и распространение новостей из других лагерей среди узников Аушвица!

[13] Например, один украинский заключенный вырезал деревянные народные игрушки, что свидетельствовало о его происхождении.

Среди часто изображаемых, но так и не понятых до конца объектных отношений — образцы агальматической схемы, которая подробно рассматривалась ранее в моей работе, в главе 2. Как один из основных механизмов, упорядочивающих мир материальных объектов Холокоста, она относится к экономике мародерства[14]. Заключенные боялись мародерства, но воспринимали борьбу с ним как своего рода игру в прятки. Боровский лаконично описывает этот процесс в рассказе «Proszę państwa do gazu» («Пожалуйте в газовую камеру»):

> Эти люди не знают, что они сейчас умрут и что золото, деньги, бриллианты, которые предусмотрительно запрятаны в складках и швах одежды, в каблуках, в тайных уголках тела, уже не понадобятся. Тренированные профессионалы будут копаться в их внутренностях, вытащат золото из-под языка, бриллианты — из матки и заднего прохода. Вырвут золотые зубы. И в плотно заколоченных ящиках отошлют это в Берлин [Боровский 1989: 203–204].

Это жуткое предвидение судьбы заключенных задействует как миметическую, так и агальматическую парадигмы репрезентации, которые пересекаются в перечислении «материальных событий» лагеря. Извлечение золота или бриллиантов, спрятанных в наиболее укромных частях тела (анус, матка, рот), отражает экстериоризацию интимного и внутреннего, а также процесс, в ходе которого традиционно скрытые вещи обнажаются и оказываются у всех на виду. Арендт отмечает, что «разница между приватной и публичной сферами сводится в конечном счете к разнице между вещами, предназначенными для публичности, и теми, для которых нужна потаенность» [Арендт 2000: 94]. Если следовать ее наблюдениям, то логика агальматического отчуждения не столько соединяет публичное и частное, сколько полно-

---

14 Аргумент о том, что «окончательное решение» было частью экономического плана Гитлера по присвоению еврейского капитала, был выдвинут после войны Джеральдом Рейтлингером и Ханной Арендт. См. [Reitlinger 1960; Арендт 2008].

стью разрушает сферу интимного, одновременно существенно ослабляя уже измененную публичную сферу общинной жизни лагеря[15].

С этой точки зрения к трупам относились так, как будто они имели двойственную природу — были одновременно и товаром, и отходами. Важно еще раз подчеркнуть, что иррациональная практика сокрытия ценных вещей в полостях тела была эквивалентна сокрытию их в неприметных на вид контейнерах и местах: человеческое/соматическое и объектное измерения лишения собственности были сведены к одному и тому же — жесткому овеществлению. Агальматический метод, основанный на уничтожении любых различий в лагере, относится к телу и трупу как к мусору, подлежащему утилизации. Независимо от их статуса, тело и труп принадлежат к сфере, контролируемой пристальным взглядом и безжалостным прикосновением[16]. В рамках агальматической парадигмы прикосновение, находясь на грани между внутренним и внешним миром, становится знаком абсолютной отстраненности.

Как я упоминала ранее, в контексте литературы о Холокосте твердо установленная иерархия чувств подвергается сомнению, поскольку прикосновение, соперничая со взглядом, заменяет

---

[15] Боровский предлагает довольно жизнерадостный взгляд на рухнувшее разделение между общественным и частным в лагерной жизни, ярко проявившееся в организации справления физиологических потребностей: «Помещение уборной общее для мужчин и женщин разделялось доской. На женской половине всегда — толчея и крик, на нашей — тишина и приятная прохлада, исходившая от цементного пола. Тут можно было сидеть часами и говорить про любовь со здешней уборщицей: маленькой, стройной Катей. Никто не стеснялся и не обращал внимания на обстановку. Человек в лагере ко всему привык...» («Люди шли и шли...») [Боровский 1989: 140].

[16] Однако типичный для Холокоста взгляд, не описанный Боровским и вызывающий наибольшую тревогу, будучи квинтэссенцией отстраненности, — это взгляд нацистского медицинского персонала, обычно врачей, которые наблюдали за отравлением жертв газом. Подробный рассказ о сотрудничестве ученых-медиков в программе уничтожения см. [Lifton 1986]. Арендт пишет об Эйхмане, который утверждал, что во время посещения лагерей ему было предложено понаблюдать за смертью от отравления газом, от чего он отказался [Арендт 2008: 142].

невысказанное слово. Боровский выстраивает цепь значений, при которой тактильный контакт превращается в пассивно воспринимаемый (как в случае с лишением свободы заключенных) с помощью двух эмоционально противоположных жестов: ласки и удара. Последний обычно осуществлялся неким орудием, например, кнутом; кроме того, руки бьющего часто были закрыты кожаными перчатками, защищая от прямого контакта с телом «униженного» заключенного. Рука, направленная к различным укромным местам, сперва проникала в них, а затем обнажала и извлекала спрятанное. Это дополнялось движением руки жертвы, направленным к совсем другому виду материальных благ, обычно к пище.

Подчеркивая незаменимость осязания для выживания, Аристотель утверждает, что ни одно другое чувство не может функционировать без осязания; фактически он выстраивает иерархию чувств, относительно их пользы для животного или человека. Аристотель отмечает, что все животные наделены чувством осязания, потеря которого приводит к смерти. Таким образом, он устраняет любую горизонтальную взаимозависимость чувств [Аристотель 1937: 39–40]. Аристотелевское понимание осязания как первичного чувства конкурировало с платоновским приоритетом зрения как благороднейшего из чувств; более того, сама жизнь Холокоста требовала пересмотра платоновского порядка чувств. В этом ключе Деррида, комментируя утверждение Аристотеля, сохраняет центральное место осязания, утверждая, вкратце, что «осязание, таким образом, является вопросом жизни и смерти» [Derrida 2005: 25]. Можно представить, что в дарвиновских джунглях Аушвица заключенный, лишенный чувства осязания, дающего уверенность, едва ли выжил.

На пороге

В рассказе Боровского «Dzien na Harmenzach» («День в Гармензе») потеря чувства осязания предвосхищает смерть Бекера, пожилого польско-еврейского заключенного, известного тем, что убивал таких же, как он сам, и даже собственного сына. Зловещий взгляд Бекера меняется на растерянный после того, как его «записали в селекцию», выражаясь языком Аушвица. Несмотря на очевидное напряжение между ним и Тадеком, рассказчиком, Бекер просит у него еды: «Тадек, я столько времени голодный. Дай что-нибудь поесть. Сегодня последний вечер» [Боровский 1989: 178]. Сосед Тадека, Казик, уступает просьбе, в то время как Тадек равнодушно наблюдает за этой сценой как за примером работы человеческой психики, не испытывая к приговоренному никакой жалости. Казик позволяет Бекеру поесть в последний раз, хотя эта привилегия относится к нормальному миру, оставшемуся за пределами Аушвица. Пригласив Бекера поесть на верхней полке нар, Казик затем смотрит него — представителя власти, низведенного до низшего эшелона заключенных, — и подмечает, как тот с полуприкрытыми веками, «как слепец, беспомощно нащупывал рукой доску, чтоб залезть наверх» [Боровский 1989: 179]. Повествование «Дня в Гармензе» завершается, не позволяя читателю узнать, смог ли Бекер залезть на нары для последнего приема пищи.

Можно, конечно, читать этот рассказ как аристотелевскую притчу о первичности и незаменимости осязания, адаптированную к «джунглям» Аушвица. Однако конец рассказа связан с несколько запутанным взаимодействием между ищущей рукой Бекера и его очевидной, пусть и временной, слепотой[17]. Ловкость рук (и отсутствие таковой) становится ключом, с помощью которого можно раскрыть смысл последнего визуального отпечатка этого героя. Жизненно важные органы чувств Бекера не действуют согласованно; его пальцы, несмотря на прикосновение к дереву нар, не собирают тактильные данные и не передают эту информацию мозгу. Почему Боровский решил изобразить Бекера вдвойне слепым человеком, настолько оторванным от жизни, что он не может ни видеть, ни действовать на тактильном уровне?

Наше использование осязания превратило руки в особенно чувствительный инструмент восприятия, выполняющий множе-

---

[17] Как пишет Джоди Крэнстон в своей работе [Cranston 2003: 224–242].

ство важных функций. Замена утраченного зрения для слепых — лишь одна из них. Прикосновение руки — настоящий тактильный язык — оживляет предметные миры для тех, кто не может видеть их глазами. Когнитивное соответствие, которое возникает между осязанием и внутренним зрением, давно признано скульпторами. Микеланджело, например, считал, что тактильные способности необходимы для полноценного эстетического переживания скульптуры: рука, прикасающаяся к разнообразным поверхностям, функционирует как чувствительный орган зрения, посылающий импульсы глазу.

Рука (и осязание) Бекера не может участвовать в этой коммуникации. Когнитивная (направляющая) способность осязания, данная Бекеру, должна была просто угаснуть, как и его координация и взаимная связь между осязанием и взглядом. Диагностируя у заключенного нарушение связки «взгляд — осязание», Боровский представляет Бекера как человека, потерявшего связь с реальностью и, следовательно, утратившего силу для борьбы за выживание. Его замешательство означает для читателя косвенное — двойное — моральное осуждение: отчуждение Бекера от гуманистической традиции «зрячей» руки подразумевает его полную отстраненность от мира.

Способность зрения управлять другими чувствами дестабилизирует ось «взгляд — осязание» в пользу преступников; действительно, зрение обычно находится на их стороне[18]. В лексиконе Боровского осязание участвует в обширном взаимодействии между вещами, чувствами и моральными ценностями в лагере. Прикосновение отмечает каждый момент бытия заключенного, структурируя его с момента прибытия в лагерь и до отправки в газовую камеру. Двусмысленная семантика осязания включает в себя как братские объятия, так и жестокий удар — и то и другое выпадает Тадеку во время его пребывания в Аушвице. Причиняя боль и принуждая к разлуке, прикосновение руки в Аушвице

---

[18] Часто взгляд преступников описывается уничижительно. Например, глаза капо с «лихорадочным блеском», «пустые», «неподвижно смотрят прямо перед собой» («День в Гармензе») [Боровский 1989: 137].

никогда не ассоциируется с исцелением, равно как и с эротикой. Причина этого очевидна: ласка должна была бы артикулировать рождение зачаточной привязанности, которая, в свою очередь, указала бы на оставшуюся у заключенных память о близости и дружеской связи.

О связи

Для того чтобы вызвать положительную связь, хотя и постоянно подрываемую системой власти в лагере, необходимо всего несколько предметов — чем меньше, тем лучше. На фоне кажущейся одномерной перспективы Боровский контрабандой протаскивает в свое повествование более сложное представление о взаимосвязи заключенных с внешним миром, используя язык предметов и чувств. Неожиданно в своих жестоких свидетельствах о концлагере писатель с присущей ему прозаичностью описывает мимолетные вспышки чувства родства и привязанности между узниками Аушвица и их вещами. Эти чувства, как правило, обостряются во время столпотворения, которое возникает, когда людей ведут на смерть. В лагере обычно нарушен или отсутствует такой тип связи, когда рука проецирует на предмет, к которому прикасается, личность его создателя или пользователя; в то же время рука, прикасающаяся к предмету, в отличие от руки, прикасающейся к другой руке, способна установить значимую связь с этим объектом. Говоря об этом, я имею в виду прежде всего персонажа польско-еврейского происхождения: он безмолвно появляется в рассказе «Człowiek z paczką» («Человек с коробкой»). Этого человека называют Шрайбером, потому что он достиг привилегированного положения писаря в одной из больниц Аушвица. Его физически нетребовательная работа, «предмет зависти» [Боровский 1989: 344] других, требует выполнения определенных канцелярских обязанностей: участвовать в селекции евреев для отравления газом и затем отводить их в *вашраум*. Когда он сам заболевает, ему приходится шаг за шагом повторять ту самую жуткую процедуру, через которую он проводил других; от читателя не ускользнет хирургически точная ирония, использованная для описания этого поворота судьбы.

Приготовления к собственной смерти довольно необычны: Шрайбер сосредоточенно собирает свои скудные пожитки, словно готовясь к переезду из одного лагеря в другой. Предметы, которые он упаковывает, обозначают только его идентичность как узника концлагеря: ни один предмет в посылке не раскрывает ничего о его жизни до лагеря и не имеет сентиментальной ценности:

> Шрайбер сидел на корточках на верхней койке и старательно обвязывал веревкой картонную коробку, в которой хранил чешские, со шнуровкой до колен, ботинки, ложку, нож, карандаш, а также жиры, булки и фрукты, которые брал с больных за различные шрайберские услуги, как это делали почти все еврейские врачи и санитары... [Боровский 1989: 345].

В этой описи перечислены предметы, важные для выживания и ненужные для путешествия в потусторонний мир. Очевидная (не)логичность поведения героя заставляет рассказчика пожать плечами, так как он не может понять, почему Шрайбер опровергает законы лагеря: «Он... прекрасно знает, что через час-другой пойдет в газовую камеру — голый, без рубахи и без коробки» [Боровский 1989: 347]. В то же время рассказчик не замечает, что никто не произносит ни слова утешения человеку, который уходит в одиночестве, поглощенный пустотой, заполненной только его коробкой. Позже, когда один из заключенных похлопывает Шрайбера по плечу, в этом жесте можно прочесть жалость, смешанную с презрением к неудачнику. Трактовать реакцию Шрайбера в терминах фетишистского отречения — человек прекрасно знает, что умрет, но отказывается принять это — заманчивый, но малопродуктивный подход, ведь вхождение героя в порядок *Реальности* означает принятие объективного мира во всей его серьезности. Шрайбер не рассматривает свое имущество условно и не стремится нивелировать разницу между внешней реальностью и своим внутренним «я».

«Таинственное» воздействие коробки Шрайбера подчеркивается тем, как отчаянно ее владелец цепляется за нее, отказываясь расстаться, даже когда он раздет догола и направляется в *вашраум*. Саркастически изображенное как «поразительная привязанность к остаткам собственности» [Боровский 1989: 347] молчаливое презрение Шрайбера к лагерным правилам, тем не менее, заставляет рассказчика задуматься. В противоположность экзистенциалистской критике Габриэлем Марселем глагола «иметь» как неадекватной замены «быть», точка зрения рассказчика останавливается на том, что чтобы остаться в живых, «быть» должно означать «иметь».

Циничные рассуждения рассказчика и его резкое неодобрение поведения Шрайбера оспаривает другой наблюдатель, пожилой немецко-еврейский врач:

> Не знаю. Не знаю, что бы я сделал, отправляясь в газовую камеру. Вероятно, тоже бы взял с собой свою коробку. <...> Думаю, даже если б меня везли в печь, я бы верил, что по дороге что-нибудь случится. Держался бы за эту коробку, как за чью-то руку, понимаешь? [Боровский 1989: 347]

Врач не только не использует дискурс своей профессии, но и отступает от позитивистского понимания «случая», чтобы узнать, что скрывается за конкретным поведением. То, что он в нем находит, — это его собственная гуманистическая трактовка ситуации. Для врача чувственный и придающий уверенность опыт прикосновения должен быть наделен некими терапевтическими свойствами (что, однако, не должно влиять на его профессионализм), способностью поддержать, подобно паре костылей, израненную субъективность. Его явно гуманистический комментарий, хотя и напоминает нам о метонимической функции, которую предметы могут играть в сообществе Аушвица, все же не превращает повесть в притчу, где предметы заменяют других людей, чтобы удовлетворить потребность в прикосновении.

Таким образом, эти два комментатора формулируют два противоположных взгляда на роль обычных предметов, которые человек держит в руках в тот момент, когда он остается один на один со смертью. Обе точки зрения идеологически окрашены. Одна из них завуалирована грубым рациональным поведением, как того требует утилитарная и тоталитарная структура лагеря, тогда как другая — сентиментально-гуманистическая. Одна сводит наличие коробки к простой потребительской ценности, которая в камере смертников не может иметь большого значения; другая возвышает коробку до уровня метонимического носителя братской поддержки. Два субъективных взгляда, которые представляют врач и Тадек, наблюдая за внешним обликом человека, покидающего худший из всех возможных миров, выражают противоположные точки зрения и, таким образом, реализуют свои собственные субъективности, которые, в свою очередь, они проецируют на приговоренного. Глядя на Шрайбера через окно, оба мужчины по иронии лишены окна — канала внутреннего восприятия, который мог бы помочь им понять мысли и чувства человека с коробкой; так ярко проявляется разрыв человеческих связей. Прагматическое присвоение визуального облика в лагере переносит лейбницевские монады заключенного в сферу идеологии, понимаемой в рассказе как множественная истина[19].

Полудиалогическое пространство, наполненное информацией от обоих заключенных, придает повествованию двусмысленность, как это часто бывает в прозе Боровского. Показательно последнее предложение рассказа, содержащее двойное отрицание: «Не знаю почему... понять ... никто не мог» [Боровский 1989: 348]. Незнание и непонимание превращаются в неправильное понимание, что говорит о преднамеренной стратегии рассказчика. Поведение Шрайбера, участвующего в селекции других, совершенно прозрачно для рассказчика, — но тот же человек, увиденный в последний раз (с коробкой в руках возле *вашраума*, ведомый в газовую камеру), остается для него непроницаемым[20].

---

[19] В лейбницевских терминах: «Монады вовсе не имеют окон, через которые что-либо могло бы войти туда или оттуда выйти» [Лейбниц 2020: 162].

[20] Акт прикосновения вновь обретает значение в конце рассказа, когда Шрайбер и другие мужчины, обреченные на смерть в газовой камере, стоят в грузовике «с плачем и проклятьями» и цепляются друг за друга, «чтобы не слететь на землю». Последний образ, неправильно понятый рассказчиком

Более интригующей можно назвать третью точку зрения, присутствующую, но не доминирующую в повествовании: упорный отказ Шрайбера расстаться со своей коробкой трактуется как способ преодоления традиционного объектно-субъектного раскола. С точки зрения дискурса вещей, рука мужчины, прикасающаяся к поверхности коробки и ощущающая ее текстуру, вес и конкретность, независимо от содержимого, позволяет ему почувствовать некое материальное присутствие — единственное, которого он (по его собственному решению) не лишен. Тот факт, что потребительская ценность предметов в коробке полностью отрицается зрителем, подчеркивает неприятие Шрайбером мира Аушвица. Материальность его коробки удовлетворяет отчаянную потребность человека в привязанности, поэтому он остается в контакте с реальностью. Однако связь, которая у него есть, — это связь с предметами, а не с людьми посредством предметов, как предполагает доктор.

На мой взгляд, предметы Шрайбера обладают собственной силой, подобно талисманам, которые носят во время паломничеств, и эта сила уменьшает прагматический аспект содержимого коробки, даже подчеркивает случайность находящихся там вещей. Сила предметов полностью обусловлена их собственной энергией, а не тем, что они заменяют присутствие человека. В отсутствие человеческих связей, на фоне оставленных в складских помещениях лагеря чужих вещей, одна коробка становится устойчивой материальной опорой, с помощью которой «я», находящееся под угрозой, может противостоять вездесущей смерти. Инстинктивная ритуализация Шрайбером собственного перехода к смерти служит примером, возможно, самого дерзкого нарушения правил лагеря — в особенности «правила», предпи-

---

в «Человеке с коробкой», подкрепляет мой аргумент о том, что Боровский показывает, как упускается из виду спонтанное религиозное единство: еврейские мужчины, среди которых был Шрайбер, «пели на своем языке какую-то душу переворачивающую песнь, понять которую никто не мог» («Человек с коробкой») [Боровский 1989: 348]. Таким образом, рассказчик последовательно рассматривает все события с точки зрения более сильного человека — того, кто выживет.

сывающего человеку анонимную смерть. В этом свете нетрудно увидеть за поведением «человека с коробкой» реконструкцию одной из древнейших погребальных практик: сбор инструментов, одежды, оружия и сосудов для захоронений древних цивилизаций, прежде всего египетской [Левинас 2000: 196–197][21].

Этот ритуал перерастает только этические смыслы. Левинас объясняет, что, конструируя осмысленные и чувственные отношения с предметами, человек также конструирует и подразумевает другие, множественные взаимосвязи: «В конечном итоге именно руки познают предмет, трогают его, берут, уносят, *относят* к другим предметам, наделяют его значением *по отношению* к другим предметам» (курсив автора. — *Б. Ш.*) [Левинас 2000: 197]. Отчасти в противоположность разъяснениям доктора, хотя и в определенном согласии с ним относительно других сил, сопротивляющихся овеществлению, эта история рассказывает о чувственной, интимной привязанности к объектам, вызываемой прикосновением. Верность Шрайбера своим скромным вещам отрицает их потребительскую ценность ради их физической близости; человек, глядя на предметы и осознавая их молчаливое присутствие, прикасаясь к ним и держа их в руках, оберегая и называя их, устанавливает с ними на этом уровне значимый духовный контакт. Следовательно, я бы осмысляла жест Шрайбера, держащего аккуратно упакованные погребальные принадлежности, в духе беньяминовского понимания прикосновения как восстановления интимного отношения с предметами[22]. Инстинктивная ритуализация Шрайбером своего перехода к смерти странным образом переосмысляет отношения в лагере: прикосновение руки понимается как интимный акт, посредник между «я» и материальным миром, когда между ними, казалось бы, нет

---

21 В некоторых культурах это до сих пор является устойчивой традицией, например, сербы кладут в гробы тарелки, бритвы или небольшие суммы денег.

22 Беньямин формулирует и другую, не менее радикальную идею: рука, прикасающаяся к книгам, оживляет их и бодрит владельца; для Беньямина практика прикосновения к книгам (контакт) превалирует над их чтением [Benjamin 2013].

ничего — даже пространства. В конечном счете поведение Шрайбера разрушает границы между субъектом и объектом (которые Декарт считал несоизмеримыми) и возводит отношения между человеком и предметом до уровня консубстанции, мгновенного единства в почти идеальной близости.

О лишении собственности

Травмирующие обряды инициации в лагере были намеренно разработаны так, чтобы уничтожить память новопоступивших. Заключенных лишали как родственников, так и имущества. Их личности были заменены номерами, вытатуированными на телах. Шокирующе иной предметный мир поглощал заключенных, требуя от них выработки нового словаря, с помощью которого они могли бы ему противостоять. Одним из наиболее эффективных средств отображения этих вещей стала терминология. В сленге узников Аушвица, скрупулезно зафиксированном в рассказах Боровского, явно преобладает лексика, связанная с трудом, — обычно это слова, обозначающие пространство и функции заключенных и их охранников. Не нужно доказывать важность таких терминов, как *buksa* («нары»), *efekty* («имущество»), *klamoty* («хлам»), *rollwaga* («тележка») или *traga* («тачка»). Все они происходили из немецкого языка[23]. Другие слова в списке, такие как *pasiaki* («полосатая форма»), будучи не немецкими по происхождению, указывают на социум тюрьмы. Отличительной чертой полосатой униформы, выдаваемой заключенным, в Аушвице был сине-серый цвет. Боровский, не будучи уверен до конца, считал, что эта форма была сделана из крапивы. «Хорошо пошитые и хорошо сидящие полосатые робы свидетельствовали

---

[23] Язык концлагерей все еще ждет всестороннего лингвистического анализа. В этом отношении наследие Боровского бесценно, поскольку он составил два кратких словаря, один из которых (тот, что автор не хотел публиковать) носит эсхатологический характер. Другой, озаглавленный «Określenia Oświęcimskie» («Фразы Аушвица»), был добавлен в сборник об Аушвице [Borowski et al. 1946].

о благополучии их владельца, его функциональности и самоуважении» [Borowski et al. 1946], — иронизирует Боровский, указывая на склонность узников Аушвица к причудам[24].

Оставленные вещи в лагере на лагерном жаргоне называли либо *klamoty*, либо *efekty*. Первый вариант, *klamoty*, не вызывает вопросов, потому что он все еще используется в современном польском языке, в отличие от слова *efekty*. Боровский приводит некоторые исторические предпосылки для изменения употребления слова *efekty*. Первоначально оно называло только помещения для хранения личных вещей заключенных, но позже стало обозначать «целый отдельный блок лагеря, где лежали и исчезали богатства, взятые из транспорта, идущего в крематорий» [Borowski et al. 1946]. Эта повседневная лексика показывает, в какой степени среда концентрационного лагеря представляет собой перевернутый мир, где банальные действия (например, прожить еще один день) предстают как удивительные достижения, а экстраординарные события, такие как террор и смерть тысяч людей, становятся обыденными. Согласно этой извращенной логике, повседневная утварь в Аушвице, где выживание граничит с чудом, наделяется метонимическими функциями. Вещи становятся носителями смысла и сгустками идентичности и памяти. Однако их обыденность, определяемая потребительской ценностью, в экстремальных ситуациях приобретает иное значение по отношению к их пользователям/владельцам, если можно говорить об объектной собственности *sensu stricto* среди узников Аушвица.

В момент прибытия, неоднократно упоминаемый в лагерных воспоминаниях, разгрузка людей и вещей происходит одновременно и в конце концов затирается в едином потоке недиффе-

---

[24] Примо Леви, который подробно описывает одежду заключенных лагеря Моновиц, подчеркивая ее «невероятно плохое состояние», упоминает еще один источник одежды заключенных: «нижняя одежда и трусы, очевидно, были сделаны из „таллита“ — священного платка, которым евреи покрывают себя во время молитвы» [Levi, Benedetti 2006: 38–39]. По просьбе СССР Леви и де Бенедетти в соавторстве подготовили этот содержащий богатую информацию отчет сразу после освобождения из лагеря.

ренцированного действия и онтологии. Неважно, кто и что отгружается: багаж или «задушенные, затоптанные» младенцы, которых выносят «как цыплят, держа в каждой руке по паре» [Боровский 1989: 193]. Люди на этом фоне описываются как «скученные, придавленные чудовищным количеством багажа, чемоданов, чемоданчиков, рюкзаков, всякого рода узлов (ведь они везли с собой все, что составляло их прежнюю жизнь и должно было положить начало будущей)» [Там же: 189]. Вроде бы невозможно сравнить акты лишения собственности и раздевания с насильственным отлучением от родственников, детей и в конечном счете от самой жизни. Этически и онтологически они должны представлять собой два совершенно разных типа насильственного разделения. Вместо этого они накладываются друг на друга и производят еще больший травматический эффект.

Боровский решает вопрос о том, как адекватно представить процесс высадки и сегрегации людей и их имущества на двух разных уровнях. Его изображение одновременно обладает почти осязаемой, чувственной конкретностью и в то же время доходит до риторически невыразимого. Самым очевидным и эффективным инструментом для реализации этой задачи становится список: разнообразные перечни примет материального и человеческого мира составлялись преступниками ежедневно, чтобы контролировать массовые убийства в лагере смерти и, таким образом, бюрократически управлять концлагерем[25]. В отличие от списков, составленных эсэсовцами, перечень Боровского не столь упорядочен:

> Растет куча вещей, чемоданов, узлов, заплечных мешков, пледов, пальто, сумочек; которые, падая, раскрываются и из них сыплются пестрые радужные банкноты, золото, часики; у дверей вагонов высятся горы хлеба, громоздятся банки разноцветных джемов, повидла, пухнут груды окороков, колбас, рассыпается по гравию сахар («Пожалуйте в газовую камеру») [Боровский 1989: 190–191].

---

[25] Помимо всего прочего, на каждом грузовике, перевозившем людей в газовые камеры, делалась специальная отметка.

Акт перечисления денарративирует рассказ. Лишение вещей представляется хаотичным и избыточным; рассказчик упоминает лишь несколько предметов в их единичности, подчеркивая обилие других вещей, которые должны быть отобраны у вновь прибывших.

Высадка в Аушвице представляет собой любопытный противоречивый опыт. С одной стороны, мы противопоставляем отстраненных эсэсовцев отчаявшейся толпе; с другой — скопление «нечеловеческой» толпы выстраивает параллель беспорядочной массе вещей, сваленных «невероятным образом» и описанных через риторические клише[26]. Эти дегуманизирующие события указывают на то, как избыток людей и накопление их вещей передают внезапную неспособность материального мира стабилизировать бытие. Для встревоженного новичка его «вещи» (хотя и доставленные в лагерь со значительными усилиями) моментально превращаются в барахло: он быстро понимает, что гораздо менее болезненным шагом будет отказаться от них и подчиниться правилам, которые управляют этим местом. Наблюдение за теми, кто не желал усвоить этот урок, за тем, как с ними обращались преступники, стало достаточным предупреждением остальным обитателям лагеря. Здесь я хочу указать на одну сцену неповиновения, в которой рассказчик описывает женщину, все еще не понявшую правил Аушвица: «Женщина наклоняется, быстро поднимая сумочку. Свистнула трость, женщина вскрикнула, споткнулась и упала под ноги толпе» («Пожалуйте в газовую камеру») [Там же: 190]. Этот жест неповиновения радикально отличается от жеста поверженного Шрайбера, который не противится своей судьбе, однако стремится ритуализировать свой переход к смерти: в то время как женщина в панике поступает неверно, доктор вновь обретает свою сингулярность.

---

[26] Например, «битком набитые чемоданы», «барахло» («Пожалуйте в газовую камеру») [Боровский 1989: 195].

Хольцхоф, или Отступление о «мусульманине»

Боровский никогда не преуменьшает значение экономики эксплуатации во вселенной лагеря: «Мы работаем под землей и на земле, под крышей и на дожде, у вагонеток, с лопатой, киркой и ломом. Мы таскаем мешки с цементом, кладем кирпич, укладываем рельсы, огораживаем участки, утаптываем землю» («У нас в Аушвице...») [Боровский 1989: 114]. Кроме того, он подчеркивает влияние власти как основного движущего фактора в обществе за пределами лагеря. С этой целью он негативно оценивает западную цивилизацию и ее империи прошлого, которые он сравнивает с Третьим рейхом с точки зрения механизма власти и использованного рабского труда. Осуждая древние цивилизации — колыбель западной культуры, он пишет:

> *Мы закладываем основы какой-то новой, чудовищной цивилизации.* Лишь теперь я понял, чего стоят создания древности. Какое чудовищное преступление все эти египетские пирамиды, храмы, греческие статуи! («У нас в Аушвице...», курсив мой. — *Б. Ш.*) [Там же: 114–115].

По мнению Боровского, гигантская машина эксплуатации, организованная нацистами, соответствует античной системе рабского труда. Рабский труд представляет собой метареальность лагеря, которая в конечном итоге выходит за рамки его экономических и политических функций, а также их исторических различий и не сильно отличается от концепций *zoe* и *homo sacer*, которые Ханна Арендт развивает в «Истоках тоталитаризма». Именно в зоне неопределенности, на существование которой указывал Джорджо Агамбен, где нацистская юридическая основа приводит к разрушению всех различий, в том числе между объектным и человеческим, — появляется биополитически обнаженная форма жизни [Агамбен 2012: 99]. Можно утверждать, что взгляд Арендт на раба в древних обществах («Попасть в рабское состояние было судьбой хуже смерти, именно потому что тем самым в самой натуре порабощенного совершался переворот, когда он из человека становился существом уже ничем решительно не отличающимся от домашнего животного» [Арендт 2000: 108–109]) придает новый метадискурсивный вес историческому опыту, подобному опыту Боровского. Я утверждаю, что концепция лагеря как телоса западной цивилизации была впервые сформулирована этим более известным узником Аушвица за несколько лет до того, как Агамбен обратился к той же теме в своих книгах «Средства без цели» и «Homo sacer: суверенная власть и голая жизнь».

Помимо подробного построения лагерной телеологии в рассказах «У нас в Аушвице...» — смешанном повествовании, граничащем с трактатом о радикальном зле, и «Люди шли и шли...», Боровский также использует как точку опоры сдержанные моральные импульсы, которые противоречат аморальному закону Аушвица и в некотором смысле совпадают с теоретизацией «мусульман» у Агамбена. Для польского писателя биополитическая жизнь узника лагеря нередко становится местом смещенной этики. Несмотря на тоталитарные законы и правила лагеря, подавленные или вытесненные этические реакции вновь появляются в соматической основе «я». Если эмоциональные реакции перемещаются в человеческую сому, они должны быть ограничены специфическим языком этого места и выражаться соответствующим образом, то есть невербально и недискурсивно. Поэтому Боровский говорит о «биологических эмоциях» (*odczucia biologiczne*), присутствующих у овеществленных заключенных [Borowski 2004, I: 258], и о несоответствии между огрубленным, овеществленным «я» и бунтующей сомой:

> Я стоял неподвижно, тупо и молча глядя в ночную тьму. Внутри у меня помимо воли все переворачивалось и содрогалось. Тело не повиновалось мне, и я ощущал его корчи. Мое тело восставало, хотя я был совершенно спокоен («Люди шли и шли...») [Боровский 1989: 130–131].

Неслучайно чувство ужаса у Боровского обыкновенно несет в себе возвышенное начало[27]. Как телесная сущность, способная

---

[27] Доминик ЛаКапра в своей критике лагеря в понимании Агамбена выдвигает концепцию возвышенного лагеря [LaCapra 2003: 262–304].

протестовать против жестокости лагеря, узник Аушвица полностью представляет собой парадоксальную конструкцию неэтического/этического, созданную самим Боровским. Когда оцепеневший разум узника перестает служить локусом сознания и морали, он не произносит ни слова протеста против ужаса, который наблюдает и в котором участвует. В нескольких случаях рассказчик полностью отрешен, но за его неспособностью реагировать скрывается непреодолимое чувство изнеможения, дрожи или тошноты, которые сигнализируют о бунте больше не подвластного ему тела[28]. Человеческое в нем не только сохраняется в человеческой форме, но и появляется в виде глубоко похороненной соматической реакции — первобытном, «биологическом чувстве» протеста. Ужас массового убийства интериоризируется одиноким узником, созерцающим небо (освещенное не звездами, а пламенем крематория), в ситуации, которая переосмысливает кантовское учение о морали и совпадает с пониманием лагерного возвышения ЛаКапрой [LaCapra 2003: 282].

Боровский задумал свою концепцию жертвы Аушвица как соматического субъекта с «биологическими эмоциями» в противовес овеществленной фигуре «мусульманина» и его разложения. Ему потребовался еще один этап опыта, чтобы узнать и выковать свою собственную версию «мусульманина» как категории дегуманизированного заключенного, чья эмоциональная и ментальная жизнь оскудела до такой степени, что приблизилась к существованию животного, если не вещи [Borowski et al. 1946: 17]. Боровский пишет, что *muselmänn*,

---

[28] Также поразительно, насколько Лифтон близок к понятию Боровского о «биологических чувствах», когда говорит о «психическом закрытии», которое «может выполнять высокоадаптивную функцию... Таким образом, можно сказать, что выживший изначально подвергается радикальному, но временному снижению своего настоящего чувства, чтобы избежать полной и окончательной его потери; он подвергается обратимой форме символической смерти, чтобы избежать настоящей физической или психической гибели» [Lifton 1986: 442].

> буквально, мусульманин — [это] физически и психически полностью истощенное человеческое существо, у которого больше не было ни сил, ни желания бороться за свою жизнь. Обычно страдающий от *Durchfall*, мокроты или чесотки более чем готов для печи [Borowski et al. 1946: 192].

На этой последней стадии разрушение становится полным и заключенный переселяется в ужасающую промежуточную сферу бытия, поскольку он больше не способен жить, но еще не может умереть.

Примечательно, что Боровский выступает против презрения лагерного сообщества к тем, кто достиг этой крайней степени [Ibid.]; напротив, он отождествляет себя с ними. «Мусульманин» похож на объект, лишенный воли к жизни, лишенный достоинства и ставший бесчеловечным в своей все еще теплящейся человечности[29]. Даже название места, где жили эти несчастные заключенные, символично в своем презрении — «Хольцхоф», буквально: «склад пиломатериалов или дровяной склад» [Ibid.: 191]. В отличие от Имре Кертеша [Kertesz 2006] Боровский не выдвигает на первый план внутренний опыт мусульманизации, но рассматривает воздействие эмоционального на соматическое (и наоборот) как один из аспектов этого опыта.

Откровенное признание писателя в том, что незадолго до освобождения концентрационного лагеря Дахау[30] он стал одним из «ходячих мертвецов» — низшим существом в лагерной иерархии, имеет такой же сознательный этический вес, как и идентификация с Тадеком, от лица которого ведется повествование. Тадек следует дарвиновскому кодексу выживания за счет слабей-

---

[29] См. [Borowski et al. 1946: 17–21]. В рассказе выжившего Седлецкого противопоставление человеческого и нечеловеческого в лагере размыто. Славой Жижек настаивает на противоположном подходе, который подчеркивает человечность такого нечеловеческого состояния [Жижек 2009: 274–276].

[30] Предвидя освобождение Аушвица Советской армией, комендант приказал перевести заключенных в другие лагеря. Боровский был среди тех, кого направили в Дахау; во время марша, позже названного «Маршем смерти», многие заключенные погибли.

ших. Общее презрение к немертвому человеку-объекту, должно быть, сохранилось и в послевоенные годы, поскольку Боровский заметил, что он не встретил ни в одном из прочитанных им лагерных воспоминаний признания о подобном опыте. Можно возразить, что отсутствие такого рода соматических воспоминаний в мемуарах выживших было вызвано не столько самоцензурой и стыдом, сколько тем простым фактом, что в живых осталось слишком мало «мусульман», чтобы зафиксировать этот опыт.

Сосредоточенность Боровского на презрении парадоксальным образом дает ему возможность переосмыслить лагерную этику и обратиться к тому моменту, когда унижение превращается в достоинство. Хотя идентификация Боровского с обреченными на смерть является этическим жестом, о своем дальнейшем опыте рассказчик умалчивает. Его признание не содержит ничего кроме рассказа о том, что он превратился в больное и истощенное тело; он возвращается к жизни не для того, чтобы мистифицировать свой опыт, а для того, чтобы рассказать его истинную и неприукрашенную историю. Действительно, для него нет никакой тайны в том, что представляет собой «мусульманин». На нечеловеческий, объектоподобный статус «мусульманина» указывает Бруно Беттельхайм [Bettelheim 1960: 152] и, позднее, Вернер, который также воспринимает невидимые фигуры «мусульман» через парадигму овеществления[31]. Отныне это не люди, а объекты, которые больше не могут служить своим преступникам, поскольку сломаны, непригодны, изолированы и потому «готовы для печи». В этом кроется одно из основополагающих правил лагеря: считать конфискованные у приезжих предметы в хорошем состоянии бесполезными, а заключенных — жалкими вещами, эксплуатируемыми до такой степени, что они становятся похожими на сломанные предметы, от которых нужно избавиться. Однако сложность фигуры «мусульманина» выходит за рамки этой парадигмы.

---

[31] «Мусульманин — это идеальный, с точки зрения хозяина, образцовый гражданин лагерного сообщества — его существование носит исключительно овеществленный характер» [Werner 1971: 84].

Принимая во внимание собственный опыт Боровского и сдержанный демистифицирующий тон его свидетельства, следует рассматривать его рассказ в контексте современного дискурса на эту тему, который в основном сформулирован Агамбеном. Вкратце, философ понимает этот экстремальный опыт как точку невозврата. Также Агамбен рассматривает «мусульманина» как свидетеля невозможного, как биополитическую, но несколько загадочную парадигму современности. Таким образом, в его интерпретации узник с разбитым телом и духом претерпевает полное изменение статуса, поскольку он — виктимный человек-вещь — возвышается до уровня свидетеля, получает статус официального представителя лагеря. Среди идей Агамбена о массовом геноциде именно «мусульманин» вызывает наибольшие споры.

Нельзя не отметить, что концептуализация Агамбеном живого-мертвого узника вписывается в тенденцию создания нового светского мифа о трагическом положении человечества, запертого за невидимыми решетками лагеря под названием цивилизация. Если трагическое положение характеризуется невозможностью сделать выбор, то заключенный в предсмертном состоянии является именно той антропологической фигурой, которую ищет Агамбен для создания парадигматического мифа о современности. Опыт невозможного, таким образом, должен быть логическим шагом к достижению точки невозврата. Это несет в себе отпечаток других парадигматических экстремальных переживаний, отсылая нас в особенности к древним мифам — сфере невозможного, с которой Агамбен хорошо знаком. В мифологическом мире герой платит страшную цену за свои когнитивные вылазки; он не может полететь к солнцу и благополучно вернуться после такого смелого когнитивного исследования, как и не может посмотреть прямо в лицо Горгоне без ужасающих последствий. Как и большинство мифологических фигур, сталкивающихся с точкой невозврата, «мусульманин» у Агамбена, молчаливая соматическая фигура, поставленная на грань транспарентности и голой жизни, не имеет никакой надежды на восстановление. И все же философ настаивает на том, что этот нечеловеческий *homo sacer* достигает точки невозврата, — и предлагает довольно неоднозначную трактовку того, как такое возможно для того, кто ни жив ни мертв. Вступление в зону невозврата — это именно то, что, по мнению Агамбена, дает «мусульманину» возможность стать символом, что дает ему возможность рассказать о себе[32].

Несомненно, Агамбен, несмотря на обилие книг по теме Холокоста, хорошо знаком с дискурсом, на который сам же оказал глубокое влияние. В число его источников входят воспоминания, написанные несколькими выжившими в лагерях, включая Давида Руссе. Самым главным информатором философа, фактически столпом его идей, является Леви. Будучи наблюдателем мусульманизации других заключенных, Леви не считал себя настоящим свидетелем, приписывая эту роль живому мертвецу, находившемуся в Хольцхофе [Levi 1989: 84]. Однако для Агамбена Леви служит «идеальным примером полного свидетеля» [Agamben 1999: 16] в той мере, в какой дает свои письменные показания. При этом Агамбен, похоже, не знает больше никого, прошедшего через тот же опыт. Поэтому я хочу предложить здесь два других случая — Боровского и Кертеша, — которые отвечают обоим требованиям: оба были и «мусульманами», и свидетелями-писателями. Боровский, как и венгерский писатель после него, создал рассказ о своем становлении «мусульманином», включив его в книгу «Правдивая история»:

> Я был уверен, что умру. Я лежал на голом соломенном матрасе под одеялом, от которого воняло засохшими экскрементами и гноем моих предшественников. Я был настолько слаб, что не мог даже почесаться или согнать блох. Огромные пролежни покрывали мои бедра, ягодицы и плечи. Моя кожа, туго натянутая на кости, была красной и горячей, как от свежего солнечного ожога... Временами мне казалось, что я задохнусь от жажды [Borowski 1992: 157].

---

32 Его концепция проливает иной свет на вопрос о недоступности геноцида, чем концепция Лиотара [Głowacka 2006: 208–218].

Не должны ли мы также считать Боровского — и Кертеша, если уж на то пошло, — полноценными свидетелями? Разве идентификация польского писателя с узником Аушвица в качестве «мусульманина» в смысле биополитической и овеществленной сущности не дает ему право на эту роль? Его выживание дестабилизирует довольно возвышенную, хотя и сложную теоретизацию Агамбена, поскольку опыт писателя как «мусульманина» запечатлелся на соматическом уровне и сохранил потенциал для артикуляции. Польский автор доказал на собственном телесном опыте, что можно выжить, будучи «мусульманином», хотя и с большими потерями. Таким образом, его собственную мусульманизацию можно разместить между «ходячим трупом» Беттельхайма [Bettelheim 1960: 157] и концептуализацией Агамбеном «мусульманина» как обитателя зоны, где понятия достоинства и человечности перестают быть актуальными. Знания, которыми делится с нами Боровский, ставят под вопрос то, что остается наиболее проблематичным в теории Агамбена, главным образом потому, что первый, получив возможность вернуться, доказывает возможность выхода из состояния «мусульманина». В свидетельстве Боровского важна не подлинность его опыта (она очевидна и не нуждается в обосновании), а факт подробной исторической записи и уникальности тех самых особенностей, которые ЛаКапра не находит в универсализированном понятии «мусульманина» у Агамбена. Можно было бы говорить о невозможном, ставшем возможным в результате частичного (или временного) выздоровления Боровского, если бы не тот факт, что Боровский, как и Пауль Целан, Ежи Косинский, Жан Амери и Примо Леви, покончил жизнь самоубийством. Именно его самоубийство демонстрирует реальную цену того, что он пережил в Аушвице. И становится последним посланием Боровского.

Кода: объект после Холокоста

Я не хожу, я ступаю...
Ежи Фицовский

Материальный мир Холокоста лежал в руинах, когда его впервые увидели освободительные силы союзников и Красной армии. Разграбление инфраструктуры лагерей, спровоцированное распространившимися легендами о богатствах, зарытых на их территории, привело к дальнейшему разрушению, чему способствовало низкое качество строительных материалов, использовавшихся для возведения бараков и других сооружений. Необходимость защиты мест бывших концентрационных лагерей от дальнейшего разрушения и разграбления стала актуальной еще во время войны. Однако польское коммунистическое правительство, озабоченное установлением нового политического порядка в этой по большей части антикоммунистической стране, не отреагировало сразу. Только группа сознательных граждан, в первую очередь писательница Хелена Богушевская и ее муж Ежи Корнацкий, стремились спасти все, что не успели уничтожить уходящие нацистские войска. Они создали низовую организацию, целью которой было документировать истории выживших и сохранить места лагерей с помощью юристов и архивистов. Уже в июле 1944 года они обратились к недавно сформированному просоветскому польскому правительству в Люблине с просьбой выделить средства для немедленной защиты территории Майданека, где в то время все еще хранился газ «Циклон Б» и другие вещественные доказательства геноцида. В своей неопубликованной статье «Kamieniołomy» («Каменоломни») Корнацкий подробно описывает полное отсутствие интереса к их начинанию со стороны властей. Кроме того что соратники пытались привлечь внимание нового режима к проблеме, они также нередко вступали в конфликты с советскими властями (которые были заняты вывозом наиболее ценных архивов в СССР). Несмотря на эти препятствия, не имея ни согласия властей, ни каких-либо правовых оснований для своей деятельности, Богушевская, Корнацкий и их единомышленники продолжали собирать документы из лагерей и опрашивать выживших. Группа, пойдя на личный риск, сумела инициировать процесс создания мемориальных музеев во всех лагерях, построенных немецкими оккупантами на территории Польши. В сентябре 1944 года удалось создать Институт национальной памяти (Instytut Pamięci Narodowej); позднее была организована Главная комиссия по расследованию немецких преступлений в Польше (Komisja do Badań Zbrodni Hitlerowskich).

После того как были удовлетворены потребности выживших, встал требующий немедленного внимания вопрос о захоронении погибших. Здесь уместно привести следующую историю. Вскоре после войны один из посетителей лагеря смерти в Хелмно обратил внимание на то, что по всему лагерю было разбросано белое шершавое вещество, состоящее из мелких острых частиц. Только спустя какое-то время пришло шокирующее осознание того, что он ходил по костям жертв газовых камер. В лагере Хелмно существовала специальная машина для измельчения костей; после полного разрушения лагеря уходящими немцами осталось огромное пространство, усеянное костными останками. Урок этой истории был краток: самой насущной необходимостью стало достойно похоронить рассеянные человеческие тела.

Со временем по всей Европе стали открываться массовые захоронения, обнажая ужасы недавнего прошлого. Тела жертв были перезахоронены достойным образом в могилах с памятными досками. После этого последовал целый ряд ходатайств, в результате которых Холокост и его объектный мир прошли через процессы восстановления во владении имуществом[1], реставрации и музеефикации, а также сложных политических манипуляций и дебатов. Пожалуй, одним из самых разрушительных как с этической, так и с образовательной точек зрения стало решение коммунистического режима не включать в текст надписи на доске у ворот Аушвица информацию о том, что среди убитых в лагере граждан евреев было больше, чем представителей других национальностей. Такая идеологизация Холокоста была, возможно, неизбежным, но отнюдь не невинным процессом. Этот тип апроприации наблюдался и в целом ряде других аспектов послевоенных событий, не говоря уже о так называемой лагерной литературе, в которой массовый геноцид стал постоянной темой. Среди самых ранних инициатив было создание в Мюнхене издательства в эмиграции «Oficyna Warszawska na Obczyźnie»[2], которое в 1946 году опубликовало сборник рассказов «Мы были в Аушвице» трех бывших узников лагерей Аушвица и Дахау Януша Неля Седлецкого, Тадеуша Боровского и Кристина Ольшевского[3]. Их опыт эксплицирован прямо на фронтисписе книги, где перед именами авторов разместили присвоенные им в лагере номера. Помимо подтверждения достоверности рассказов, номера также информировали читателя о том, сколько времени каждый из мужчин провел в лагере: чем короче был номер, тем дольше срок заключения и тем большее уважение должно возникнуть к возрасту выжившего. Эта иерархия была отражена и в порядке появления имен в сборнике. Аутентичность опыта была зафиксирована и в жутком дизайне обложки: небольшое количество экземпляров было переплетено в оригинальную ткань, переработанную из полосатой униформы заключенных

---

1 Редкий случай произошел во Франции, когда евреи, вернувшиеся после войны в Париж, смогли вернуть некоторые из своих вещей на основании их описаний, рисунков или сохранившихся фотографий [Auslander 2005].

2 Эмиграционное издательство «Oficyna Warszawska na Obczyźnie» было открыто Анатолем Гирсом, владельцем довоенного издательства «Oficyna Warszawska».

3 Авторы и издатель посвятили седьмой том американской армии, которая «вызволила их из концлагеря Дахау-Аллах».

(pasiaki)[4]. Читателю сообщалось, что эта ткань, скорее всего, была сделана из крапивы — сырья самого низкого сорта, который только можно себе представить [Borowski et al. 1946]. Этот факт представляет собой еще один наглядный урок нацистской экономической системы, напоминая читателю, что эксплуатация заключенных сочеталась с производством и потреблением различных эрзац-продуктов. Приобретение экземпляра книги, а вместе с ним кусочка полосатой униформы, метонимически передававшей весь ужас лагерного опыта, позволяло читателю прикоснуться к подлиннику как к реликвии в ее первом защитном слое. Эта реликвия, кроме того, несла заряд тактильной близости ткани и тела заключенного. Но если таким образом издатели хотели привлечь большее количество покупателей тиража в 10 000 экземпляров, то эта стратегия явно не имела успеха. Очень немногих заинтересовала история Аушвица независимо от того, был у этой книги особый переплет или нет. Сегодня сохранилось лишь несколько экземпляров этого издания.

Подтверждение подлинности письменных свидетельств и их особое представление с целью рассказать миру (который в то время еще не был осведомлен о масштабе геноцида) о лагерях в убедительной, осязаемой форме было еще одним авторским замыслом. Писатели разделяли мнение, что возникающие мартирологические мифы о лагерях должны быть опровергнуты. Будучи выжившими, они стремились представить полностью аутентичный, демифологизированный документ о своем пребывании в Аушвице. Рассматриваемые вместе, три различных текста и точки зрения создают ощущение коллективного опыта. Он, наряду с общей темой зла, подкреплял то, на чем настаивали авторы: правдой о лагерях должна быть дегероизация опыта заключенных. Хотя эта концепция составляла ядро авторского проекта, она совершенно не повлияла на наследие лагерей и его

---

4 Таким же образом экземпляры недавнего английского перевода книги «We Were in Auschwitz» переплетены в грубую синевато-серую ткань, которая имитирует полосатую форму, использовавшуюся при переплете оригинального издания.

осмысление. Ответственность писателя после Холокоста, как ее понимали Боровский и его соавторы, состояла в распространении этой идеи[5], но она не только не нашла приверженцев, но, напротив, приобрела немало противников. Как показала история дискурса о Холокосте, то, что стало доксой о выживших и природе выживания, было прямо противоположно убеждению авторов книги «Мы были в Аушвице».

Хотя намерение сохранить не только свидетельства, но и их материальность не вызывало сомнений, а копии книги, переплетенные в одежду заключенных, спустя годы превратились в освященные реликвии, коллективный опыт, о котором рассказывалось в этом сборнике, все равно оставался уникальным и личным. Сам факт, что некоторые из «документов» (многие из которых написаны Боровским) привлекли внимание бесчисленных читателей, а другие, написанные более традиционным языком, — нет, говорит о том, что даже в простых документах не существует «нулевой степени» стиля. Напряжение между образным и историческим повествованием, которое стало одним из самых мощных факторов в оси этики и эстетики после Холокоста, прочитывалось уже в сборнике «Мы были в Аушвице». Это издание, задуманное под влиянием иллюзии, что оригинальный опыт лагеря и его материальность могут быть сохранены нетронутыми, являлось одним из первых случаев представления и оформления Холокоста как события материального мира. Вскоре этому примеру последовали другие[6].

Антропологический спектр, крайними точками которого были анонимный и личный опыт, лег в основу послевоенной артикуляции материального наследия геноцида. Сборник «Мы были в Аушвице» в повествовательном плане балансирует между личным рассказом и рассказом о том, как индивидуальный опыт был вы-

---

5 В отношении этой точки зрения Котт утверждает следующее: «Отождествление автора с рассказчиком было моральным решением заключенного, пережившего Аушвиц, — признанием взаимной ответственности, взаимного участия и взаимной вины за концентрационный лагерь» [Kott 1967: 21–22].

6 Например, американская репрезентация Холокоста, часто навеянная массовой культурой, стала предметом нескольких исследований. Упомянем лишь следующие: [Rosenfeld 1995; Insdorf 2002].

теснен в коллективную анонимность. Этот неоднозначный подход превратил персонализированные рассказы во вторичные и опосредованные версии анонимности и, таким образом, в особый метод репрезентации. Возникшее несоответствие ощутимо в различных местах коммеморации. В качестве метода писателями был избран путь воскрешения в памяти единичной вещи, найденной среди обломков, оставшихся после геноцида, а также способ обращения внимания посетителя на отдельный предмет, а не на их множество. В пространстве такой контролируемой и сдержанной сферы репрезентации, как Музей Аушвица, кураторское решение выделить один предмет и выставить его перед грудой подобных предметов создает определенную диалектику: такая манипуляция усиливает эффект распада, в отличие от того способа, когда экспонируется одна вещь, выделенная из множества подобных ей. В свою очередь, один предмет и его потенциальная личная история обуславливают анонимность массы других предметов и побуждают переосмыслить ее значение[7]. Вместо визуального ожидания сваленные в кучу предметы говорят зрителю, что они также вмещают в себя множество потенциальных историй, разворачивающихся в прошедшем совершенном времени[8]. Погружением зрителя в состояние созерцания или медитации таким образом достигается (или обозначается как потенциально возможный) синтезирующий результат этого диалектического образа.

И все же еще можно столкнуться с самыми крайними случаями обезличенных объектов в скоплении остатков, выставленных в наши дни в музеях Холокоста. Жалкие остатки материальных ценностей задействуют своеобразный механизм восприятия, который перемещает массовый геноцид в более понятную систему координат. Говоря словами Сьюзен Стюарт, миниатюрное ведет к познанию исполинского [Stewart 1993]. Артефакты после Холокоста включились в визуальные перформансы посредничества;

[7] Понимаемый как пространственный диалектический образ, этот термин является модифицированной версией временного диалектического образа Беньямина [Buck-Morss 1995].

[8] Вайсберг воспринимает их как особую форму возвышенного [Weissberg 2003: 401].

их расширенный, хотя и фрагментарный тип существования был подчинен требованиям памяти, образования и эпистемологии. Поскольку власть, осуществлявшая геноцид, была устранена, эти объекты, перейдя в ведение музейных работников, стали указывать на задокументированный, описанный и собранный опыт.

Сегодня, приступая к изучению фактов Холокоста, исследователи часто исходят из корреляции тотальности массового убийства с массой нейтральных фактов и цифр. Таким образом, один тип овеществления тянет за собой другой. Хотя, с одной стороны, этот метод может довести фрагментарные сообщения до уровня чистой абстракции, с другой стороны, он указывает на смысл существования этой массы объектов — указания на тотальность нацистского проекта обезличивания. Совместная динамика тотализирующего эффекта демонстрации и затушевывания (в связи с течением времени) индивидуального измерения этих предметов наглядно демонстрирует стремление нацистов к накоплению и аккумуляции, а не к коллекционированию.

Представленные в музейном пространстве, эти предметы-повествования, обусловленные институциональными рамками, кураторскими стратегиями и нарративами выживших, несут в себе на первый взгляд ограниченные послания о страданиях их владельцев. По мнению Лилианы Вайсберг, изучающей визуальные аспекты геноцида, эти артефакты, помимо истории об их нынешнем единообразии, очень мало или вообще ничего не говорят о жизни их первоначальных владельцев; их ограниченная роль заключается в том, чтобы метонимически обозначать лишь смерть их обладателей [Weissberg 2003: 401]. Поэтому она сравнивает собранные чемоданы, на которых часто написаны имена владельцев, даты рождения и другая биографическая информация, с гробами. Действительно, эти надписи можно читать как любой могильный текст, фиксирующий утрату. Из почти четырех тысяч таких гробов более двух тысяч имеют надписи, утверждающие право собственности, и несут другие индивидуализирующие признаки. Эти пометы рассказывают нам о том, как владельцы стремились защитить свое добро от потери, — но прежде всего они свидетельствуют о непреодолимом желании человека жить.

История вещи продолжается до тех пор, пока она сохраняет способность служить своему владельцу. Удручающее впечатление от предметов, выставленных в музеях Холокоста, меняет порядок этих отношений: зрители встречаются с безжизненными вещами, которые были в пригодном состоянии, когда их разлучили с владельцами, и, таким образом, сталкиваются не только с рассказом о трагической гибели, но и с историями воли к жизни. Кроме того, музейные предметы не утратили полностью способность к репрезентации: их еще не стертые смыслы могут быть декодированы, поскольку в них еще читаются персональные данные. Здесь кроется двусмысленность остаточного признака, который возникает из взаимодействия отрицаемых и утверждаемых аспектов того или иного объекта. Искусный антрополог, наделенный проницательным взглядом детектива, может расшифровать по следам, начертанным на поверхности предметов, возраст их владельца, пол, достаток, место происхождения и иногда даже профессию[9]. Изучение этих материальных остатков может выявить означающее и означаемое, которые все еще сохраняют связь. Тот факт, что эти знаки остаются непрочитанными, не означает, что они нечитаемы; скорее, это во многом связано с давней кураторской традицией выставлять такие остатки объектов массово, в анонимных группах.

В результате такой организации экспозиции в музеях концлагерей нередко создается своего рода некрополь из вещей, собранных и показанных внутри первоначального, более старого и более крупного некрополя, состоящего из праха жертв, остатков лагерной инфраструктуры, а также сохранившейся документации, найденной на территории концентрационных лагерей и лагерей смерти[10]. Если памятные места, такие как музеи Дахау или Бухенвальда, являются кладбищами внутри кладбищ, то в этой двойной роли они указывают не только на массовые убийства, но и на то, что вещи, собранные и выставленные там, теряли свою потребительскую ценность по мере того, как их

9 О детективном методе исследования см. [Ginzburg 1983].

10 Например, лагерь смерти в Пшуве был построен на месте двух еврейских кладбищ.

владельцы приближались к гибели. Содержание груды очков дорого обходится музею Аушвица и требует значительных поддерживающих усилий. Таким образом, выявляется поразительная асимметричность: то, что во время войны считалось трофеем и источником прибыли, в послевоенные годы приобрело музейную ценность, требующую постоянного внимания. Даже тот факт, что несколько лет назад пришлось заменить сетчатую ограду Дахау, заставляет нас все больше и больше осознавать непродолжительность жизни выставленных объектов, уникальная номенклатура которых постепенно сокращается. Деградация этих исторических свалок регулируется тем, что Эрик Л. Сантнер называет «тварной жизнью», то есть тем, что детрит приобретает «аспект немого, естественного бытия» [Santner 2006: 16]. По мере того как детрит Холокоста становится все более естественным, он теряет свою специфическую референтную и историческую ориентацию. Однажды она может быть утрачена полностью, и тогда объект Холокоста станет симулякром.

Предмет Холокоста может исчезнуть и по другой причине — ему грозит невольное забвение. Выжившие редко хранили свою униформу, обувь и другие предметы на память о том страшном времени; подавление тяжелых воспоминаний часто было лучшим способом справиться с ними. Хотя предметы, напоминавшие о прошлом, нарушали процесс исцеления, документальная ценность побуждала владельцев передавать их в музеи. Поэтому задача поэта — спасти личный предмет Холокоста, раскрыв его затуманенное происхождение.

Такова цель «Ножика профессора» Тадеуша Ружевича. На первый взгляд, в этом поэтическом цикле неторопливо и в несколько отрывистом, разговорном стиле рассказывается история ножа и его создателя [Różewicz 2001]. Поэт раскрывает его историю невзначай, подавая ее читателю по крупицам. Мастером оказывается близкий друг поэта, Мечислав Порембский, известный искусствовед и критик, который изготовил перочинный нож, находясь в заключении в концентрационном лагере. Сегодня странного вида перочинный нож — *dziwny nożyk* («чудной нож»), как называет его Ружевич, — лежит на столе профессора как один из многих предметов, затерянный среди бумаг, книг, ручек и карандашей (обычный рабочий беспорядок, который тем не менее выглядит вполне упорядоченным для его владельца). Те, кто не знает всей истории, едва ли обратят внимание на нож, даже несмотря на то, что он лежит на видном месте. Но у ножа появляется новый смысл, когда двое выживших, поэт и его друг-профессор, размышляют о нем за завтраком. Принесенный Порембским из лагеря, ножик стал маленькой частицей его личной истории. Теперь она открыто присутствует в его собственном жилище и служит для посвященных маркером былой идентичности профессора как узника лагеря[11].

Этот зловещий перочинный нож напоминает мне по своему стилю *objet trouvé* или, если хотите, деревенский инструмент. Грубый на вид нож был сделан Порембским вручную из обруча бочки. Его лагерная ценность была такой же, как и у любого другого перочинного ножа: им можно было резать и чистить картошку. Он был полезным продолжением ловкой руки его создателя. Однако наибольшее значение имела метафункциональная особенность перочинного ножа, поскольку владение острым инструментом в лагере было запрещено и строго наказуемо. Обладание им подвергало опасности жизнь владельца, превращая его в нарушителя правил. По этой причине Порембский прятал ножик в складках тюремной робы. Разные двусмысленности вытеснили этот перочинный нож в серую зону вещей Холокоста. Например, по собственному признанию Порембского, именно ножик помог ему выжить. Перочинный нож, имеющий решающее значение для выявления идентичности профессора, выступает не только знаком его ловкости и желания остаться в живых — он также соединяет выживание с воспоминаниями о смерти. Двум друзьям нет необходимости обсуждать свои воспоминания, поскольку этот предмет моментально возвращает их в прошлое.

Конечно, это не какие-то приятные воспоминания, а память о лагерной жизни, своеобразный модернистский *momento mori*.

---

[11] После ареста по обвинению в заговорщической деятельности Порембский был заключен в тюрьмы Гросс-Розен и Заксенхаузен.

Лагерный перочинный нож, в прошлом нужная профессору вещь, теперь нарушает доброжелательное и спокойное повседневное существование своего владельца, открывая пространство скорби. Ножик пресекает простое удовольствие от завтрака со старым другом, становясь чем-то большим, чем просто темой их разговора. Нож прорезает дыру в памяти, и зашивание этой прорехи превращается в ежедневный труд за рабочим столом, где профессор в то же время спокойно может поболтать со своим другом о секретах приготовления яиц всмятку. Не преисполненный ностальгическими воспоминаниями предмет, обезличенный пример геноцида, этот ножик, в отличие от других следов, о которых я говорила, хранится в непосредственной близости от своего создателя: он всегда был с ним, некогда в складках его арестантской одежды, а теперь в его доме. Он жил с ним и в нем. Таким образом, эта реликвия не может быть полностью исключена из настоящего момента, но и забыть ее невозможно. Вероятно, этот ножик имеет для своего создателя исключительное значение как его единственный личный предмет времен Холокоста.

Непростой задачей для Ружевича также становится необходимость забыть о терапевтическом эффекте повседневности и отважно противостоять необратимой судьбе тех предметов Холокоста, которые были утилизированы или просто исчезли. Его произведение-плач по погибшим выводит поэтическую символику за пределы реалистических границ. Для Ружевича золото, извлеченное изо рта и других отверстий жертв Холокоста и превращенное в простой товар, остается как бы непереработанным и наделенным сверхъестественной способностью раскрывать свое истинное происхождение [Różewicz 1999: 96–105]. Как история, которая сопротивляется разделению жертв и их имущества, переработка в понимании Ружевича сохраняет вечное клеймо, которое невозможно стереть с золота даже путем переплавки. Со слитка, сделанного из коронок, монет и драгоценностей жертв и спрятанного в швейцарских банках, не могут быть просто стерты призрачные личности законных владельцев этого золота, их голоса и воспоминания. Таким образом, именно недостаточность переработки как преобразующей силы обеспечивает триумфальное возвращение первоначального дизайна предметов, фантасмагорически воскрешенного в поэме Ружевича. Можно сказать, что и личности убитых людей, и золотой слиток, в который были переплавлены их ценности, образуют живое единство, несущее одновременно обвинительную и мемориальную функцию. В этой поэме о Холокосте Ружевич наделяет материю дополнительным значением: ее нельзя отделить от мира душ жертв. Этот рефлекс неогилозоизма несет восстановительный эффект: в художественный мир поэмы возвращается утраченное и давно умершее. Вводящая в заблуждение продолжительность этого процесса приобретает также морализаторский оттенок, поскольку Ружевич помещает это жуткое золото в культурный контекст современного общества потребления. Бездумная утилизация материальных благ, произведенных и приобретенных в избытке, свойственная такому обществу, указывает на то, что уроки Холокоста о недопустимости накопления были забыты потомками.

* * *

Было бы слишком просто утверждать, что писатели — свидетели Холокоста сохранили свою близость к предметному миру через репрезентацию своего опыта, в то время как писатели последующих лет спасают остаточные признаки того, что когда-то было целым и материальным. Писатели Холокоста пережили и сохранили как ощутимую близость, так и физические остатки своего разрушенного мира: пепел и специфический запах мыла, фрагментарные копии стихов, материальность буквы «Е», также обгоревшие фотографии. Тем не менее то, что досталось нам в наследство, — это лишь обрывки. Поэтому в конце этой книги я не хочу подводить итоги, указывая на послевоенные события, когда происходящее совпадало с наследуемым или противоречило ему. Одно наблюдение однозначно: материальный мир после Холокоста — это область следов и остатков предметов, доверенных нам, чтобы мы осознали их и дали им возможность существовать в дальнейшем.

Благодарности

Я сердечно благодарю профессора Харриет Мурав за предоставленную мне в 2004 году возможность обсудить мой тогда еще только зарождающийся проект в интересующейся аудитории в Иллинойском университете в городе Урбане-Шампейн. Я выражаю благодарность своим коллегам Бет Холмгрен, Маделин Г. Левин, Агате Белик Робсон и Рышарду Нычу, чье мнение я очень ценю и чьей дружбой дорожу.

Особую благодарность я выражаю декану гуманитарного факультета Чикагского университета Марте Рот за предоставленную мне честь прочитать в 2009 году лекцию Джин и Гарольда Госсетт в память о жертвах Холокоста Марте и Поле Фейвел Файнголд. Чикагский университет стал идеальным местом для бесед с коллегами по теме моей книги. В частности, я благодарна Биллу Брауну, Дэвиду Ниренбергу, Бобу фон Халбергу, Шриканту Редди и Самуэлю Сандлеру. Кроме того, я в долгу перед Джорджем Гриннеллом и Шоном Лоуренсом за ставшие для меня открытием замечания относительно меняющихся подходов к использованию тела.

Я благодарна своему мужу Дейву за напоминание о том, что исследователь Холокоста должен любой ценой противостоять соблазнам популистского мышления. Без его терпения и великодушия эту книгу было бы гораздо труднее закончить. Я очень благодарна редактору проекта Нэнси Лайтфут за ее неустанную поддержку в этом начинании.

Наконец, я благодарю Антье Постема за ее вклад как редактора, благодаря которому эта книга стала куда более удобопонятной.

Разрешения

Первая версия третьей главы вышла под названием «Dziwne mydło: Zofia Nałkowska i gospodarka Zagłady» в журнале «Teksty Drugie» (2007. № 5. S. 62–73) в переводе Кинги Мачиевской.

Отдельные части первых версий книги были опубликованы: Własność i właściwość w sferze doświadczenia żydowskiego // (Nie) obecność: Pominięcia i przemilczenia w narracjach XX wieku / red. H. Gosk, B. Karwowska. Warszawa: Dom Wydawniczy Elipsa, 2008. S. 447–455.

Перепечатка следующих текстов осуществляется с разрешения: «Campo di Fiori» (из «Ocalenie», 1945) и «Biedny chrześcijanin patrzy na getto» (из «Ocalenie», 1945); тексты на английском языке включают «Campo di Fiori» (из «Rescue», 1945) в переводе Луиса Ирибарне и Дэвида Брукса; «A Poor Christian Looks at the Ghetto» (из книги «Rescue», 1945) в переводе Чеслава Милоша; Ocalenie © 1945, by The Czeslaw Milosz Estate; Rescue © 1973, 1988 by the Czeslaw Milosz Estate. Все права защищены.

Список литературы

Агамбен 2012 — Агамбен Дж. Homo sacer: что остается после Освенцима. Архив и свидетель / пер. с ит. И. Левиной, О. Дубицкой, П. Соколова; науч. ред. Д. Новиков. М.: Изд-во «Европа», 2012.

Анджеевский 1989 — Анджеевский Е. Страстная неделя (повесть) / пер. С. Тонконоговой, предисл. С. Ларина // Новый мир. 1989. № 12. С. 90–154.

Арендт 1996 — Арендт Х. Истоки тоталитаризма / пер. с англ. И. В. Борисовой, Ю. А. Кимелева, А. Д. Ковалева, Ю. Б. Мишкенене, Л. А. Седова; послесл. Ю. Н. Давыдова; под ред. М. С. Ковалевой, Д. М. Носова. М.: ЦентрКом, 1996.

Арендт 2000 — Арендт Х. Vita active, или О деятельной жизни / пер. с нем. и англ. В. В. Бибихина; под ред. Д. М. Носова. СПб.: Алетейя, 2000.

Арендт 2008 — Арендт Х. Банальность зла: Эйхман в Иерусалиме / пер. с англ. С. Кастальского и Н. Рудницкой; послесл. Э. Зуроффа. М.: Изд-во «Европа», 2008.

Аристотель 1937 — Аристотель. О душе / пер. и прим. П. С. Попова, предисл. В. К. Сережникова. М.: Гос. соц.-эконом. изд-во, 1937.

Бальзак 2006 — Бальзак О. де. Физиология брака: Размышления / пер. с фр. О. Э. Гринберг и В. А. Мильчиной, сост. и прим. В. А. Мильчиной. М.: FreeFly, 2006.

Барт 2003 — Барт Р. Система моды: Статьи по семиотике культуры / пер. с фр., вступ. ст. и сост. С. Н. Зенкина. М.: Изд-во им. Сабашниковых, 2003.

Беньямин 1996 — Беньямин В. Произведение искусства в эпоху его технической воспроизводимости: Изб. эссе / пер. с нем., предисл., сост. и прим. С. А. Ромашко. М.: Медиум, 1996.

Бодрийяр 2015 — Бодрийяр Ж. Симулякры и симуляции / пер. с фр. А. Качалова. М.: Постум, 2016.

Бодрийяр 2020 — Бодрийяр Ж. Система вещей = Le systeme des objets / пер. с фр. С. Н. Зенкина. М.: Группа Компаний Рипол Классик; Панглосс, 2020.

Боровский 1989 — Боровский Т. Прощание с Марией; Рассказы / пер. с польск. под ред. С. Тонконоговой; сост. С. Ларина; предисл. Т. Древновского; илл. Б. Линке. М.: Худож. лит-ра, 1989.

Горбаневская 2012 — Горбаневская Н. Е. Мой Милош. М.: Новое изд-во, 2012.

Деррида 2012 — Деррида Ж. Золы угасшъй прах / пер. с. фр. и комм. В. Е. Лапицкого [2-е изд., испр.]. СПб.: Machina, 2012.

Жижек 2009 — Жижек С. Кукла и карлик: христианство между ересью и бунтом / пер. с англ. С. Кастальского. М.: Изд-во «Европа», 2009.

Кристева 2003 — Кристева Ю. Силы ужаса: эссе об отвращении / [пер. с англ. А. Костиковой]. СПб.: Алетейя, 2003.

Лакан 1997 — Лакан Ж. Инстанция буквы, или Судьба разума после Фрейда / пер. с фр. А. К. Черноглазова, М. А. Титовой. М: «Русское феноменологическое общество»; Изд-во «Логос», 1997.

Лакан 2006 — Лакан Ж. Этика психоанализа: Семинары. Книга 7 (1959/60) / пер. с фр. А. К. Черноглазова под ред. О. Никифорова. М.: Изд-во «Гнозис»; Изд-во «Логос», 2006.

Лакан 2019 — Лакан Ж. Перенос: Семинары. Книга 8 (1960/61) / Пер. с фр. А. К. Черноглазова под ред. О. Никифорова. М.: Изд-во «Гнозис»; Изд-во «Логос», 2019.

Левинас 2000 — Левинас М. Избранное: тотальность и бесконечность / пер. И. С. Вдовина, Б. С. Дубин, Н. Б. Маньковская, А. В. Ямпольская; сост. С. Я. Левит; отв. ред. Г. М. Тавризян. М.; СПб.: Университетская книга, 2000.

Лейбниц 2020 — Лейбниц Г. В. Монадология / пер. с фр. В. П. Преображенского, Ю. П. Бартенева; вступ. ст. А. В. Маркова. М.: РИПОЛ классик, 2020.

Мандельштам 1993 — Мандельштам О. Э. Собр. соч.: В 4 т. М.: Арт-Бизнес-Центр, 1993. Т. 1.

Налковская 1979 — Налковская З. Избранное / пер. с польск. Е. Живовой, Ю. Живовой и Г. Языковой. Сост. Я. Станюкович. М.: Худож. лит-ра, 1979.

A Holocaust Reader 2001 — A Holocaust Reader: Responses to Extermination / ed. M. L. Morgan. New York: Oxford University Press, 2001.

Aaron 1990 — Aaron F. W. Bearing the Unbearable: Yiddish and Polish Poetry in the Ghettos and Concentration Camps / foreword D. G. Roskies. Albany: State University of New York Press, 1990.

Adorno 1981 — Adorno T. Prisms / trans. S. Weber, Sh. Weber. Cambridge, Mass.: MIT Press, 1981.

Agamben 1993 — Agamben G. Stanzas: Word and Phantasm in Western Culture / trans. R. L. Martinez. Minneapolis: University of Minnesota Press, 1993.

Agamben 1999 — Agamben G. The End of the Poem: Studies in Poetics / trans. D. Heller-Roazen. Stanford, Calif.: Stanford University Press, 1999.

Agamben 2000 — Agamben G. Means without End: Notes on Politics / trans. V. Binetti, C. Casarino. Minneapolis: University of Minnesota Press, 2000.

Amery 1999 — Amery J. On Suicide: A Discourse on Voluntary Death / trans. J. D. Barlow. Bloomington: Indiana University Press, 1999.

Anatomy 1994 — Anatomy of the Auschwitz Death Camp / ed. M. Berenbaum, I. Gutman. Bloomington: Indiana University Press, 1994.

Andrzejewski 1956 — Andrzejewski J. Książka dla Marcina. Warszawa: PIW, 1956.

Andrzejewski, Miłosz 1996 — Legendy nowoczesności : eseje okupacyjne : listy-eseje Jerzego Andrzejewskiego i Czesława Miłosza. Kraków: Wydawnictwo Literackie, 1996.

Araszkiewicz 2001 — Araszkiewicz A. Wypowiadam wam moje życie. Melancholia Zuzanny Ginczanki. Warszawa: Fundacja OSKA, 2001.

Auschwitz 1995 — Auschwitz: The History in Photographs / ed. T. Swiebocka, J. Webber, C. Wilsack. Bloomington: Indiana University Press, 1995.

Auslander 2005 — Auslander L. Coming Home? Jews in Postwar Paris // Journal of Contemporary History. 2005. Vol. 40. Iss. 2. P. 237–259.

Bachelard 1969 — Bachelard G. The Poetics of Space / trans. Maria Jonas. Boston: Beacon Press, 1969.

Bachelard 1970 — Bachelard G. Le droit de rêver. Paris: Presses Universitaires de France, 1970.

Baczyński 1970 — Baczyński K. K. Utwory zebrane / ed. A. Kmita-Piorunowa, K. Wyka. Kraków: Wydawnictwo Literackie, 1970.

Balzac 1947 — Balzac H. de. Les Parisiens comme ils sont: 1830–1846 (suivi du) Traité de la vie élégante /iIntrod/ et notes de A. Billy. Geneva: La Palatine, 1947.

Bataille 1985 — Bataille G. Visions of Excess: Selected Writings 1927–1939 / ed. A. Stoekl, trans. A. Stoekl, C. R. Lovitt, D. M. Leslie. Minneapolis: University of Minnesota Press, 1985.

Baudrillard 2003 — Baudrillard J. Selected Writings / ed. and preface M. Poster. Stanford: Stanford University Press, 2003.

Bauer 2001 — Bauer Y. Rethinking the Holocaust. New Haven; London: Yale University Press, 2001.

Bauman 2004 — Bauman Z. Identity: Conversations with Benedetto Vecchi. Cambridge: Polity Press, 2004.

Benjamin 2013 — Benjamin W. Unpacking My Library. Paravion Press, 2013.

Bentham 1814 — Bentham J. Theory of Legislation / trans. R. Hildreth. London: Trubner & Co., 1814.

Bereń 1988 — Bereń St. Czesław Miłosz's Apocalypse // Between Anxiety and Hope: The Poetry and Writing of Czesław Miłosz / ed. E. Możejko. Edmonton: The University of Alberta Press, 1988. P. 30–87.

Berg 2006 — Berg M. The Diary of Mary Berg: Growing Up in the Warsaw Ghetto / ed. S. L. Pentlin. London: Oneworld, 2006.

Bettelheim 1960 — Bettelheim B. The Informed Heart. New York: The Free Press, 1960.

Blanchot 1985 — Blanchot M. La communauté inavouable. Paris: Les Editions de Minuit, 1985.

Blanchot 1986 — Blanchot M. The Writing of the Disaster. L'Ecriture du désastre / trans. A. Smock. Lincoln: University of Nebraska Press, 1986.

Błoński 1981 — Błoński J. Romans z tekstem. Kraków: Wydawnictwo Literackie, 1981.

Błoński 1994 — Błoński J. Biedni Polacy patrzą na getto. Kraków: Wydawnictwo Literackie, 1994.

Borowski 1969 — Borowski T. Wybór opowiadań.Warszawa: PIW, 1969.

Borowski 1992 — Borowski T. This Way for the Gas, Ladies and Gentlemen / trans. B. Vedder, introd. J. Kott. New York: Penguin, 1992.

Borowski 2004 — Borowski T. Kamienny świat. Proza / red. Sł. Buryła. Kraków: Wydawnictwo Literackie, 2004. Vol. I–IV.

Borowski et al. 1946 — Borowski T. 119198, Olszewski K. 75817, Siedlecki N. J. 5543. Byliśmy w Oświęcimiu. Monachium: Oficyna Warszawska na Obczyźnie, 1946.

Borwicz 1954 — Borwicz M. Ècrits des Condamnés à mort sous l'Occupation allemande (1939–1945). Etude sociologique. Paris: Presses Universitaires de France. 1954.

Brown 1959 — Brown N.O. Life against Death: The Psychoanalytic Meaning of History. Middletown: Wesleyan University Press, 1959.

Brown 2003 — Brown B. A Sense of Things: The Object Matter of American Literature. Chicago: University of Chicago Press, 2003.

Brown 2005–2006 — Brown B. Unpublished introduction to the Workshop on Material Object Culture at the University of Chicago, 2005–2006.

Buck-Morss 1995 — Buck-Morss S. Dream World of Mass Culture: Walter Benjamin's Theory of Modernity and the Dialectics of Seeing // Modernity and the Hegemony of Vision / ed. D. Michael Levin. Berkeley: University of California Press, 1995. P. 309–338.

Burke 1945 — Burke K. A Grammar of Motives. New York: Prentice Hall, 1945.

Buryła 2003 — Buryła St. Prawda mitu i literatury. O pisarstwie Tadeusza Borowskiego i Leopolda Buczkowskiego. Kraków: Universitas, 2003.

Butor 1964 — Butor M. La philosophie d'ameublement // Essais sur le roman. Paris: Gallimard, 1964.

Butor 1971 — Butor M. Powieść jako poszukiwanie / tł. J. Guze. Warszawa: Czytelnik, 1971.

Bynum 2005 — Bynum C. W. Metamorphosis and Identity. New York: Zone Books, 2005.

Cavanagh 2007 — Cavanagh C. Review of Holy Week // BookForum 13. 2007. № 4. P. 39.

Chwin 2010 — Chwin St. Samobójstwo jako doświadczenie wyobraźni. Gdańsk: Wydawnictwo Tytuł, 2010.

Cory 2004 — Cory M. Comedic Distance in Holocaust Literature // Literature of the Holocaust / ed. H. Bloom. Philadelphia: Chelsea House Publishers. P. 193–204.

Cranston 2003 — Cranston J. The Touch of the Blind Man: The Phenomenology of Vividness in Italian Renaissance Art // Sensible Flesh: On Touch in Early Modern Culture / ed. E. D. Harvey. Philadelphia: University of Pennsylvania Press, 2003. P. 224–242.

Czarnecka, Fiut 1987 — Czarnecka E., Fiut A. Conversations with Czesław Miłosz / trans. R. Lourie. San Diego; New York; London: Harcourt Brace Jovanovich, 1987.

Davie 1986 — Davie D. Czeslaw Milosz and the Insufficiency of Lyric. Knoxville: University of Tennessee Press, 1986.

Davies 2003 — Davies N. Rising '44': «The Battle for Warsaw». London: Macmillan, 2003.

Davis 2005 — Davis L. J. Visualizing the Disabled Body: The Classical Nude and the Fragmented Torso // The Body: A Reader / ed. M. Fraser, M. Greco. London: Routledge, 2005. P. 165–181.

Dean 2008 — Dean M. Robbing the Jews: The Confiscation of Jewish Property in the Holocaust, 1933–1945. Cambridge: Cambridge University Press, 2008.

Decree 1976 — Decree Regarding the Reporting of the Jewish Property // A Holocaust Reader / ed., intro., notes L. S. Dawidowicz. West Orange: Berman House, 1976. P. 50–51.

Derrida 1987 — Derrida J. Restitutions of the Truth in Pointing [pointure] // Derrida J. The Truth in Painting / trans. G. Bennington, I. McLeod. Chicago: University of Chicago Press, 1987. P. 255–382.

Derrida 1991 — Derrida J. Donner le temps. La fausse monnaie. Paris: Galilée, 1991.

Derrida 1992 — Derrida J. Shibboleth: For Paul Celan / trans. J. Wilner // Acts of Literature / ed. D. Attridge. New York: Routledge, 1992.

Derrida 2001 — Derrida J. Materiality without Matter-Typewriter Ribbon: Limited Ink (2) ("within such limits") // Material Events: Paul de Man and the Afterlife of Theory / ed. T. Cohen. Minneapolis: University of Minnesota Press, 2001. P. 277–360.

Derrida 2005 — Derrida J. On Touching — Jean-Luc Nancy / trans. Ch. Irizarry. Stanford: Stanford University Press, 2005.

Derrida 2007 — Derrida J. Learning to Live Finally: An Interview with Jean Birnbaum / trans. P.-A. Brault, M. Naas. Hoboken: Melville House Publishers, 2007.

Didi-Huberman 2008 — Didi-Huberman, G. Images in Spite of All: Four Photographs from Auschwitz / trans. S. B. Lillis. Chicago: University of Chicago Press, 2008.

Douglas 2001 — Douglas L. The Shrunken Head of Buchenwald: Icons of Atrocity at Nuremberg // Visual Culture and the Holocaust / ed. B. Zelizer. New Brunswick: Rutgers University Press, 2001. P. 275–299.

Drewnowski 1977 — Drewnowski T. Ucieczka z kamiennego świata. Warszawa: PIW, 1977.

Elsner, Cardinal 1994 — Elsner J., Cardinal R. Introduction // The Cultures of Collecting. Cambridge: Harvard University Press, 1994.

Engelkind, Leociak 2001 — Engelkind B., Leociak J. Warszawskie Ghetto. Przewodnik po nieistniejącym mieście. Warszawa: IFiS PAN, 2001.

Essmanowski 1934 — Essmanowski St. Dialogi akademickie. Rozmowa z Zofią Nałkowską // Pion 10. 1934.

Ezrahi 2004 — Ezrahi S. D. Questions of Authenticity // Teaching the Representation of the Holocaust, ed. M. Hirsch, I. Kacandes. New York: Modern Language Assn, 2004. P. 52–67.

Felstiner 2001 — Felstiner J. Paul Celan: Poet, Survivor, Jew. New Haven: Yale University Press, 2001.

Ficowski 2003 — Ficowski J. Regions of the Great Heresy: Bruno Schulz. A Biographical Portrait / trans., ed. T. Robertson. New York: W. W. Norton & Co., 2003.

Fink 1987 — Fink I. A Scrap of Time and Other Stories / trans. M. Levine and F. Prose. New York: Pantheon Books, 1987.

Fiut 1985 — Fiut A. W obliczu końca świata // Poznawanie Miłosza. Studia i szkice o twórczości poety / red. J. Kwiatkowski. Kraków, Wrocław: Wydawnictwo Literackie, 1985. S. 174–188.

Fiut 1990 — Fiut A. The Eternal Moment: The Poetry of Czeslaw Milosz / trans. Th. S. Robertson. Berkeley: University of California Press, 1990.

Fiut 1998 — Fiut A. Moment wieczny: Poezja Czesława Miłosza. Kraków: Wydawnictwo Literackie, 1998.

Frąckowiak-Wiegandtowa 1975 — Frąckowiak-Wiegandtowa E. Sztuka powieściopisarska Nałkowskiej (Lata 1935–1954). Wrocław: Wydawnictwo Polskiej Akademii Nauk, 1975.

Freud 2000 — Freud S. The Standard Edition of the Complete Psychological Works. Eds. J. Strachey, A. Freud / trans. J. Strachey et al. In 24 vols. New York: W. W. Norton & Co., 2000.

Friedlander 1993 — Friedlander S. Memory, History and the Extermination of the Jews of Europe. Bloomington: Indiana University Press, 1993.

Friedlander 2008 — Friedlander S. The Witness: Towards the Unifying History of the Holocaust. Public lecture at University of Chicago, October 2008.

Fuss 2004 — Fuss D. The Sense of an Interior: Four Writers and the Rooms that Shaped Them. New York: Routledge, 2004.

Gilman 1998 — Gilman S. L. Creating Beauty to Cure the Soul: Race and Psychology in the Shaping of Aesthetic Surgery. Durham: Duke University Press, 1998.

Ginczanka 1991 — Ginczanka Z. Udźwignąć własne szczęście. Poezje. Wstęp i oprac. I. Kiec. Poznań: Wydawnictwo Brama, 1991.

Ginzburg 1983 — Carlo G. Morelli, Freud, and Sherlock Holmes // The Sign of Three: Dupin, Holmes, Peirce / eds. U. Eco, T.A. Sebeok. Bloomington: Indiana University Press, 1983. P. 81–118.

Głowacka 2006 — Głowacka D. Doświadczenie niemożliwe // Nowoczesność jako doświadczenie / red. R. Nycz, A. Zeidler-Janiszewska. Kraków: Universitas, 2006. S. 208–218.

Głowacka 2007 — Głowacka D. Wsłuchując się w ciszę. Estetyka pamięci o Zagładzie według J.-F. Lyotarda // Teksty Drugie. 2007. № 1/2. S. 41–59.

Głowiński 1999 — Głowiński M. Czarne sezony. Warszawa: Open, 1999.

Głowiński 2005 — Głowiński M. The Black Seasons / trans. M. Shore. Evanston: Northwestern University Press, 2005.

Greif 2005 — Greif G. We Wept without Tears: Testimonies of the Jewish Sonderkommando from Auschwitz. New Haven: Yale University Press, 2005.

Gronczewski 2007 — Gronczewski A. Wstęp // Iwaszkiewicz J. Dzienniki 1911–1955. Wstęp A. Gronczewski / ed. A. Papiecka, R. Papieski. Warszawa: Czytelnik, 2007.

Gross 1979 — Gross J. T. Polish Society under German Occupation: The Generalgouvernement, 1939–1945. Princeton: Princeton University Press, 1979.

Gross 1993 — Gross N. Poeci i Szoa. Obraz Zagłady Żydów w poezji polskiej. Sosnowiec: Offmax, 1993.

Gross 1998 — Gross J. T. Upiorna dekada. Trzy eseje o stereotypach na temat Żydów, Polaków, Niemców i komunistów. 1939–1948 / wstęp A. Polonsky. Kraków: Universitas, 1998.

Grynberg 1988 — Grynberg M. Pamiętniki z getta warszawskiego. Fragmenty i regestry. Warszawa: PWN, 1988.

Grynberg 2001 — Grynberg H. The Jewish War and the Victory / trans. M. Levine. Evanston: Northwestern University Press, 2001.

Hart, Hartmann 2004 — The Power of Contestation: Perspectives on Maurice Blanchot / ed. by K. Hart and G. H. Hartman. Baltimore: Johns Hopkins University Press, 2004.

Hartle 1986 — Hartle A. Death and the Disinterested Spectator: An Inquiry into the Nature of Philosophy. Albany: State University of New York Press, 1986.

Heidegger 1975 — Heidegger M. The Origin of the Work of Art // Heidegger M. Poetry, Language, Thought / trans. A. Hofstadter. New York: Harper and Row, 1975.

Heuckelom 2004 — Heuckelom K. van "Patrzeć w promień od ziemi odbity". Wizualność w poezji Czesława Miłosza. Warszawa: Instytut Badan Literackich PAN, 2004.

Horowitz 1997 — Horowitz S. R. Voices from the Killing Ground: Muteness and Memory in Holocaust Fiction. Albany: State University of New York Press, 1997.

Hungerford 2002 — Hungerford A. The Holocaust of Texts: Genocide, Literature, and Personification. Chicago: University of Chicago Press, 2002.

Hutman 1990 — Hutman B. Nazis Never Made Human-Fat Soap // Jerusalem Post. 1990. April 24. P. 2.

Inglot 1996 — Inglot M. Non omnis moriar Zuzanny Ginczanki. W kręgu konwencji literackiej // Acta Universitatis Vratislaviensis. 1996. № 1876. P. 138.

Insdorf 2002 — Insdorf A. Indelible Shadows: Film and the Holocaust. 3rd edition. Cambridge: Cambridge University Press, 2002.

Iwaszkiewicz 2007 — Iwaszkiewicz J. Dzienniki 1911–1955 / wstęp A. Gronczewski, ed. A. Papiecka, R. Papieski. Warszawa: Czytelnik, 2007.

Jackson 1991 — Jackson L. The Poverty of Structuralism: Literature and Structuralist Theories. London: Longman, 1991.

James 2006 — James I. The Fragmentary Demand: An Introduction to the Philosophy of Jean-Luc Nancy. Stanford: Stanford University Press, 2006.

Jankelevitch 1996 — Jankelevitch V. Should We Pardon Them? // Critical Inquiry 22. 1996. № 3. P. 552–572.

Jay 1994 — Jay M. Downcast Eyes: The Denigration of Vision in Twentieth-Century French Thought. Berkeley: University of California Press, 1994.

Jouranville 1993 — Jouranville A. La femme et la mélancolie. Paris: Presses Universitaires de France, 1993.

Kamieńska 1974 — Kamieńska A. Od Leśmiana. Najpiękniejsze wiersze polskie. Warszawa: Iskry, 1974.

Kaplan 1988 — Kaplan Ch. A. Scroll of Agony // The Literature of Destruction: Jewish Responses to Catastrophe / ed. D. G. Roskies. Philadelphia: Jewish Publication Society, 1988. P. 435–449.

Karwowska 2005 — Karwowska B. Obozy Zagłady jako doświadczenie cielesne — przypadek Stanisława Grzesiuka // Przegląd Humanistyczny. 2005. № 2. S. 63–80.

Kassow 2007 — Kassow S. D. Kassow, Who Will Write Our History? Emanuel Ringelblum, The Warsaw Ghetto, and the Oyneg Shabes Archive. Bloomington: Indiana University Press, 2007.

Kater 1989 — Kater M. H. The Doctors under Hitler. Chapel Hill: University of North Carolina Press, 1989.

Kertesz 2006 — Kertesz I. Dziennik galernika / tł. El. Cygielska. Warszawa: W.A.B., 2006.

Kiec 1994 — Kiec I. Ginczanka. Życie i twyrczość. Poznań: Obserwator, 1994.

Konody 1930 — Konody P. G. The Painter of Victorian Life: A Study of Constantin Guys with an Introduction and a Translation of Baudelaire's Peintre de la vie moderne / ed. C. Geoffrey Holme. London: The Studio Ltd., 1930.

Kopytoff, 1986 — Kopytoff I. The Cultural Biography of Things: Commodization as Process // The Social Life of Things: Commodities in Cultural

Perspectives / ed. A. Appudarai. Cambridge: Cambridge University Press, 1986. P. 64–91.

Korczak 1978 — Korczak J. (Goldszmit H.) Ghetto Diary. New York: Holocaust Library, 1978.

Kott 1946 — Kott J. «Droga do realizmu». Po prostu. Szkice i zaczepki. Bydgoszcz-Warszawa: Książka, 1946.

Kott 1946 — Kott J. Po prostu. Szkice i zaczepki. Bydgoszcz-Warszawa: "Książka", 1946.

Kott 1967 — Kott J. Introduction // Borowski T. This Way for the Gas, Ladies and Gentlemen / trans. B. Vedder. Intr. J. Kott. New York: Penguin, 1967. P. 11–26.

Kubler 1962 — Kubler G. The Shape of Time. Remarks on the History of Things. New Haven: Yale University Press, 1962.

Kuchinsky 1990 — Kuchinsky N. Human Fat Soap // Jerusalem Post. 1990. May 20. P. 4.

Kugelmass 1992 — Kugelmass J. The Rites of the Tribe: American Jewish Tourism in Poland // Museums and Communities: The Politics of Public Culture / ed. I. Karp, Ch. M. Kraemer, S. D. Lavine. Washington: Smithsonian Institution Press, 1992. P. 382–427.

LaCapra 1994 — LaCapra D. Representing the Holocaust: History, Theory, Trauma. Ithaca: Cornell University Press, 1994.

LaCapra 2003 — LaCapra D. Approaching Limit Events: Siting Agamben // Witnessing the Disaster: Essays on Representation and the Holocaust / ed. M. Bernard-Donals, R. Glejzer. Madison: University of Wisconsin Press, 2003.

Landau 1962–1963 — Landau L. Kronika lat wojny i okupacji. Warszawa: Państwowe Wydanictwo Naukowe, 1962–1962–1963. Vol. I–III.

Lang 1990 — Lang B. Act and Idea in the Nazi Genocide. Chicago: University of Chicago Press, 1990.

Langer 1975 — Langer L. L. The Holocaust and the Literary Imagination. New Haven, Conn.: Yale University Press, 1975.

Langer 1995 — Langer L. L. Art from the Ashes. New York: Oxford University Press, 1995.

Łapiński 1981 — Łapińki Zd. Między polityk a metafizyką. O poezji Czesława Miłosza. Londyn: Odnowa, 1981.

Lawrence 1931 — Lawrence D. H. 1931. Apocalypse. Florence: G. Orioli, 1931.

Le Corbusier 1986 — Le Corbusier. Towards a New Architecture / trans. F. Etchells. New York: Dover Publications, 1986.

Lefebvre 1991 — Lefebvre H. The Production of Space / trans. D. Nicholson-Smith. Oxford: Basil Blackwell, 1991.

Leociak 1997 — Leociak J. Tekst wobec Zagiady (O relacjach z getta warszawskiego). Wrocław: Fundacja na Rzecz Nauki Polskiej, 1997.

Levi 1989 — Levi P. The Drowned and the Saved, trans. Raymond Rosenthal. New York: Random House, 1989.

Levi, Benedetti 2006 — Levi P., Benedetti de L. Auschwitz Report / ed. R. S. C. Gordon / trans. J. Woolf. London and New York: Verso, 2006.

Levinas 2002 — Levinas E. Otherwise Than Being or Beyond Essence / trans. L. Alphonso. Pittsburgh: Duquesne University Press, 2002.

Levine 2002 — Levine M. G. Home Loss in Wartime Literature: A Typology of Images // Framing the Polish Home: The Postwar Literary and Cultural Constructions of Hearth, Nation, and Self / ed. B. Shallcross. Athens: Ohio University Press, 2002. P. 97–115.

Lifton 1986 — Lifton J. The Nazi Doctors: Medical Killing and the Psychology of the Genocide. New York: Basic Books, 1986.

Lost in the Archives 2002 — Lost in the Archives / ed. R. Comay. Toronto: Alphabet City, 2002.

Lyotard 1984 — Lyotard J.-Fr. The Postmodern Condition: A Report on Knowledge / trans. G. Bennington, Br. Massumi. Manchester: Manchester University Press, 1984.

Lyotard 1988 — Lyotard J.-Fr. The Differend: Phrases in Dispute / trans. George Van Den Abbeele. Minneapolis: University of Minnesota Press, 1988.

Maciejewska 1977 — Maciejewska I. Wstęp // Szlengel Wł. Co czytałem umarłym. Wiersze getta warszawskiego / red. i wstęp I. Maciejewska. Warszawa: PIW, 1977.

Męczeństwo i zagłada Żydów polskich / red. I. Maciejewska. Warszawa: Krajowa Agencja Wydawnicza, 1988.

Melchior 2004 — Melchior M. Zagłada a tożsamość. Polscy Żydzi ocaleni na "aryjskich papierach". Analiza doświadczenia biograficznego. Warszawa: Wydawnictwo IFIS PAN, 2004.

Miłosz 1983 — Miłosz Cz. The Witness of Poetry. Cambridge, Mass.: Harvard University Press, 1983.

Miłosz 2001a — Miłosz Cz. New and Collected Poems 1931–2001. New York: Ecco-Harper, 2001.

Miłosz 2001b — Miłosz Cz. Wiersze. T. I, II. Dzieła zebrane. Kraków: Znak, 2001.

Miłosz 2006 — Miłosz Cz. "Zaraz po wojnie". Z Czesławem Miłoszem rozmawia Joanna Gromek // Rozmowy polskie 1979–1998. Kraków: Wydawnictwo Literackie, 2006. S. 756–802.

Moczarski 1997 — Moczarski K. Rozmowy z katem / red. A. K. Kunert. Warszawa: PWN, 1997.

Museums 1992 — Museums and Communities: The Politics of Public Culture / ed. I. Karp, Ch. M. Kreamer, St. D. Lavine. Washington: Smithsonian Institution Press, 1992.

My Brother's Keeper 1990 — My Brother's Keeper: Recent Polish Debates on the Holocaust / ed. A. Polonsky. London: Routledge, 1990.

Najberg 1993 — Najberg L. Ostatni powstańcy getta. Warszawa: Żydowski Instytut Historyczny, 1993.

Nałkowska 1957 — Nałkowska Z. Widzenia dalekie i bliskie. Warszawa: PIW, 1957.

Nałkowska 1975 — Nałkowska Z. Dzienniki 1939–1944. Warszawa: Czytelnik, 1975.

Nałkowska 2000 — Nałkowska Z. Dzienniki 1945–1954. Cz. I (1945–1948) / red. H. Kirchner. Warszawa: Czytelnik, 2000.

Nancy 1992 — Nancy J.-L. Corpus. Paris: Seuil, 1992.

Nancy 1997 — Nancy J.-L. The Sense of the World / trans. J. S. Librett. Minneapolis: University of Minnesota Press, 1997.

Nathan, Quinn 1991 — Nathan L., Quinn A. The Poet's Work: An Introduction to Czesław Milosz. Cambridge: Harvard University Press, 1991.

Nawarecki 1991 — Nawarecki A. Czarny karnawał: Uwagi śmierci niechybnej księdza Baki. Poetyka tekstu i paradoksy recepcji. Wrocław: Zakład Narodowy Ossolińskich, 1991.

Nawarecki 1993 — Nawarecki A. Rzeczy i marzenia. Studia o wyobraźni poetyckiej skamandrytów. Katowice: Śląsk, 1993.

Paul De Man 1996 — Paul De Man: Aesthetic Ideology / ed. A. Warminski. Minneapolis: University of Minnesota Press, 1996.

Pick 1993 — Pick D. War Machine: The Rationalization of Slaughter in the Modern Age. New Haven, Conn.: Yale University Press, 1993.

Pieśń 1947 — Pieśń ujdzie cało: Antologia wierszy o żydach pod okupacją niemiecką / oprac. i wstęp M. Borwicz. Warszawa: Centralna Żydowska Komisja Historyczna w Polsce, 1947.

Plato 1909 — Plato. Phaedo / trans. Benjamin Jowett. New York: P. F. Collier & Son, 1909. Vol. 2.

Plato 1994 — Plato. Symposium / trans. R. Waterfield. Oxford; New York: Oxford University Press, 1994.

Ponge 1969 — Ponge Fr. Soap / trans. L. Dunlop. London: Jonathan Cape Ltd., 1969.

Prekerowa 1986 — Prekerowa T. Relief Council for Jews, 1942–1945 // The Jews in Poland / ed. Ch. Abramsky, M. Jachimczyk, A. Polonsky. Oxford: Basil Blackwell, 1986. P. 161–176.

Przyboś 1946 — Przyboś J. Ostatni wiersz Ginczanki // Odrodzenie. 1946. № 15. P. 5.

Reitlinger 1960 — Reitlinger G. The Final Solution: The Attempt to Exterminate the Jews of Europe 1939–1945. New York: Viking Press, 1960.

Rilke 1967 — Rilke R. M. Selected Works / trans. J. B. Leishman. New York: New Directions, 1967.

Ringelblum 1988 — Ringelblum E. Kronika getta warszawskiego. Wrzesień 1939-styczeń 1943. Wstęp i red. A. Eisenbach. Tł. A. Rutkowski. Warszawa: Czytelnik, 1988.

Ringelblum 1992 — Ringelblum E. Polish-Jewish Relations during the Second World War / trans. D. Allon, D. Dąbrowska, D. Karen. Foreword Y. Bauer / ed. and footnotes J. Karnish, Sh. Krakowski. Evanston: Northwestern University Press, 1992.

Rosenfeld 1995 — Rosenfeld A. Americanization of the Holocaust. Ann Arbor: Jean and Samuel Frankel Center for Judaic Studies, University of Michigan, 1995.

Roskies 1981 — Roskies D. G. The Holocaust Literature According to the Literary Critics // Prooftexts 1. 1981. № 2. P. 209–216.

Rostropowicz Clark 2007 — Rostropowicz Clark J. Holy Week. A Novel of the Warsaw Ghetto Uprising // The Sarmatian Review. 2007. № 27. P. 71 .

Rothberg 2000 — Rothberg M. Traumatic Realism: The Demands of Holocaust Representation. Minneapolis: University of Minnesota Press, 2000.

Royle 2003 — Royle N. The Uncanny. New York: Routledge, 2003.

Różewicz 1966 — Różewicz T. Wycieczka do muzeum. Warszawa: Czytelnik, 1966.

Różewicz 1999 — Różewicz T. Zawsze fragment. Recykling Wrocław: Wydawnictwo Dolnośląńskie, 1999.

Różewicz 2001 — Różewicz T. Nożyk profesora. Wrocław: Wydawnictwo Dolnośląńskie, 2001.

Rybczynski 1986 — Rybczynski W. Home: A Short History of an Idea. New York: Viking Penguin, 1986.

Santner 2006 — Santner E. On Creaturely Life: Rilke, Benjamin, Sebald. Chicago: University of Chicago Press, 2006.

Schmitt 2005 — Schmitt C. Political Theology: Four Chapters on the Concept of Sovereignty, intro. T. B. Strong / trans. G. Schwab. Chicago: University of Chicago Press, 2005.

Schweitzer 1931 — Schweitzer A. The Mysticism of Paul the Apostle / trans. W. Montgomery. London: A. & C. Black, 1931.

Schwenger 2001 — Schwenger P. Words and the Murder of the Thing // Things / ed. B. Brown. Critical Inquiry. 2001. № 1. P. 99–113.

Sean 1997 — Sean H. Material Culture and Identity, w: Experiencing Material Culture in the Western World / ed. S. M. Pearce, London-Washington: Leicester University Press, 1997. P. 2–35.

Sebald 1999 — Sebald W. G. On the Natural History of Destruction. New York: Modern Library, 1999.

Shallcross 1992 — Shallcross B. Dom romantycznego artysty. Kraków: Wydawnictwo Literackie, 1992.

Shallcross 2002 — Shallcross B. The Archeology of Occupation: Stefan Chwin on Danzig/Gdańsk // Framing the Polish Home: The Postwar Literary and Cultural Constructions of Hearth, Homeland, and Self / ed. B. Shallcross. Athens: Ohio University Press, 2002. P. 116–132.

Shmeruk 2000 — Shmeruk Ch. Legenda o Esterce w literaturze jidysz i polskiej. Warszawa: Oficyna Naukowa, 2000.

Stala 2001 — Stala M. Trzy nieskończoności. O poezji Adama Mickiewicza, Bolesława Leśmiana i Czesława Miłosza. Kraków: Wydawnictwo Literackie, 2001.

Stallybrass 1999 — Stallybrass P. Worn Worlds: Clothes and Mourning // Cultural Memory and the Construction of Identity / ed. D. Ben-Amos, L. Weissberg. Detroit: Wayne State University Press, 1999.

Steiner — Steiner R. Knowledge of the State between Death and a New Birth // Rudolf Steiner Archives, an electronic library. URL: http://rsarchive.org/Articles/DeaBir_index.html (дата обращения: 07.07.2022).

Stempowski 1981 — Stempowski J. Eseje dla Kasandry. Kraków: Wydawnictwo ABC, 1981.

Sterling 1981 — Sterling Ch. Still Life Painting: From Antiquity to the Twentieth Century. New York: Harper and Row, 1981.

Sternstein 2006 — Sternstein M. Will to Chance: Necessity and Arbitrariness in the Czech Avant-Garde: From Poetism to Surrealism. Bloomington: Slavica, 2006.

Stewart 1993 — Stewart S. On Longing: Narratives of the Miniature, the Gigantic, the Souvenir, the Collection. Baltimore: Johns Hopkins University Press, 1993.

Strauss 1997 — Strauss A. L. Mirrors and Masks: The Search for Identity. New Brunswick: Transaction Publishers, 1997.

Sutzkever 1988 — Sutzkever A. A Load of Shoes // The Literature of Destruction: Jewish Responses to Catastrophe / ed. D. G. Roskies. Philadelphia: Jewish Publication Society, 1988. P. 493.

Synoradzka 1997 — Synoradzka A. Andrzejewski. Kraków: Wydawnictwo Literackie, 1997.

Szarota 1973 — Szarota T. Okupowanej Warszawy dzień powszedni. Studium historyczne. Warszawa: Czytelnik, 1973.

Szewc 1993 — Szewc P. Annihilation / trans. E. Hryniewicz-Yarbrough. Normal: Dalkey Archive, 1993.

Szlengel 1977 — Szlengel Wł. Co czytałem umarłym. Wiersze getta warszawskiego / red. i wstęp I. Maciejewska. Warszawa: PIW, 1977.

Sznapman 1988 — Sznapman St. Dziennik getta // Grynberg M. Pamiętniki z getta warszawskiego. Fragmenty i regestry. Warszawa: PWN, 1988. S. 359–360.

Talbot 1978 — Talbot Ch. H. Medicine // Science in the Middle Ages / ed. D. C. Lindberg. Chicago: University of Chicago Press, 1978.

The Holocaust and the Book 2001 — The Holocaust and the Book: Destruction and Preservation / ed. J. Rose. Amherst: University of Massachusetts Press, 2001.

The Jew in the Text 1996 — The Jew in the Text: Modernity and the Construction of Identity / ed. and intro. L. Nochlin, T. Garb. New York: Thames and Hudson, 1996.

The Literature of Destruction 1988 — The Literature of Destruction: Jewish Responses to Catastrophe / ed. by D. Roskies. Philadelphia: Jewish Publication Society, 1988.

The Plunder of Jewish 2001 — The Plunder of Jewish Property during the Holocaust: Confronting European History / ed. A. Beker. New York: New York University Press, 2001.

The Social Life 1986 — The Social Life of Things: Commodities in Cultural Perspectives / ed. A. Appudarai. Cambridge: Cambridge University Press, 1986.

Umińska 2001 — Umińska B. Postać z cieniem. Portrety Żydówek w polskiej literaturze od końca XIX wieku do 1939 roku. Warszawa: Sic!, 2001.

Van Alphen 2002 — Van Alphen E. Caught by Images: On the Role of Visual Imprints in Holocaust Testimonies // Journal of Visual Culture 1. 2002. № 2. P. 205–221.

Walas 1972 — Walas T. Zwierciadła Jerzego Andrzejewskiego // Prozaicy dwudziestolecia międzywojennego. Sylwetki / wstęp, ed. B. Faron. Warszawa: Wiedza Powszechna, 1972. S. 23–48.

Weiss 2009 — Weiss T. On the Matter of Language: The Creation of the World from Letters and Jacques Lacan's Perception of the Letters as Real // The Journal of Jewish Philosophy and Thought. 2009. Vol. 17. № 1. P. 101–115.

Weissberg 2003 — Weissberg L. In Plain Sight // The Holocaust: Theoretical Readings / ed. N. Levi, M. Rothberg. New Brunswick, N.J.: Rutgers University Press, 2003. P. 396–403.

Werner 1971 — Werner A. Zwyczajna apokalipsa. Tadeusz Borowski i jego wizja świata. Warszawa: Czytelnik, 1977.

Wierzbicka 1992 — Wierzbicka A. Semantics, Culture and Cognition: Universal Human Concepts in Culture-Specific Configurations. New York: Oxford University Press, 1992.

Wirth 1967 — Wirth A. A Discovery of Tragedy: (The Incomplete Account of Tadeusz Borowski) // Polish Review XII. 1967. № 3. S. 43–52.

Wojdowski 1997 — Wojdowski B. Bread for the Departed / trans. M. Levine. Evanston, Ill.: Northwestern University Press, 1997.

Wyka 1982 — Wyka K. Życie na niby. Pamiętnik po klęsce. Kraków: Wydawnictwo Literackie, 1982.

Young 1990 — Young J. E. Writing and Rewriting the Holocaust: Narrative and the Consequences of Interpretation. Bloomington: Indiana University Press, 1990.

Zabierowski 1961 — Zabierowski St. "Testamenty poetyckie" // Księga ku czci Stanisława Pigonia / red. T. Podolska, Z. Czerny. Kraków: Polska Akademia Nauk, 1961. S. 356–362.

Zaleski 2000 — Zaleski M. Przygoda Drugiej Awangardy. Wrocław: Ossolineum, 2000.

Žižek 2000 — Žižek S. "Laugh Yourself to Death! The New Wave of Holocaust Comedies". In The Holocaust and the Historical Trauma in Contemporary Visual Culture // URL: https://www.lacan.com/zizekholocaust.htm (дата обращения: 01.07.2022).

Предметный указатель

Именной указатель

Оглавление

Научное издание

Божена Шеллкросс

ХОЛОКОСТ: ВЕЩИ
Репрезентация Холокоста в польской и польско-еврейской культуре

Директор издательства *И. В. Немировский*
Ответственный редактор *И. Белецкий*
Куратор серии *В. Кучерявенко*
Заведующая редакцией *О. Петрова*

Дизайн *И. Граве*
Редактор *А. Пахомова*
Корректор *А. Филимонова, Ю. Садыгова*
Верстка *Е. Падалки*

Подписано в печать 27.07.2022.
Формат издания 60 × 90 1/16. Усл. печ. л. 15,5.
Тираж 300 экз.

Academic Studies Press
1577 Beacon Street, Brookline, MA 02446 USA
https://www.academicstudiespress.com

ООО «Библиороссика».
190005, Санкт-Петербург, 7-я Красноармейская ул., д. 25а

Эксклюзивные дистрибьюторы:
ООО «Караван»
ООО «КНИЖНЫЙ КЛУБ 36.6»
http://www.club366.ru
Тел./факс: 8(495)9264544
e-mail: club366@club366.ru

Книги издательства можно купить
в интернет-магазине: www.bibliorossicapress.com
e-mail: sales@bibliorossicapress.ru

Знак информационной продукции согласно Федеральному закону от 29.12.2010 № 436-ФЗ

www.ingramcontent.com/pod-product-compliance
Lightning Source LLC
LaVergne TN
LVHW010611100826
845148LV00014B/2912

* 9 7 9 8 8 9 7 8 3 8 1 0 3 *